XENOPHON, *SOKRATISCHE DENKWÜRDIGKEITEN.*

DIE ANDERE BIBLIOTHEK.

Herausgegeben
von Hans Magnus Enzensberger.

SOKRATES.   XENOPHON.

WIELAND.

XENOPHON,
SOKRATISCHE
DENKWÜRDIGKEITEN.

Xenophons
»DENKWÜRDIGKEITEN«
und *»GASTMAHL«*.

In Christoph Martin *Wielands* Übersetzung
mit seinen Erläuterungen und seinem
»VERSUCH ÜBER DAS XENO-
FONTISCHE GASTMAHL«.

Eingeleitet mit einem Essay
von *Jan Philipp Reemtsma*.

Editorischer Anhang und Textredaktion
von *Hans Radspieler*.

EICHBORN VERLAG,
Frankfurt am Main 1998.

Revision und Übersetzung
der altsprachigen Texte von *Hans Ohm*.

ISBN 3-8218-4163-X.
© Eichborn GmbH & Co. Verlag KG.
Frankfurt am Main, 1998.

INHALTSVERZEICHNIS.

V

JAN PHILIPP
REEMTSMA

SOKRATES, XENOPHON,
WIELAND.

Schön in konventionellem Sinne ist er wohl
wirklich nicht gewesen, und seine beiden
Autoren, Xenophon und Platon, wissen mit
diesem Umstand auch mäßigen Scherz zu treiben. Die aufgeworfene Nase kaschieren auch die
Büsten nicht, die sich sonst dem griechischen
Zug zu physischer Veredelung hingeben.*) Dick
soll er gewesen sein, mit kurzen Beinen und
einem komischen Gang. Andererseits von bester
Gesundheit; abgehärtet war der Veteran mehrerer
Schlachten des Peloponnesischen Krieges, man
sah ihn draußen bei Hitze, Wind und Kälte, ohne
Sandalen, stets in demselben groben Rock, aber
unter den Tisch trinken konnte er auch die

---

*) Zum Bildnis des Sokrates
vgl. Paul Zanker, *Die Maske des
Sokrates. Das Bild des Intellektuellen in der antiken Kunst,* München
1995, S. 38 ff. — Hier auch die in-
teressante These, daß die Pointie-
rung der physischen Häßlichkeit
selber ein Programm extravagan-
ten Unterschiedenseins von griechischer Normalidealität signali-
siert habe.

VII

trainiertesten Zecher. — Er war der Sohn eines Steinmetzen und einer Hebamme, war von Beruf Steinmetz wie sein Vater, wenn auch unklar ist, wie sehr (und was die bildnerische Seite anlangt, wie gut) er diesen Beruf ausübte. Verheiratet war er und hatte wenigstens zwei Söhne.

Schriftlich hinterlassen hat er nichts, und doch läßt unsere abendländische Tradition mit ihm jenes intellektuelle Unternehmen beginnen, das wir »Philosophie« nennen (und wenn wir auch zugeben müssen, daß es vor Sokrates Philosophen gegeben hat, so nennen wir die einen »Vorsokratiker«, um anzugeben, daß das Eigentliche noch kommt, und die anderen »Sophisten« und meinen nichts Gutes damit). »Sokrates vor Augen zu haben«, schreibt Karl Jaspers, »ist eine der unerläßlichen Voraussetzungen unseres Philosophierens. Vielleicht darf man sagen: Kein Philosophieren heute ohne Sokrates, und sei er nur als ein blasser Schimmer aus ferner Vergangenheit fühlbar! Wie einer Sokrates erfährt, bewirkt einen Grundzug seines Denkens.«*)

Nun, jedenfalls dies eine verdanken ihm alle seine Nachfahren: durch den Prozeß gegen ihn und seine darauf folgende Hinrichtung bekam ihr Tun und Denken einen gewissermaßen abenteuerlichen Zug, egal wie langweilig es auch immer ausfallen mochte. Am Beginn der Philosophie stand der Märtyrer dieses Faches, und von

---

*) Karl Jaspers, *Die großen Philosophen*, München 1995, S. 124 f.

diesem Pathos lebt es bis heute, ebenso wie der
Pastor am Karfreitag spricht, als bedauere er, daß
er nicht an der Stelle des Petrus stehe vor dem
ersten Hahnenschrei.

———

Tatsächlich wissen wir über die Umstände der
Verurteilung des Sokrates besser Bescheid als
darüber, was ihn als Philosophen eigentlich auszeichnete. Nach der Überlieferung ist Sokrates
angeklagt worden, die Götter der Stadt nicht
zu ehren, sondern andere, zudem die Jugend
zu verderben. Für den ersten Anklagepunkt gibt
es den Terminus »Asebie« (was eben bedeutet:
mangelnde Ehrfurcht vor den Göttern der Stadt),
und Asebie war ein Kapitalverbrechen − man
vergißt leicht das theokratische Moment in der
griechischen Polis. Vor Sokrates war der Sophist
Protagoras wegen seines Agnostizismus' angeklagt
worden; − »Von den Göttern weiß ich nichts,
weder daß sie sind, noch daß sie nicht sind;
denn vieles hemmt uns in dieser Erkenntnis,
sowohl die Dunkelheit der Sache wie die Kürze
des menschlichen Lebens«*), hatte er geschrieben, worauf er verbannt wurde, seine Schriften
wurden eingezogen und öffentlich verbrannt.
Den »Vorsokratiker« Anaxagoras soll allein die
Intervention des Perikles vor einer Verurteilung

———

*) Diogenes Laertius, *Leben und Meinungen berühmter Philosophen*,
herausgegeben von Klaus Reich, Übersetzung Otto Apelt, Hamburg 1967,
S. 186.

zum Tode wegen seiner Lehre von der materiellen Natur der Gestirne (die Sonne sei vermutlich eine glühende Steinmasse) bewahrt haben, er sei mit einer Geldstrafe davongekommen und habe Athen verlassen.*) Schließlich wäre noch der berüchtigte Atheist Diagoras zu nennen, der sich durch Flucht einer Verurteilung entzogen hatte, und auf dessen Kopf eine Belohnung von einem Silbertalent ausgesetzt worden war. Wieland hat ihm in seinem Roman *Aristipp und einige seiner Zeitgenossen* ein Kapitel gewidmet.**)

In seiner Verteidigungsrede vor Gericht erwähnt Sokrates, er sei ja bereits vor geraumer Zeit im Stücke »eines Lustspieldichters« angegriffen worden – für die Zuhörer ist die Anspielung alles andere als rätselhaft, gemeint sind Aristophanes und sein Stück *Die Wolken.* Das Stück stellt Sokrates als einen naturphilosphischen Spekulationen ergebenen Sonderling vor, der allerlei Unsinn von sich gibt, als einen Sophisten zudem, der jungen Männern gerne Flöhe ins Ohr setzt und sie mit ihren Vätern auseinanderbringt. Wie

*) *Die Vorsokratiker. Die Fragmente und Quellenberichte*, übersetzt und eingeleitet von Wilhelm Capelle, Stuttgart 1968, S. 250 f.

**) Christoph Martin Wieland, *Aristipp und einige seiner Zeitgenossen*, herausgegeben von Jan Philipp Reemtsma, Hans und Johanna Radspieler, Zürich 1993, S. 406 ff. – I. F. Stone bestreitet in seinem sehr lesenswerten *The Trial of Socrates* (New York, London, Toronto 1989, S. 231 ff.) die Wahrscheinlichkeit dieser Vorgänge entschieden. Das scheint mir aber daran zu liegen, daß seine – verständliche – Abneigung gegen die athenische Aristokratie ihn zu einer – mir unverständlichen – Idealisierung der demokratischen Partei geführt hat.

Wieland in der zweiten Anmerkung zum von
Xenophon wiedergegebenen Gespräch zwischen
Sokrates und Chairekrates sagt, muß eine Karikatur, um witzig zu sein, wenigstens einige Züge
des Karikierten so zeichnen, daß man sie wieder-
erkennen kann — so auch hier. Sokrates hatte
sich durchaus mit Naturphilosophie beschäftigt,
sie aber auf die Länge vor allem des Spekulativen und des mangelnden Praxisbezuges wegen
für uninteressant befunden. Seine intellektuelle
Tätigkeit orientierte sich sehr bald ganz anders, aber das muß sich natürlich nicht bis ins
letzte Haus herumgesprochen haben. Sokrates
war bekannt, aber gewiß nur einem relativ kleinen Zirkel war genügend bekannt, worum es
ihm eigentlich ging. Die Menge kannte ihn allenfalls als einen, der viel Zeit damit verbrachte,
allen möglichen Leuten, Politikern wie Hand-
werkern gleichermaßen, mit zudringlichen, zuweilen spitzfindigen Fragen auf die Nerven zu
gehen, und sich dabei mit jungen Leuten um-
gab, die ihn anhimmelten. — Ob das Stück des
Aristophanes ein erster Versuch war, Sokrates
öffentlich anzugreifen und die Stimmung für eine
erfolgreiche Anklage gegen ihn gewissermaßen
zu testen (wie Sokrates möglicherweise gemeint
hat*), oder ob, wie Wieland meinte, Aristophanes

---

*) Vgl. Platons Apologie des
Sokrates — Armin Müller verweist
auch auf eine diesbezügliche Stelle
bei Aelian (Xenophon, *Memora-* *bilien.* Auswahl aus den vier Bü-
chern. Eingeleitet und kommen-
tiert von Armin Müller, Münster
1990, S. 16).

Sokrates gleichzeitig habe warnen wie auch dem sich öffentlich gegen ihn zusammenbrauenden Ärger eine Art Blitzableiter offerieren wollen*), kann man nicht entscheiden.

Das Stück des Aristophanes nahm also die gegen Sokrates im Schwange befindlichen Vorurteile und Ressentiments auf und transformierte sie in eine Karikatur: daß er zu denen gehöre, die über die Götter und die Welt unorthodoxe Ansichten vertreten, und daß er schlechten Einfluß auf die Jugend ausübe. Der zweite Anklagepunkt dürfte der bei weitem gefährlichere gewesen sein. Er betraf nämlich mit großer Wahrscheinlichkeit Sokrates' politische Sympathien und deren vermuteten Zusammenhang mit den politischen Umtrieben einiger seiner Anhänger. Prozeß und Verurteilung des Sokrates waren politischer Natur und sind nur vor dem Hintergrund der athenischen Niederlage im Peloponnesischen Krieg und der dadurch virulent gewordenen Auseinandersetzungen zwischen der demokratischen und der aristokratischen Partei zu verstehen.

Daß Sokrates von der demokratischen Verfassung Athens nichts hielt**), war ebenso bekannt,

---

*) Vgl. Christoph Martin Wieland, a.a.O., S.60ff. − In Platons *Symposion* tritt Aristophanes übrigens als Freund des Sokrates auf.

**) Das Wort »Demokratie« muß in diesem Zusammenhang etwas erläutert werden. Athen hat zwei Egalisierungsschübe erlebt, beide als Folgen militärischer Entwicklungen. Ab 650 v.u.Z. besteht die Hauptmacht eines Polis-Heeres aus seinen mit Harnisch, Schild, Schwert und Lanze bewaffneten Fußsoldaten, den Hopliten. Ihre Schlachtordnung ist die Phalanx, der vorwärtsmarschierende homogene Block, mehrere Reihen

wie daß er Sympathien für das aristokratische
Sparta hegte, mit dem Athen einen fast dreißig-
jährigen überaus grausamen Krieg geführt hatte.
Zu dem Kreis der jungen Leute um ihn gehörte

tief gestaffelt, der dem Gegner eine von Lanzen starrende Front weist. Zu Lande erweist sich die Hoplitenphalanx bis in die Zeiten Alexanders von Makedonien als die erfolgreichste militärtaktische Erfindung des östlichen Mittelmeerraums. In der Schlacht von Marathon (490) besiegte die athenische Miliz das persische Heer und verhinderte eine Invasion von der See aus. An der Schlacht nahmen 9000 von 35000 Bürgern teil – diejenigen, die das Geld für die eigene Bewaffnung aufbringen konnten. – Der historisch einmalige Fall, daß zur Lösung sozialer Konflikte in Folge der großen Schuldenkrise vom Ende des sechsten Jahrhunderts ein Schiedsrichter, Solon, aufgeboten und dessen Amnestie sowie Ent- und Umschuldungsmaßnahmen allseitig akzeptiert wurden, hängt nicht zuletzt damit zusammen, daß die Gläubiger mit der Verarmung ihrer Schuldner auch das Schwinden der sie schützenden Armee kommen sahen. Die späteren Reformen des Kleisthenes verlagerten das politische Gewicht, das die Solonischen Reformen noch zwischen Adel und Bürgertum hatten austarieren wollen, zugunsten der Bürgerschaft. Sie verbanden sich mit einer Militärreform: »Herodot bemerkt dazu, die Athener seien damals stark geworden. ›Es zeigt sich darin, daß die durch Bürgergleich-

heit bestimmte Ordnung in jeder Hinsicht eine nützliche Sache ist.‹« (Christian Meier, *Athen. Ein Neubeginn der Weltgeschichte*, Berlin 1993, S. 101). Der zweite Egalisierungsschub brachte die persische Invasion zu Land unter dem Großkönig Xerxes mit sich. Die Athener evakuierten ihre Stadt, verschifften die nicht wehrfähige Bevölkerung auf die Insel Ägina und überließen die Stadt der Plünderung durch das persische Heer. Die Seeschlacht bei Salamis (480) brachte den vorentscheidenden Sieg über die persische Flotte, dem dann im nächsten Jahr der Landsieg der athenischen und spartanischen Truppen bei Plataiai folgte. Die Schlacht bei Salamis wurde, außer durch taktisches Geschick und die größere Manövrierfähigkeit der athenischen Flotte, dadurch gewonnen, daß Athen ein Maximum an Schiffen ins Treffen führte, d. h. ein Maximum an Besatzung aufbot. Auf den Ruderbänken drängten sich Männer aller Klassen. Diese egalisierende Erfahrung führte – verkürzt, aber nicht verfälschend gesagt – zur athenischen egalitären Demokratie. Diese erwies sich als außenpolitisch aggressiv, kulturell extrem fruchtbar, innenpolitisch, weil von massenpsychischen Affekten determiniert, zuweilen extrem intolerant. Zum Guten wie zum Schlechten war Athen von

nicht nur eine Reihe von ausgewiesenen Anti-Demokraten und Sparta-Sympathisanten, sondern auch eine Gruppe, die in dieser Richtung politisch außerordentlich aktiv geworden war. Zu nennen wären der spätere Leiter einer eigenen Philosophenschule, der Akademie, Platon, der perserfreundliche Söldnerführer Xenophon, der im spartanischen Exil seine Erinnerungen an Sokrates aufschrieb, der Polit-Hasardeur Alkibiades — einen »geradezu verruchten Menschen« nennt ihn Christian Meier*) — nicht zuletzt auf seine Rechnung geht die desaströse Sizilien-Expedition Athens im Peloponnesischen Krieg, an der er als Stratege teilnehmen sollte, aber zurückberufen wurde, weil man ihm einen religiösen Frevel zur Last legte. Alkibiades floh nach Sparta, wurde in Abwesenheit zum Tode verurteilt und kämpfte daraufhin im Dienste Spartas gegen Athen — später allerdings wechselte er noch einmal die Seiten.

Schließlich war da noch der Onkel Platons, Kritias, einer der »Dreißig Tyrannen«. So nannte man das von Sparta nach dem Sieg über Athen eingerichtete antidemokratische Regime, das sich sowohl durch extremen innenpolitischen Terror

---

einem Rausch der instrumentellen Vernunft, der Machbarkeit — Christian Meier spricht von »Könnens-Bewußtsein« (Christian Meier, *Die Entstehung des Politischen bei den Griechen*, Frankfurt/M. 1983, S. 435 ff.) — erfaßt. Dieser Rausch erreichte seinen Höhepunkt unter Perikles im Wahn eines Krieges, der geplant und wie geplant geführt werden konnte. Hierzu weiter unten. Der Krieg endete mit dem Sieg Spartas.

*) Christian Meier, *Athen*, a.a.O., S. 603.

wie durch Kurzlebigkeit auszeichnete. In den Straßenkämpfen, die zu seinem Sturz führten, wurde Kritias erschlagen. Das durch das Regime und den Sturz der Dreißig geprägte politische Klima wurde schließlich für Sokrates zum Verhängnis, obwohl bekannt war, daß Sokrates nicht unbedingt ein Parteigänger der Dreißig gewesen war. Wie er einst in der Bürgerversammlung gegen ein gesetzwidriges Prozeßverfahren aufgetreten war, so hatte er sich unter den Dreißig dem Befehl zur Teilnahme an einer gesetzwidrigen Verhaftung eines ihrer politischen Gegner entzogen*), ein Umstand, den Platon als Beleg für die besondere Schäbigkeit der demokratischen Sokrates-Gegner ansieht: »Es kam in diesen Zeiten der Wirren vieles vor, was einen empören konnte, und es war kein Wunder, daß manche an einigen politischen Gegnern in den Tagen des Umsturzes billig Rache nahmen: immerhin übten die Männer, die damals zurückkehrten, noch ziemliche Mäßigung. Wieder aber wollte es das

---

*) »Als er in der Volksversammlung die Leitung hatte, da gestattete er dem Volke nicht, einen Beschluß wider die Gesetze zu fassen, sondern auf dem Boden der Gesetze widersetzte er sich dem Ansturm des Volkes in dieser Hinsicht, dem wohl, wie ich glaube, kein anderer Mensch standgehalten hätte. Und als die Dreißig ihm etwas gegen die Gesetze auftrugen, da verweigerte er den Gehorsam; als sie ihm nämlich die Unterhaltung mit den jungen Leuten verboten und ihm und einigen anderen Bürgern befahlen, jemanden zur Hinrichtung herbeizuholen, da befolgte er allein diesen Befehl nicht, weil er gesetzwidrig war.« Xenophon, *Erinnerungen an Sokrates*, IV, 4, 2–3 (Herausgegeben und übersetzt von Peter Jaerisch, München 1972) – Stone allerdings bestreitet, daß Sokrates mit dem einen oder dem anderen irgendetwas riskiert hätte. (I. F. Stone, a.a.O., S. 98 f.).

Schicksal*), daß einige einflußreiche Leute meinen Freund Sokrates vor Gericht zogen und gegen ihn eine ganz nichtswürdige, auf Sokrates am allerwenigsten passende Anschuldigung vorbrachten. Der Asebie nämlich klagten sie ihn an, und die Richter verurteilten ihn auch und ließen ihn hinrichten, ihn, der es seinerzeit abgelehnt hatte, sich an der verbrecherischen Verhaftung eines Anhängers der verbannten Partei zu beteiligen, damals, als sie selbst in Verbannung und Elend lebten.«**)

Daß Sokrates nicht zu denen gehört hatte, die unter den Dreißig hatten ins Exil gehen müssen oder wollen, hat ihn natürlich bei den Demokraten mißliebig gemacht — aber das war nicht alles. Drei politische Ereignisse führt I. F. Stone in seinem *The Trial of Socrates* an, deren Aufeinanderfolge zur Anklage gegen Sokrates geführt habe: erstens den politischen Umsturz des Jahres 411, nachdem das athenische Bündnis, der attische Seebund, erste Auflösungserscheinungen gezeigt

---

*) Armin Müller interpretiert das hier mit »Schicksal« wiedergegebene Wort *tyche* als »Zufall«: »Nach der Tyrannei der Dreißig, die während ihrer auf Druck des Spartaners Lysander nach Kriegsende eingerichteten Oligarchie allein 1500 Athener Bürger hatten umbringen lassen, um deren Vermögen zu konfiszieren, hätten, so Platon, die am Ende siegreichen Demokraten zwar zunächst eine bemerkenswerte Mäßigung bewiesen, dann aber wie durch einen blinden Zufall Sokrates vor Gericht gestellt und hingerichtet. In genau denselben Zusammenhang stellen auch andere antike Autoren den Prozeß des Sokrates; nur bezweifeln sie, daß es ihn so gänzlich zufällig getroffen hat.« (a.a.O., S. 16 f.).

**) Platon, *Briefe* VII, 325, herausgegeben und übersetzt von Willy Neumann und Julia Kerschensteiner, München 1967.

XVI

hatte, und die auf ihn folgende »Herrschaft der Vierhundert«, zweitens den bereits erwähnten Umsturz nach dem spartanischen Sieg im Jahre 404, der zur Diktatur der Dreißig geführt hatte. In beiden Fällen hatten antidemokratische, sparta-freundliche Angehörige der Aristokratie erfolg-reich geputscht, sich aber beide Male nicht lange halten können (411 vier, 404 acht Monate lang). Beide Diktaturen zeichneten sich durch brutale Rücksichtslosigkeit aus: politische Gegner wur-den umgebracht, ihre Vermögen eingezogen.*) In beiden Fällen gelang es der demokratischen Partei nach relativ kurzer Zeit, die Diktaturen zu stürzen, und, wie alle Autoren berichten, verhielt sie sich nach ihren Siegen erstaunlich moderat. Nichtsdestoweniger kam es zu einem dritten Putschversuch von athenischen Aristokraten, die das Exil der Amnestie vorgezogen hatten. Der Putsch wurde militärisch niedergeschlagen — er wird aber die Erbitterung gegen jene Gruppe spartafreundlicher, antidemokratischer Aristokra-ten weidlich geschürt haben, als deren Ohren-bläser nunmehr Sokrates mehrheitlich erschien.

Er wurde nicht der Verschwörung angeklagt, vermutlich aber als der Ideengeber jener tatsäch-lich ziemlich gefährlichen Leute. Sokrates selber hatte allerdings betont, immer — unter den Zeiten

---

*) Man kann vielleicht sogar die Maßnahme der Entwaffnung aller unteren und mittleren Volksklas-sen über den unmittelbaren herr-schaftssichernden Aspekt hinaus als Versuch ansehen, die materiel-len Grundlagen der Demokratie, ein von allen Klassen gestelltes Heer, wieder rückgängig zu ma-chen. Vgl. I. F. Stone, a.a.O., S. 168.

der Demokratie wie unter denen der Diktatur
— politisch abstinent gewesen zu sein*). Nun gab
es aber solche politische Abstinenz im athenischen Selbstverständnis nicht, und das war keine
radikaldemokratische Marotte. Solon hatte das
Gesetz erlassen, derjenige sei für ehrlos zu erklären, der sich bei einem Bürgerkrieg keiner
Partei anschließe, und bekanntlich stammt unser
Wort »Idiot« vom griechischen »idiotes«, was
soviel wie »unpolitischer Privatier« heißt, zwar
nicht unsere Konnotationen hatte, aber ein Wort
war, das dazu da war, Verachtung auszudrücken.
Aber darüber hinaus wird man Sokrates' Beteue-
rung, er sei immer unpolitisch gewesen, für eine
faule Ausrede gehalten haben: daß er das demokratische Projekt der Teilnahme des Jedermann
an der Politik nicht nur nicht teilte, sondern,
so oft es ihm möglich war, als schädlich aus-
zuweisen oder lächerlich zu machen trachtete,
war allenthalben bekannt, und dem Kreis der
jungen Leute, die dergleichen gerne hörten, gehörten eben jene stadtbekannten antidemokrati-
schen politischen Aktivisten an.

So wurde er denn angeklagt und verurteilt,
weil er »die Jugend verderbe« — außerdem wegen
mangelnden Respekts vor den Göttern der Stadt.
Xenophon hat viel Energie darauf verwendet,
nachzuweisen, wie ungerechtfertigt dieser erste

---

*) Laut der Interpretation von Stone hat er den Konspirationsvorwurf
explizit zurückweisen müssen (Stone, a.a.O., S. 142).

Anklagepunkt gewesen sei, und er hat vermutlich recht gehabt. Nur so ganz aus der Luft gegriffen war dieser Vorwurf nicht — jedenfalls nicht aus der Perspektive demokratischer Demagogie. Die athenische Aristokratie stand, von dieser Seite aus betrachtet, immer im Verdacht mangelnden Patriotismus' und religiöser Libertinage*), und das wahrscheinlich völlig zurecht, wie das Beispiel manch anderer Aristokratie zeigt, in deren Kreise die Aufklärung leichter Einlaß findet als in die Stuben der Handwerker und der Kirchgänger. So hatten im Jahre 415, kurz vor Ausfahrt der athenischen Flotte nach Sizilien, betrunkene Jugendliche die Hermenbüsten, die an den athenischen Straßen aufgestellt waren, verstümmelt. Der Fall konnte nie ganz geklärt werden, aber in den Untersuchungen kam auf, daß Alkibiades vor nicht allzu langer Zeit — vermutlich im Rahmen einer parodistischen Privatveranstaltung — die eleusinischen Mysterien profaniert hatte. Er wurde in Abwesenheit zum Tode verurteilt.

Die beiden Anklagen mögen so ungerecht gewesen sein, wie sie wollen — unwahrscheinlich waren sie nicht. Nur hatten sie natürlich nichts mit dem zu tun, was uns heute als die »Philosophie des Sokrates« erscheint, wenn sie auch ohne die spezielle intellektuell-exzentrische Lebensweise des Sokrates nicht so leicht zustande

---

*) Armin Müller weist auf diesen interessanten Umstand, den, wie erwähnt, Stone ganz vernachlässigt, besonders hin (a.a.O., S. 18 f.).

gekommen wären. Diese aber mit dem zu ver-
wechseln, was wir heute »Philosophie« nennen,
wäre ein grober Fehler.

Es ist kurios genug, daß die Philosophie, als sie
begann, sich in das zu verwandeln, was Schopen-
hauer Professorenphilosophie für Philosophie-
professoren genannt hat, sich Sokrates als ersten
ihrer Zunft erwählte. Man spürt das im Grunde
Sonderbare dieses Vorgangs noch in der Schilderung Hegels, dem der preußisch-protestantische
Bürgersinn ab und zu in die Feder fährt: »Was
nun sein näheres Geschäft betrifft, sein philosophisches Lehren oder eigentlich seinen Umgang (denn ein eigenes Lehren war es nicht) mit
jedermann, mit den verschiedensten Menschen
aus allen Klassen, von dem verschiedensten Alter,
ganz verschiedenen Bestimmungen, – also sein
philosophisches Umgangsleben war äußerlich,
wie das Leben der Athener überhaupt: daß sie
den größten Teil des Tages ohne eigentliches
Geschäft, im eigentlichen Müßiggange auf dem
Markte waren oder sich in den öffentlichen Gym-
nasien herumtrieben, teils hier ihre körperlichen
Übungen vornahmen, sonst vorzüglich mitein-
ander schwatzten. Diese Weise des Umgangs war
nur möglich nach der Weise des athenischen
Lebens. Die meisten Arbeiten, die jetzt ein freier
Bürger eines Landes – ebenso ein freier Republi-
kaner, ein freier Reichsbürger – tut, verrichteten

Sklaven, galten für freier Männer unwürdig. Ein freier Bürger konnte zwar auch Handwerker sein, hatte aber doch Sklaven, die die Geschäfte verrichteten, wie ein Meister jetzt Gesellen. Heutigentages würde ein solches Herumleben gar nicht zu unseren Sitten passen. So schlenderte nun auch Sokrates herum und lebte in einer ebensolchen beständigen Unterhaltung über ethische Ansichten. Was er nun tat, ist das ihm eigentümliche, was im allgemeinen Moralisieren genannt werden kann; es ist aber nicht eine Art und Weise von Predigen, Ermahnen, Dozieren, düsteres Moralisieren usf., denn dergleichen hatte unter Atheniensern und in der attischen Urbanität keinen Platz. (...) Mit allen ließ er sich auf ein Gespräch ein, ganz mit jener attischen Urbanität, welche, ohne sich Anmaßungen herauszunehmen, ohne die anderen zu belehren, imponieren zu wollen, der Freiheit vollkommen ihr Recht erhält und sie ehrt, alles Rohe aber wegfallen läßt. So gehören denn Xenophon, besonders aber Platons Dialoge zu den höchsten formalen Mustern feiner gesellschaftlicher Bildung.«*)

Auf den formalen Aspekt der Dialogführung wird später zu kommen sein. Hegel nennt uns die beiden Quellen, aus denen wir etwas über Sokrates' eigentliche intellektuelle Beschäftigung

---

*) G.W.F. Hegel, *Vorlesungen über die Geschichte der Philosophie I*, in: Ders; *Werke*, Bd. 18, Frankfurt/M. 1975, S. 455 f.

erfahren, Platon und Xenophon, und die Beschaffenheit dieser Quellen könnte nicht unter-
schiedlicher sein. Platon — mit ihm eigentlich
fängt die Philosophie an, ein akademisches Fach
zu werden*), der Verfasser subtilster erkenntnis-,
moral- und politiktheoretischer Schriften, ein
»kalter Schwärmer«, wie ihn Wieland im Aristipp-
Roman nennt, einer, der versucht hat, als Berater
des Alleinherrschers von Syrakus, Dionysius II.,
zu beweisen, daß die Kombination von weltlicher
Macht und philosophischer Beratungskompetenz
ein großer Schritt auf dem Wege zu einem ideal
verfaßten Gemeinwesen sein könne, und beide-
malen kläglich scheiterte**), war ein Anhänger
ägyptischer Geheimlehren und pythagoräischer
Zahlenmystik, kurz: ein vermutlich zweifelhafter
Dolmetsch sokratischer Intentionen. Allerdings
wäre ohne das Zeugnis des Platon Sokrates in
unserer Imagination schwerlich der geworden,
den Karl Jaspers beschworen hat; ohne Platon
wäre der uns überlieferte Sokrates gar kein
»Philosoph« geworden wie wir ihn heute sehen
wollen. Ohne Aristophanes hätten wir keine
Ahnung davon, wie sich — abzüglich dessen, was

---

*) Das Wort »Akademie« selbst
ist platonischen Ursprungs: Platon
pflegte im dem Akademos geweih-
ten Hain zu unterrichten und be-
trieb dort das Philosphieren zum
ersten Mal als institutionalisier-
bare Tätigkeit — so bestimmte er
einen Nachfolger für sich, verstand also die Akademie als eine
über seine Lebensspanne hinaus-
reichende Institution.

**) Hierzu vgl. Ludwig Mar-
cuse, *Plato und Dionys, Geschichte
einer Demokratie und einer Diktatur*, Berlin 1968.

aufs Konto der bloßen Überzeichnung gehört —
Sokrates in den Köpfen seiner Verächter darstellte. Ohne Xenophon wüßten wir nichts über
Sokrates, wie er den ihm wohlwollenden Mitbürgern erschienen sein mochte.

Nach dem »authentischen« Sokrates wollen
wir nicht fragen. Diese ehrwürdige »sokratische
Frage« ist ja nun nicht anders als mit Hinweis auf
die genannten drei Quellen zu beantworten, vor
allem eben auf Xenophon und Platon. »Beide
zeichnen ganz verschiedene Bilder. Xenophon
konzentriert sich auf vielerlei praktische Ein-
sichten und Ratschläge (manch anderes, was ihn
weniger interessierte, wird er überhört haben),
bei Platon geht es durchweg um ein theoretisches
Interesse, und da ist es schwer, Sokratisches und
Platonisches voneinander zu trennen.«*) Er habe,
sagt Wielands Aristipp von Platon, Sokrates immer seine eigenen Eier ausbrüten lassen; Sokrates sei in Platons Dialogen nichts weiter als eine
Kunstfigur — und (das würde er vielleicht hinzufügen) nicht einmal eine besonders gut geratene.
Xenophons Sokrates hingegen — nun, Xenophon
war von durchaus anderem Schlage als Platon. Er
gehörte, wie Platon, zum Kreis der jungen Leute
um Sokrates, ließ sich aber kurz nach dem Sturz
der Dreißig überreden, Athen zu verlassen und
mit einem zehntausend Mann starken Kontingent
griechischer Söldner im Heer des persischen

---

*) Christian Meier, *Athen*, a.a.O., S. 668.

Jan Philipp Reemtsma

Satrapen Kyros zu dienen, der versuchte, seinen Bruder, den Großkönig Artaxerxes zu stürzen. Xenophon diente damit dem Mann, der mit finanziellen Zuwendungen entscheidend zum Sieg Spartas über Athen beigetragen hatte.

In einer Schlacht nicht weit von Babylon wurde Artaxerxes, nicht zuletzt auf Grund des Einsatzes der griechischen Söldner, besiegt, jedoch fiel Kyros in der Schlacht. Der Oberbefehl ging auf den königstreuen Tissaphernes über, der die griechischen Offiziere ermorden ließ. Xenophon wurde zum Führer der griechischen Truppen ernannt und führte die Zehntausend durch Kleinasien zurück an die ägäische Küste. Sein Bericht über diese Unternehmung, die *Anabasis**), ist bis heute ein Musterbeispiel militärisch-geographischer Berichterstattung mit einer nur unzureichend gewürdigten Auswirkung, auf die wohl als erster Wieland an allerdings Historikern wenig bekanntem Ort hingewiesen hat: nach Xenophons Bericht wußte man, wie schwach organisiert das Perserreich war, und wie erfolgreich disziplinierte Truppen innerhalb seiner Grenzen operieren konnten. Der Siegeszug Alexanders nimmt sich vor dem Hintergrund dieser Schrift nicht mehr ganz so verblüffend aus.

Xenophon wurde nach seiner Rückkehr wegen seines persischen Abenteuers und zudem wegen

---

*) Wörtlich »Der Weg hinauf«, besser vielleicht mit »Der lange Marsch« übersetzt.

XXIV

eines anschließenden Dienstes in der spartanischen Armee prompt aus Athen verbannt. Während des Prozesses gegen Sokrates war Xenophon
nicht in Athen. Er verfaßte seine Erinnerungen
an ihn als postume Verteidigungsschrift: »Immer
wieder habe ich mich darüber gewundert, durch
welche Gründe denn eigentlich die Ankläger des
Sokrates die Bürger in Athen davon überzeugt
haben mögen, daß er des Todes um den Staat
schuldig sei.«*) Xenophon legt Zeugnis davon
ab, daß Sokrates sich konventioneller Frömmig-
keit durchaus befleißigt habe, auch betont er,
daß jenes ominöse »Daimonion«, von dem Sokrates des öfteren gesprochen habe — eine innere
Warnungsstimme, die ihn zuweilen von etwas
abhalte, doch nie zu etwas ermuntere —, sich
in nichts von irgendwelchen Vorzeichen unter-
scheide, die der gemeine Glaube ohne weiteres
akzeptiere. Wieland läßt seinen Aristipp in diesem Zusammenhang von gewöhnlichem Aber-
glauben sprechen.

Über diese apologetische Intention hinaus
finden wir bei Xenophon nichts, was Sokrates
zu einer historisch bedeutenden Figur machen könnte. »Xenophons Schriften«, so Gernot
Böhme, »zeichnen nämlich einen eher biederen,
geradezu penibel rechtschaffenen, höchst konservativen und schulmeisterlichen Sokrates. Bis auf
wenige Episoden, beispielsweise das Gespräch

---

*) Xenophon, *Memorabilien*, I,1,1.

des Sokrates mit einer Hetäre (...) scheinen die Züge, die Xenophon dem Sokrates verleiht, mit dem platonischen Sokrates unvereinbar.«*) Nun gewiß, mit dem platonischen, aber eben auch mit einem historischen, der so wohl so beeindruckend gewesen sein muß, daß ein Platon seinen Namen zum Bürgen der eigenen Gedanken gemacht hat. Natürlich kann es bloße Anhänglichkeit gewesen sein, die Sorge um den »historischen Sokrates« plagt ja nur die viele Jahrhunderte später Geborenen − und doch: Würde man, fehlten die Platonischen Schriften, verstehen, warum Xenophon seine Erinnerungen an Sokrates zu Papier gebracht hat? Und würde man ohne Platon verstehen, warum Christoph Martin Wieland ausgerechnet diese Auswahl mit merkbarem Vergnügen seinem Publikum zu lesen gab?

Scheinbar ein Dilemma: man versteht nicht, warum Platon einen Sokrates, wie ihn Xenophon zeichnet, zum Sprachrohr seiner Philosophie machen konnte, und man versteht nicht, wie Xenophon einen Menschen, der sich für Platon als Verkörperung seiner Philosophie eignete, so wahrnehmen konnte, wie er es tat. Ohne Platon wäre uns Xenophons Sokrates nichts, aber gleichzeitig wäre der Philosoph der platonischen

---

*) Gernot Böhme, *Der Typ Sokrates*, Frankfurt/M., 1988, S. 30. − Dieses Gespräch mit einer Hetäre findet sich auch in Wielands Aristipp-Roman, kann also zum Umkreis der Xenophon-Übersetzungen gerechnet werden (vgl. Wieland, a.a.O., S. 106 ff.).

Dialoge uns nichts ohne den xenophontischen Biedermann — wir würden ihn für ein bloßes Textgespenst halten. Diesem Dilemma entkommt man nicht, wenn man versucht, ein Mittel aus den Gegensätzen zu konstruieren: daß Sokrates eben »philosophischer« war, als Xenophon dies wahrnehmen konnte, und »weniger philosophisch« als Platons Kunstfigur. Es geht nicht um ein Mehr oder Weniger, sondern darum, zu verstehen, wie ein Mensch beschaffen sein mußte, der in gewissem Sinne beides war.

Man wird dies nur können, wenn man sich zunächst einmal von der Tradition freimacht, die in Sokrates den Wendepunkt von spekulativer Naturwissenschaft (Vorsokratiker) und bloßer Rhetorik (Sophisten) hin zu wahrer Philosphie sieht. Man muß Sokrates aus dem Kreis jener heraus verstehen, gegen die man ihn traditioneller Weise absetzt, ähnlich wie man Jesus von Nazareth*) nicht versteht, wenn man ihn, wie die Christen das zu tun pflegen, gegen die vielen anderen apokalyptischen Prediger seiner Zeit und gegen die religiöse Gruppe der Pharisäer absetzt. Sokrates war ein Sophist — Aristophanes hatte ganz recht, ihn in den *Wolken* zunächst in diese Gruppe zu stellen. Seine frühe Abkehr von den spekulativen Naturwissenschaf-

---

*) Interessant, daß die beiden Traditionen, die so typisch für das Abendland sind — Philosophie und Christentum — sich auf historische Gestalten berufen, die Opfer von zumindest zweifelhaften Justizverfahren geworden sind.

ten führt ihn gerade mit dieser Gruppe, oder doch wenigstens mit ihren erfolgreichsten Exponenten zusammen.

Die Sophistik war der zweite große Enttraditionalisierungsschub, den das griechische intellektuelle Leben hervorbrachte. Der erste war die spekulative Naturwissenschaft, die in Idealkonkurrenz zu traditionellen religiösen Überzeugungen stand. Die Sophistik wandte sich Fragen der Moral, der Politik, der Gesellschaftsorganisation zu, faßte sie nicht mehr auf als Gegebenheiten, die aus traditionellen Gründen zu akzeptieren wären, sondern als Gegenstände der potentiell öffentlichen Debatte. Christian Meier spricht von einem »eigentümlichen Bewußtsein menschlichen Könnens«, das um die Mitte des fünften Jahrhunderts in Griechenland und vor allem in Athen aufgekommen sei, ein Bewußtsein, das sich nicht nur auf Naturerkenntnis, gewachsene technische Kompetenz, sondern auch auf die soziale Organisation selbst bezogen hätte: »Denker machten sich daran, ganze Gesellschaftsordnungen am Reißbrett zu entwerfen. Sophisten behaupteten, ihre Schüler in die Lage versetzen zu können, in Wirtschaft und Politik alles zu erreichen, was sie wollten. Sie könnten auch vor Gericht die schwächere Sache zur stärkeren machen.«*) Meier spricht mit dieser Formulierung den schlechten Ruf an, in dem

---

*) Christian Meier, *Athen*, a.a.O., S. 470.

zumindest einige der Sophisten standen, und der ihnen bis heute anhängt, nämlich Leute gewesen zu sein, die durch Haarspaltereien und rhetorische, für den Durchschnittsbürger nicht zu durchschauende Tricks aus Weiß Schwarz machten.*)

Charakteristisch war für die Sophisten ein Glaube an das Instrumentelle der Vernunft. Wissen, Wahrheit waren für sie Kenntnisse, die man vermitteln konnte, und das taten sie für Geld. Mit den Sophisten wurde zum ersten Mal deutlich, daß man Wissen zu Geld machen kann, und Xenophon überliefert uns den Spott, mit dem der Sophist Antiphon die ärmlichen Lebensumstände des Sokrates, der nicht für Geld lehrt, obwohl er das könnte, bedenkt. In der Sophistik zeigt sich Glanz und Elend einer bloß instrumentell aufgefaßten Vernunft. Glanz: das Denken kennt keine Tabus, es gibt keine Zugangsbeschränkungen zu Debatten, ein intellektueller Optimismus prägt die Diskussionen — wo ein Problem ist, wird man schon eine Lösung finden. Elend: das Denken kommt zu einer Vorratshaltung von Taschenspielertricks herunter, und der Gestus des Alles-Durchschaut-Habens wird zynisch. Ein wunderbares Beispiel teilt uns Xenophon mit, indem er von einer Diskussion

---

*) Hier gehören die berüchtigten Wortspiele hin, derer sich einige Sophisten bedienten, und die erst in Aristoteles' Schrift über die Trugschlüsse der Sophisten beantwortet werden. Dieses Kapitel ist ebenso skurril wie interessant, kann aber hier nicht weiter behandelt werden.

berichtet, die zwischen Perikles und Alkibiades
stattgefunden habe*):

ALKIBIADES.

Kannst du mir sagen, was ein Gesetz ist?

PERIKLES.

Ein Gesetz ist alles, was in der Volksversammlung
nach vorheriger Prüfung schriftlich festgelegt wird. Ein
Gesetz regelt, was man tun darf und was nicht.

ALKIBIADES.

Und was die Gesetze festlegen, ist das gut oder
schlecht?

PERIKLES.

Gut natürlich!

ALKIBIADES.

Aber wie ist das mit den Gesetzen, die nicht in Demo-
kratien gemacht werden? Wie ist das mit den Gesetzen
in Oligarchien?

PERIKLES.

Alles, was die Obrigkeit festlegt, ist ein Gesetz.

ALKIBIADES.

Und wenn ein Alleinherrscher festlegt, was man tun
muß, ist das auch ein Gesetz?

PERIKLES.

Auch das.

ALKIBIADES.

Was aber nennen wir Gesetzlosigkeit oder Gewaltherrschaft? Doch wenn ein Stärkerer einen Schwächeren
nicht überzeugt, sondern ihn mit Gewalt zwingt, das zu
tun, was er will, nicht wahr?

---

*) Xenophon, *Memorabilien*, I, 2, 41 ff. (Ich gebe den Text verkürzt und
in eigenen Worten wieder.)

PERIKLES.

Ja.

ALKIBIADES.

Wenn also ein Alleinherrscher ohne Zustimmung seiner Untertanen festlegt, was sie tun dürfen und was
nicht, nennen wir das Gewaltherrschaft und Gesetzlosigkeit?

PERIKLES.

Ja, das würden wir nicht Gesetz, sondern Gewalt
nennen.

ALKIBIADES.

Wenn aber die Volksversammlung, in der ja die Reichen nicht die Mehrheit haben, diese einfach überstimmt
ohne sie überzeugt zu haben — ist das nicht auch Gewaltherrschaft?

PERIKLES.

Als ich in deinem Alter war, waren wir auch groß
in solchen Spitzfindigkeiten und haben viel Zeit damit
verbracht, über solche Sachen nachzudenken.

ALKIBIADES.

Ich wäre gerne dabeigewesen.

Xenophon berichtet von dieser Unterredung,
weil er mit ihr demonstrieren möchte, wie sehr
es Alkibiades von Anfang an um Politik und politische Rhetorik gegangen sei, auch habe er sich
bald aus dem Kreis um Sokrates entfernt. Der
Bericht des kleinen Dialogs legt aber nahe, daß
Alkibiades so zu reden bei Sokrates gelernt
habe, und die Gesprächsführung ist gleichermaßen sokratisch wie sophistisch. Sokratisch
daran ist das insistierende Fragen nach den
scheinbaren Gewißheiten des Gegenüber — und

daß die Unterredung, wenn diese genügend er-
schüttert sind, ein Ende hat, der »aporetische«
Schluß. Es klingt das berühmte, ganz unsophi-
stische »ich weiß, daß ich nichts weiß« mit an.
Sophistisch aber ist die Frageintention: Alkibiades möchte den Begriff des Gesetzes entzaubern.
Er möchte deutlich machen, daß alle Politik
Machtpolitik ist, und daß, egal in welcher Verfassung, immer die Stärkeren über die Schwächeren herrschen. Ist dies aber der Fall, so die
nicht immer stillschweigende sophistische Folge-
rung (die auch die des historischen Alkibiades
gewesen sein dürfte), dann kommt es nur noch
darauf an, die geeigneten Machttechniken sich
anzueignen, um auf Seiten der Stärkeren zu
sein.

Es gibt verschiedene Möglichkeiten, eine solche
instrumentelle Vernunftauffassung zu kritisieren.
Platons Kritik war, daß sie unphilosophisch sei.
Sie verfehle bei der Frage nach dem Nützlichen
die Frage nach dem, was »das Nützliche«, oder
besser: »das Gute« schlechthin sei. Schwer zu
glauben, daß der xenophontische Sokrates so gefragt hätte. Eine andere Art der Kritik wäre, auf
den Umstand hinzuweisen, daß die instrumentelle Auffassung der Vernunft moralische Fragen
zum Verschwinden bringe; denn moralische Fragen richten sich danach, ob man etwas tun dürfe
oder solle, unabhängig davon, ob die in Frage
stehende Handlung ein taugliches Instrument zur
Verfolgung dieses oder jenes Zieles sei. Dies ist

schon näher am xenophontischen Sokrates: wenn
der etwa seinen Sohn über dessen Pflichten seiner Mutter gegenüber belehrt, geht es um Dankbarkeit und nicht um den Nutzen, den Dankbarkeit bringt. Heute würden wir vielleicht sagen,
daß ein aufs Instrumentelle verkürzter Begriff der
Vernunft unfähig sei, die Komplexität menschlichen Verhaltens zu erfassen. Er kommt mit Phä-
nomenen der Rückkopplung nicht gut zurecht.

Ein eindrucksvolles Beispiel dafür ist der Pe-
rikleische Kriegsplan gegen Sparta. Er sah vor,
daß sich die Bevölkerung Attikas hinter die langen Befestigungsmauern, die Athen mit seinem
Seehafen Piräus verbanden, zurückziehen solle
und jeder Versuchung widerstehen, eine Schlacht
zu Lande anzunehmen. Auch wenn spartanische
Truppen die Äcker Attikas verwüsteten, wäre
Athens Versorgung durch die Flotte sichergestellt.
Die athenische Kriegsflotte ihrerseits sollte die
Küsten des Peloponnes verheeren und punktuell
Landungsunternehmungen mit kurzen Vorstößen
ins Landesinnere durchführen. Das war ein gut
durchdachter Plan, und Athen verfügte über die
Ressourcen, ihn praktisch werden zu lassen.
Die Seuche, die bereits im ersten Kriegsjahr unter
den zusammengepferchten athenischen Bürgern
ausbrach, war der erste Hinweis, daß der Plan,
er mochte noch so durchführbar erscheinen,
der Komplexität der Wirklichkeit nicht gerecht
wurde. Perikles starb an der Seuche — er wäre
vielleicht der einzige gewesen, der zu solcher

Einsicht fähig und einflußreich genug gewesen wäre, sie politisch durchzusetzen. Nach seinem Tod schlug die Stunde nicht zuletzt des Alkibiades.

Thukydides schildert eindrucksvoll die Veränderung der Mentalität einer Bevölkerung, die einen langen Krieg führen muß. Es handelte sich um eine Radikalisierung in mehrfacher Hinsicht. Man wurde zusehends haßerfüllter, egalitärer*), paranoider; auch wuchs der Wahn des Alles-Könnens, der Das-wäre-doch-gelacht-Haltung, für die Unkonventionalität und Unbekümmertheit schon der Vorausweis des Gelingens ist. In gewissem Sinne spiegelten die Exaltationen der athenischen Politik im Kriege das Elend der Sophistik.

Platons Antwort auf die Niederlage Athens waren, abgesehen von seiner entschiedenen Sympathie mit dem Sieger Sparta, die Erfindung der Philosophie und düstere Träume von philosophisch legitimierten Diktaturen. Das war nicht Sokrates' Antwort gewesen. Aber er war überzeugt davon, daß etwas ganz entschieden schiefgegangen war in Athen, und wollte Antwort finden, was das gewesen war. Was er mit den

---

*) Interessant ist, daß noch unter Perikles ein Gesetz verabschiedet wurde, das festlegte, wer Athener war und wer nicht. Ein Athener war, wer einen athenischen Vater und eine athenische Mutter hatte – zuvor hatte es ausgereicht, wenn der Vater Athener gewesen war. An die Stelle eines ererbten Rechtsstatus trat eine Art »Blutsbindung«. Die Volksgemeinschaft wurde in Athen erfunden (vgl. Christian Meier, *Athen*, a.a.O., S. 400).

Sophisten teilte, war das Mißtrauen gegen traditionelle Gewißheiten, was er mit ihnen nicht teilte, war die Unbekümmertheit, mit der sie meinten, daß man an ihre Stelle schlankweg Selbsterfundenes stellen könne.

Nur hatte in Athen eine besonders unglückliche Vermischung zwischen Traditionsverhaftung und permanenter Selbsterfindung stattgefunden. Das athenische Volk war, wie die Asebieprozesse zeigen, zuweilen traditionell-fundamentalistisch, wie es andererseits ebenso bereit war, gegen alles Herkommen zu verstoßen, wenn irgendein revolutionärer Vorschlag auf der Volksversammlung ihm gefühlsmäßig in den Kram paßte. Sokrates war ein Sophist, der eine zweite sophistische Aufklärung in eine Bürgerschaft zu tragen versuchte, die sich aus der ersten nur bedient hatte, um sich zu vergewissern, daß Erfolg und Recht eins seien und ein gescheiter Einfall reiche, um die Zukunft eines Gemeinwesens sicherzustellen.*)

Wenn Sokrates das hypertrophe Selbstbewußtsein seiner Mitbürger irritieren wollte, so war das für ihn der Weg zu einer neuen Sicherheit.

---

*) Meine Charakterisierung streift die Karikatur, vor allem aber deshalb, weil massenpsychologische Exaltationen selbst die Grenze zur Karikatur streifen. Nicht gerecht wird sie dem Umstand, daß in Athen etwas historisch Neues aufgeführt wurde — gar nicht mal speziell Demokratie, sondern vor allem: Politik. Zu dieser Aufführung gehört natürlich auch die atemberaubende Eruption literarisch-künstlerischer Kompetenz ab 472, die vom Aufbruch in die Politik nicht zu trennen ist. Ginge es um solche weite Sicht der Dinge, wäre obige Charakterisierung natürlich unzureichend.

Sokrates war ein Konservativer. Die Werte der alten Polis galten ihm viel, aber er war kein Ignorant. Er war durch die »vorsokratische« wie durch die sophistische Aufklärung hindurchgegangen, hatte festgestellt, daß jene für die Probleme, in die Athen geraten, ohne Belang war, und daß letztere ein gutes Stück Mitverantwortung für diese Probleme trug. Sokrates befragte die vielfältigen Kenntnisse seiner Mitbürger und machte einen Unterschied, der zuvor vernachlässigt worden war: daß es nämlich Bereiche gibt, in denen Rezeptwissen einen guten Sinn und angemessenen Ort hat — etwa das Handwerk —, und Bereiche, wo es solches Rezeptwissen nicht gibt, etwa die Politik oder die Moral. Sokrates hat, wie es scheint, darauf bestanden, allerlei von Grund auf neu zu bedenken, ohne daß er selber etwa einen festen Grund hätte angeben können, von dem auszugehen sei. Er hat andererseits auf einer entscheidenden Parallele zwischen handwerklichem Rezeptwissen und Politik und Moral bestanden: daß zu beidem Erfahrung gehöre. Diese Einsicht, so meinte er, sei in der Kombination von Machbarkeitswahn und Egalitarismus verlorengegangen. Man habe, wenn man einen erfolgreichen Schmied und Agitator in der Volksversammlung zum Feldherrn wählte, nicht beachtet, daß eine Schlacht erfolgreich zu schlagen wenigstens ebenso viel Erfahrung und Übung verlange wie ein Schwert zu schmieden.

Sokrates griff die — durch die Niederlage ohnehin erschütterten — Selbstgewißheiten der Athener an, tat aber nicht, was normalerweise konservative Mahner tun, er bot ihnen keine traditionellen Ideale an. Inmitten einer sophistisch halbgebildeten Bevölkerung wirkte Sokrates als maximale Verstörung. Er selber nimmt sich wie die Personifizierung einer unvorhergesehenen Rückkopplung aus: er befragte die Früchte der Sophistik auf sophistische Weise. Sein Resultat — »Ich weiß, daß ich nichts weiß« — ist in seiner paradoxen Umformulierung des im Grunde ja simplen Statements »Ich sehe es als meine Aufgabe an, vorschnelle Gewißheiten zu irritieren« ein adäquates Ergebnis eines zu enggeführten Rückkopplungsprozesses, vergleichbar dem Pfeifen, das entsteht, wenn man ein Mikrophon zu nahe an einen Lautsprecher bringt. Insofern war die Auffassung, es handle sich bei Sokrates um einen extremen Sophisten, zwar falsch, aber nicht unplausibel, und auch die Verurteilung des Konservativen durch die demokratischen Radikalen im Namen ältester Polistraditionen paßt irgendwie ins Bild. Diese Konfusion fasziniert uns bis heute an der Gestalt des Sokrates.

Platon sah in dieser Konfusion die Möglichkeit, zu etwas ganz Neuem zu gelangen. Er transformierte das Programm der Zerstörung falscher Sicherheiten in eine Suche nach transzendentalen Prinzipien, die unserem Denken — in theoretischer wie moralischer Hinsicht — wirkliche

Sicherheit geben können. Das Ergebnis war der erste erkenntnistheoretische Entwurf, die Ideenlehre. Mit ihm beginnt die so folgen- und variantenreiche und letztlich doch so unfruchtbare Suche nach dem wahren Wesen hinter den bloßen Erscheinungen, die Suche nicht nach den Vorzügen diesen oder jenen Handelns, sondern nach dem Guten schlechthin. Das war nicht sokratisch, aber es war nicht wunderlich, daß ein nervös-pathetischer Intellektueller aus dem Kreise um Sokrates diesen Weg einschlagen würde.

Für Xenophon ist, in apologetischer Absicht, nur der fromme und gesetzestreue Bürger Sokrates von Interesse — und darüber hinaus der alltagspraktische Philosoph. Bei ihm ist Sokrates alles andere als ein Theoretiker; er ist ein Pragmatiker, der, eine Art antiker Dr. Marcus oder Domian, durch Fragen und Ratschläge Lebenshilfe zu geben weiß. Xenophon präsentiert uns einen Mann, der Tips gibt, wie man sich mit seinem Bruder wieder verträgt, wie man aus wirtschaftlichen Schwierigkeiten herauskommt (und welche Haltung man sich aneignen sollte, wenn einem das nicht gelingt), der Ratschläge gibt, wie eine erfolgreiche defensive Militärpolitik Athens in Zukunft aussehen könnte — und so weiter.

Wahrscheinlich war das Interesse der jungen Leute um Sokrates vielgestaltig, und er setzte jedem mit Fragen zu. Mit Xenophon geriet er ins Militärische, mit Platon in die Metaphysik. Es wird so gewesen sein, daß jeder, der nicht ausgesprochen etwas *gegen* ihn, etwas *von* ihm gehabt hat. Er selbst hat ja gesagt, als Sohn einer Hebamme könne er nicht zeugen oder empfangen, sondern nur zur Welt bringen, was in die Welt wolle. Wie bescheiden das gesagt ist, und wie klug auch. Als hätte er geahnt, was alles sich auf ihn zurückrechnen würde. Kein Philosophieren heute ohne Sokrates? Keine Vaterschaftsklagen bitte.

———

Wieland hatte eine lebenslange intellektuelle Affaire mit Sokrates. Am Ende meinte er ihn nicht besser fassen zu können denn als Vielheit dessen, was ohne ihn — als Vater, Stichwortgeber, Hebamme, *bystander* — nicht wäre. Der Roman *Aristipp und einige seiner Zeitgenossen*, geschrieben 1798/1800, nimmt eine alte Idee Wielands auf, die Geschichte der sokratischen Schulen zu schreiben. Die philosophischen Richtungen, die sich auf seine Lehren, sein Beispiel berufen, das sind vor allem die akademische des Platon, die kynische des Antisthenes, die kyrenaische des Aristippos. Letzteren hat Wieland sich zum Titelgeber und Protagonisten seines Romans erwählt, und aus seiner fiktiven Feder — der Roman ist ein Roman in Briefen — erfahren wir auch etwas über Sokrates. So läßt Wieland seinen

Aristipp über ihn und seine Nachfolger sprechen — in einem Brief an den Sophisten Hippias übrigens:

Ich werde es immer unter die glücklichsten Ereignisse meines Lebens zählen, daß ich den Sokrates gekannt, und während der drey bis vier Jahre, da ich freyen Zutritt bey ihm hatte, seines Umganges beynahe täglich genossen habe. Wie wenig auch das, was ich von ihm lernen konnte, in anderer Augen seyn mag, nach *meiner* Schätzung und für meinen eigenen Gebrauch ist es sehr viel, und mehr als genug um mir ein Recht auf den Nahmen eines *Sokratikers* zu geben, auf den ich stolz bin, und den ich nicht unwürdig zu führen hoffe.

Es war eine von den Meinungen des Sokrates, die ich ihn öfters in seiner eigenen genialischen Manier behaupten hörte, ›Weisheit und Tugend könnten nicht auf die Art, wie man sichs gewöhnlich vorstelle, *gelehrt*,‹ d.i. nicht in unsre Seelen hineingeschoben werden, wie man Brot in den Backofen schiebt. Zuweilen sprach er, als betrachte er sich wie einen *Gärtner*, dessen Geschäft es ist, nützliche Pflanzen und Gewächse zu ziehen und zu warten. Alles was der Gärtner vermag (sagte er) besteht darin, daß er guten Samen in ein wohlzubereitetes Land lege, und die junge Pflanze, wenn sie aufgegangen ist, vor Frost und schädlichen Winden sichere, vor aller Verletzung bewahre, und, so weit es in seiner Macht steht, dafür sorge, daß sie nicht zu viel noch zu wenig Sonne bekomme, nicht zu viel noch zu wenig genährt werde, u.s.f. Aber eine schlechte Gattung in eine edle zu verwandeln, oder einer schwachen kränkelnden Pflanze das fröhliche Wachsthum einer gesunden und starken zu geben, steht nicht bey ihm; und wenn er sein möglichstes gethan hat, kann er doch nicht verhindern, daß ein einziger unerwarteter Nachtfrost oder irgend ein anderer Zufall aller seiner Sorge und Pflege spottet.*) — Am meisten liebte er das Bild einer *Geburtshelferin,* und verglich sich mit seiner Mutter, die, wiewohl sie für eine große Meisterin in ihrer Kunst galt, ein ungestaltes Kind in kein wohlgebildetes verwandeln konnte, sondern zufrieden seyn mußte, wenn sie, was nun einmahl da war, glücklich zur Welt gebracht hatte. Sokrates hat in diesem Sinne Kindern von sehr ungleicher Art ins Leben geholfen. Aber um diejenigen, die ihm täglich und mehrere Jahre zur Seite waren, machte er sich auch das Verdienst eines *Pädagogen*; und, wie die Erfahrung lehrt, daß Knaben sich, ohne es zu wollen oder zu merken, immer nach ihrem Erzieher bilden, und mehr oder weniger seine Weise sich zu geberden, zu reden, zu gehen, den Kopf zu tragen, u. s. w. annehmen: so findet sich auch, daß keiner von den Zöglingen des Sokrates ist, an dem man nicht diese oder jene Züge von ihm gewahr würde, so daß — wie man von *Zeuxis* sagt, er habe aus fünf der schönsten Agrigentinischen Mädchen seine berühmte *Helena* zusammengesetzt — aus fünf oder sechs von uns ein ganz leidlicher Sokrates zusammengesetzt werden könnte. So hat z. B. *Plato* sich seiner Ironie und eigenen feinen Mannier zu scherzen, *Xenofon* seiner Grundbegriffe, Maximen und Ideale in Sittenlehre und Staatskunst, und seines Glaubens an Orakel, Träume und Opferlebern, *Antisthenes* seiner Geringschätzung aller Gemächlichkeiten und künstlichen Wollüste der Reichen, *Cebes* von Theben seines Talents die Filosofie in Fabeln und Allegorien einzukleiden, bemächtigt. Mir ist also kaum etwas andres übrig geblieben als seine Anspruchslosigkeit, sein Widerwille gegen alles Geschminkte und Unnatürliche, gegen Aufgeblasenheit, Eigendünkel und ungebührliche Anmaßungen, seine Geringschätzung aller spitzfündigen, im Leben unbrauch-

---

*) Hier mag sich der satirisch gesonnene Zeitgenosse an Peter Sellers' *Being there* erinnert fühlen.

baren und bloß zum Gepräng und zum Disputieren dienlichen Spekulazionen, seine Manier bey Erörterung problematischer Fragen immer zuerst auf das, was uns die Erfahrung davon sagt, Acht zu geben, nach der Entstehungsweise der Begriffe, in welche das Problem zerfällt, zu forschen, und überhaupt beym *Suchen* der *Wahrheit* immer vorauszusetzen, daß sie uns *ganz nahe liege*, und meistens nur durch den Wahn, daß man sie weit und mühsam suchen müsse, verfehlt werde, – und was sonst in dieses Fach gehört. In allem diesem, und (wenn ich mir nicht zu viel schmeichle) noch in manchen andern Stücken, finde ich mich ihm so ähnlich, daß ich mir zuweilen einbilde, ich würde, wofern ich in der sieben und siebzigsten Olympiade*) in *seinen* Umständen auf die Welt gekommen wäre, Sokrates, oder Er, vierzig Jahre später in den *meinigen* geboren, Aristipp gewesen seyn. Auf diese Weise erkläre ich mir das Verschiedene in den Ähnlichkeiten, die ich mit ihm habe. Er kleidete sich z. B. schlecht, weil er arm war und sich dessen nicht schämte; aber er liebte die Reinlichkeit: wäre Er reicher gewesen, würde er sich vermuthlich nicht schlechter gekleidet haben als ich; so wie Ich mich nicht geringer dünkte, als ich, im ersten Jahre meines Aufenthalts zu Athen, in einem groben wollenen Tribonion unbeschuht hinter ihm her trabte. – Seine Mahlzeit kostete selten mehr als drey bis vier Obolen; indessen schlug er nicht leicht eine Einladung zu den prächtigsten Gastmählern aus, wenn er gewiß war gute Gesellschaft anzutreffen; wär' er reicher gewesen, so hätt' er vermuthlich, wie Ich, lieber Andere eingeladen, als sich einladen lassen. Er kaufte weder Bildsäulen noch Gemählde, weil er kein Geld zu solchen Ausgaben hatte; aber er liebte darum die Kunst nicht weniger, und wußte die Werke der großen

---

*) Eine kleine Erinnerung: entgegen dem heutigen Sprachgebrauch ist eine Olympiade der Zeitraum zwischen zwei Olympischen Spielen.

Meister sehr wohl zu würdigen: Ich habe mir, weil mir das Glück besser wollte als Ihm, eine feine Sammlung auserlesener Mahlereyen angeschafft, und bin darum kein größerer Kenner. — Er trank gewöhnlich Wasser, konnte aber, wenn's darauf angelegt war, den stärksten Weinschläuchen die Stirne bieten, und streckte sie alle zu Boden, ohne daß man eine merkliche Veränderung an ihm spürte: Ich trinke gewöhnlich Wein, und den besten der zu haben ist; aber sehr mäßig, weil ich nicht viel vertragen kann. — Ich liebe schöne Weiber ungefähr wie Er schöne Knaben liebte, ohne daß Platos *Eros Pandemos* jemahls mehr Gewalt über mich gehabt hätte als über ihn. (...) Sokrates zog, weil er ein sehr starker Mann war, die mühsamern und heftigern Leibesübungen den sanftern und ruhigern vor: bey mir ists gerade umgekehrt. — Bey Ihm war der Weltbürger dem Bürger von Athen untergeordnet; bey Mir der Bürger von Cyrene dem Weltbürger: wäre Cyrene seine Vaterstadt gewesen, Athen die meinige, so würde vermuthlich das Gegentheil Statt gefunden haben.

Ohne diese Parallele noch weiter zu verfolgen, will ich dir lieber geradezu sagen, was ich mit diesem ganzen Prolog haben will: nehmlich nichts weiter als dich zu verständigen, *warum* und *wie fern* meine Filosofie weder mehr noch weniger die *Sokratische* ist, als ich selbst — Sokrates bin. Auch meinte es Sokrates nie anders. Er verlangte keinen Nachtreter und Nachsprecher. Er theilte uns und jedem, der ihn hören mochte, unverhohlen mit, was er für wahr und recht, gut und anständig hielt, und wenn er jemanden belehren wollte, stellte er es immer so an, daß der Hörende das, was sie mit einander suchten, selbst gefunden zu haben glaubte. Oft war das was er gab nicht sowohl Lehre als guter Rath, der, zu einer allgemeinen Maxime gemacht, vielleicht viele Ausnahmen zuließ oder sogar erforderte. Kurz, er überließ es dem guten Verstand seiner Gesellschafter, wie viel oder wenig sie von dem Gehörten brauchen könnten oder wollten, und verlangte weder Pythagoräischen Glauben an seine Aussprüche, noch blinde sklavische Befolgung seiner Vorschriften. In dieser Rücksicht verdenke ich es dem Plato eben so wenig, daß er in so vielen Stücken von Sokrates abweicht, als ich selbst Tadel zu verdienen glaube, daß meine Filosofie, wiewohl sie sehr leicht und ungezwungen mit der Sokratischen in Harmonie gesetzt werden kann, dennoch nicht eben dieselbe mit ihr ist. Was ich an Plato tadle ist, daß er den entschiedenen Feind aller *Meteoroleschie* in vielen, wo nicht in den meisten seiner Dialogen die Rolle eines wahren Aristofanischen *Frontisten**) spielen läßt, und daß es immer der unschuldige Sokrates ist, den er vor den Riß stellt, und, weil er nicht mehr zur Verantwortung gezogen werden kann, für Dinge verantwortlich macht, die er nie gesagt haben würde, und welche Plato selbst in eigener Person zu sagen vielleicht Bedenken trüge.

Ich glaube mich hiermit deutlich genug erklärt zu haben, Freund Hippias, in welchem Sinn ich ein *Sokratiker* zu seyn und zu heißen wünsche. Übrigens kennst du die Welt zu gut, um dich zu verwundern, daß der Nahme und die Filosofie des in seinem Leben wenig geachteten und von den meisten falsch beurtheilten Sokrates seit seinem Tod, und selbst durch die Art seines Todes, vielleicht auch durch das erst nachher bekannter gewordene Orakel des Delfischen Gottes**), den Griechen so

---

*) Wieland erläutert diese Begriffe so: »Meteoroleschie, ein Aristofanisches Wort, um der Sofisten (Pseudo-Filosofen) zu spotten, welche von den *Dingen über uns*, die man damals *Meteoren* hieß, mehr schwatzten als sie wußten. — *Frontisten*, übertrieben subtile und pedantische Grübler, wahrscheinlich ein von Aristofanes in den *Wolken* zuerst in diesem Sinne gebrauchtes Wort.«

**) Das Orakel hatte gelautet, daß Sokrates unter den Menschen der weiseste sei. In der von Platon überlieferten Verteidigungsrede deutet Sokrates dieses Orakel so: weise sei allein der Gott; der unter den Menschen, der wisse, daß er (im Grunde) nichts wisse,

ehrwürdig geworden ist, daß viele von keiner andern Filosofie als der Sokratischen hören wollen.*)

Daß er in den Erinnerungen des Xenophon nicht besonders gut wegkomme, läßt Wieland seinen Aristipp mit gutmütigem Spott einräumen: nun, Xenophon sei eben kein besonders guter Portraitmaler. Sonderbar allerdings, wenigstens auf den ersten Blick, daß Wieland seine Auswahl aus Xenophons Erinnerungen ausgerechnet mit diesem Gespräch zwischen Sokrates und Aristipp beginnen läßt. Vielleicht war es vor allem, weil Wieland mit Lesern rechnete, die seinen *Aristipp* kannten oder doch kennen würden, und er ungern eine Gelegenheit ausließ, zu zeigen, daß jedes Ding allemal mehr als zwei Seiten habe.

In dem in die vorliegenden Xenophon-Übersetzungen aufgenommenen achten Brief des ersten Buches von *Aristipp und einige seiner Zeitgenossen* läßt Wieland seinen Protagonisten einiges von dem schildern, was er ihn später, in der oben zitierten Passage reflektierend systematisieren läßt; vor allem aber befaßt er sich mit der sokratischen Methode, oder sagen wir besser: mit seiner Art der Gesprächsführung. Daß er mit skeptischen Kommentaren nicht geizt, ist unübersehbar. Wielands Kunstgriff besteht darin, daß

---

sei unter den Sterblichen der weiseste. Dieses habe er überprüfen wollen und feststellen müssen, daß die Menschen, die er nach ihrem Wissen befragt habe, nicht einmal gewußt hätten, daß sie nichts wußten.

*) Christoph Martin Wieland, *Aristipp und einige seiner Zeitgenossen*, a.a.O., S. 496 ff.

unser Befremden über das sokratische Sprechen transformiert wird in den Bericht eines Nicht-Atheners an seinen Freund in der Heimatstadt, der zudem keinerlei philosophische Ambitionen hat. Unsere durch den zeitlichen Abstand hervorgerufene Irritation wird durch eine andere, durch den räumlichen Abstand und das allenfalls periphere Interesse des kyrenaischen Freundes ersetzt, und Wieland/Aristipp versucht, es durch Erläuterungen über die Eigentümlichkeiten des Athenischen Lebensstils zur Zeit des Sokrates zu überbrücken. Wo Wieland aber in den Anmerkungen zu seinen Übersetzungen des Xenophon ganz auf eigene Rechnung spricht, klingt das weitaus ungehaltener. Man nehme vor allem die zweite und fünfte Fußnote zum Gespräch mit Chairekrates, dem Bruder des Chairephon. Dort ist »bei allem Respekt für den Mann, den die Pythia für den weisesten aller Menschen erklärte« von »Spielereien« die Rede, die »uns modernen Lesern, anstatt witzig zu seyn, zuweilen unausstehlich *platt*« erschienen, und man hat den Eindruck, die Schwierigkeiten, dergleichen in halbwegs erträgliche moderne Sprache zu bringen, habe Wieland mehr gereizt, als seine Leser mit sokratischer Weisheit bekannt zu machen.

Auch die Dialogführung des Xenophon sei keineswegs über allen Tadel erhaben – im Gegenteil. Zu den oben zitierten diesbezüglichen Worten Hegels hätte Wieland nur den Kopf geschüttelt. Daß Platons Dialoge keine wirklichen

Zwiegespräche seien, ist in *Aristipp und einige
seiner Zeitgenossen* immer wieder Thema, hier
trifft es auch Xenophon: der von Sokrates weidlich verspottete Glaukon, »Aristons Sohn, Platons
Bruder, aus einer der ehrwürdigsten Familien von
Athen, und ohne Zweifel so gut als irgend einer
seiner Klasse erzogen«, möge vielleicht ein rech-
ter Windbeutel gewesen sein, allein »so schrecklich dumm und unbehülflich« hätte er platter-
dings nicht sein *können.* Das Gespräch möge auf
welche Weise auch immer stattgefunden haben —
das überlieferte gehe allein auf Xenophons eigene
Rechnung. Allerdings sei in ihm, so räumt er
ein, die Manier des Sokrates gut getroffen. In
der Komödie hätte eine solche Paarung hingehen
können, des amüsanten Kontrastes wegen. — Und
noch einmal, in den Anmerkungen zum Charmi-
des-Gespräch, heißt es: »Wenn Charmides der
Mann war, für den er hier gegeben wird, so
konnte er, wofern er nicht im Schlaf sprach«,
unmöglich so antworten, »wie ihn Xenophon
antworten läßt«. Und fast unwielandisch knapp:
»Die Kunst des Dialogs muß man also nicht von
Xenofon, wenigstens nicht aus den Gesprächen
in seinen Memorabilien lernen wollen.« Wohl
aber, läßt sich hinzufügen, aus dem *Gastmahl*
des Xenophon, das Wieland das »Muster einer
dialogisierten dramatischen Erzählung« betrachtet. Dazu gleich.

Wieland hat, wie gesagt, eine beinahe lebenslange intellektuelle Affaire mit Sokrates gehabt,

eine, so ist hinzuzufügen, die nicht immer ohne Peinlichkeiten abging. Wieland hätte gerne gesehen, daß seine Zeitgenossen ihm das Epitheton »sokratisch« zuerkannten, aber vor allem ist er ihnen mit diesem Ansinnen auf die Nerven gegangen. Die Berner Freundin Julie Bondeli, die er Hals über Kopf verließ, als es ernst wurde, schrieb an Wielands Cousine und Ex-Freundin Sophie LaRoche, wenn Wieland anfange, sich mit Sokrates zu vergleichen, sei das ein untrügliches Zeichen dafür, daß er im Begriffe sei, etwas moralisch Dubioses anzustellen. Das bezog sich auf den Dichter als jungen Mann; doch noch im Jahre 1800, Wieland war inzwischen 66, muß der Name Sokrates herhalten, um zu begründen, warum ihm wie dem Vorbild die Söhne mißrieten.*) Aber ebensowenig wie seine Nervosität und emotionelle Sprunghaftigkeit den Takt seiner Prosa und die Art seines Denkens beeinflussen konnten**), so war das Resultat seiner Hinneigung zu und partiellen Identifizierung mit Sokrates nicht etwa dessen Idealisierung. Im *Aristipp* findet sich ein Sokrates-Portrait, das auf Grund genauer Quellenkenntnis kühler und distanzierter ausfällt als das mancher anderen Autoren mit weniger ausgeprägtem Sokrates-Spleen. Aber selbst wenn

---

*) Thomas C. Starnes, *Christoph Martin Wieland. Leben und Werk*, Sigmaringen 1987, Bd. 3, S. 23 f.

**) Man könnte allenfalls sagen, daß Wielands ausgeprägte Abneigung gegen Voreingenommenheiten, einseitiges Argumentieren usw. ein Stück Selbstdisziplinierung gewesen ist.

man um diesen nicht wüßte, bliebe die von
Wieland besorgte karge Auswahl aus den *Memorabilien* mitsamt dem *Symposion* ein wenig sonderbar. Was eigentlich wollte er dem Publikum
mitteilen?

»Ich kam«, schreibt Karl Morgenstern, Professor in Halle, in seinen Aufzeichnungen über
einen Besuch bei Wieland auf dessen Landgut
in Oßmannstädt bei Weimar am 28.7.1797, »auf
seine ehemals versprochene Geschichte der Sokratischen Schule. Er wird sie nun schwerlich
jemals liefern können; aber Xenophons Memorabilia wird er noch übersetzen. Damit will er
seine Arbeiten dieser Art beschließen.«*) Dieser
Art? – also die Übersetzungen – nach Lukian,
Horaz und Aristophanes nun Xenophon? Oder
sind seine Antiken-Stücke gemeint, die Romane
*Geschichte des Agathon, Die Dialogen des Dioge-
nes von Sinope, Peregrinus Proteus* und *Agathodämon?* Oder fallen sowohl die Übersetzungen
wie die historischen Romane für Morgenstern
in *eine* Kategorie, etwa das Wielandische Be-
mühn, das deutsche Publikum mit antiker Atmosphäre und intellektueller Tugend bekanntzu-
machen?

Am 22.2.1799 teilt Carl August Böttiger dem
Historiker Johannes von Müller mit, Wieland
habe seinen *Agathodämon* vollendet und arbeite
jetzt an einer Übersetzung der xenophontischen

---

*) Starnes, a.a.O., Bd.2, S.592.

Denkwürdigkeiten des Sokrates. Im selben Monat schreibt Wieland im *Attischen Museum:* »Ein Seitenblick auf die Wolken des Aristophanes (hat) mich bestimmt ... einige der interessantesten Gespräche des Sokrates aus Xenophons Sokratischen Denkwürdigkeiten auszuheben und ... zu übersetzen.« Seine Hauptarbeit ist aber der Roman *Aristipp und einige seiner Zeitgenossen*, die, wie schon erwähnt, tatsächliche Einlösung seines langgehegten Plans, eine Geschichte der sokratischen Schulen (anders als in Morgensterns Erinnerungen geht es um den Plural) zu schreiben. »Ich habe noch gestern Abend den Aristipp sogleich auf die Seite geworfen und arbeite nun aus Leibeskräften an einem Lückenbüsser von 2 bis 3 Bogen aus Xenof[ons] apomnemon[eumata]*)«, schreibt er am 30.1.1800 an Böttiger. Nach der Beendigung des *Aristipp* macht er sich an die Übersetzung des *Symposion*. Daß die Lektüre Xenophons zur Materialsichtung für den *Aristipp* gehörte, liegt auf der Hand, und so kann man die Übersetzungen wie bloßes Beiwerk verstehen, wenn man will. Wielands Zeitgenossen sahen das meist so, meinten zuweilen wohl auch, der Alte habe nun nichts Eigenes mehr vorzubringen und verlege sich aufs Dolmetschen des Fremden. Ich denke, daß eine solche Sicht die Wielandische Intention verfehlt. Diese wird aus einer auf den ersten Blick sonderbaren Bemerkung deutlich,

---

*) Starnes, a.a.O., Bd. 3, S. 5.

die Böttiger im September 1789 dem schotti-
schen Pfarrer und Pädagogen James Macdonald
mitteilt: »Künftigen Winter wird er Xenophons
Memorabilia Socratis übersetzen und auf eine
ganz neue Art bearbeiten. Diese Übersetzung soll
zugleich das Vermächtnis seiner philosophischen
Überzeugungen und ein Gegengift gegen die
kantisierende Scholastik werden.«*)

Wielands Übersetzungen des Xenophon als
Kritik der Philosophie Kants? Dieser Zusammenhang ist auf den ersten Blick so irritierend, daß
wir geneigt sein mögen, ihn zu ignorieren, nur
um uns eine gute Meinung von Wielands Urteils-
vermögen zu bewahren, allein, er ist nicht von
der Hand zu weisen. 1799, im zweiten Heft des
von Wieland herausgegebenen *Neuen Teutschen
Merkur* rezensiert Wieland eine kantkritische
Schrift Herders, die *Metakritik zur Kritik der
reinen Vernunft.* Herder nennt diese Rezension
»ernst, angelegen, biederhaft, verständig und
parteilos«**), aber sie ist alles andere. Sie ist
ein Angriff auf Kant, und wie sehr es Wieland
um den bloßen Angriff geht, sieht man daran, daß
er die Argumentation Herders selber weder wirklich würdigt noch nachvollzieht. Diese Partei-
nahme Wielands weniger für als wider ist um so
erstaunlicher, als er sich aus allen literarischen

---

*) Ebd. S. 670 f. Vgl. auch: *Aus klassischer Zeit. Wieland und Reinhold.* Original-Mittheilungen als Beiträge zur Geschichte des deut- schen Geisteslebens im XVIII. Jahrhundert. Hrsg. von Robert Keil. Neue Ausgabe, Leipzig o. J. (1890), S. 247 f.

**) Zitiert aus Starnes, a.a.O., Bd. 2, S. 717.

LI

Fehden zeit seines Lebens herauszuhalten wußte.*) Warum handelte er hier gleichsam wider die Natur?**)

Wieland kannte die *Kritik der reinen Vernunft* vor allem durch Vermittlung seines Schwiegersohnes, des Philosophen Karl Leonhard Reinhold, der sich einen Katheder-Namen als Kant-Kommentator machte. Wie eingehend Wieland sich mit Kant wirklich beschäftigt hat, mag dahingestellt bleiben — entscheidend ist, daß Wieland das philosophische Unternehmen einer erkenntnistheoretischen Fundierung unseres Wissens als solches ablehnte. Für ihn war der im kantischen Werk erhobene Anspruch eine fundamentalistische Verirrung, ein Rückfall in mittelalterliche Theologie und Scholastik. Kennzeichnend für dieses Unternehmen sei vor allem die Schaffung einer eigenen Terminologie, einer Fachsprache, des »cant of Mr. Kant«, an dessen Gebrauch sich seine Adepten erkannten. Die Erfindung der Philosophie als eines eigenen Universitätsfaches mit dem Anspruch, die Grundlegung aller übrigen Disziplinen, die Bestim-

---

*) Sieht man von seinem bigotten Angriff auf Uz ab, der aufs Konto der Jugend gebucht werden kann. Spätere Angriffe auf ihn selbst — von den Klopstock-Anhängern des »Göttinger Hain«, vom jungen Goethe, den Stürmern und Drängern bis hin zu denen der Schlegel-Brüder hat er entweder elegant zu parieren gewußt oder schweigend hingenommen. Die Polemik gegen Kant ist tatsächlich die einzige große Ausnahme.

**) Eine ausführlichere Entwicklung der folgenden Gedanken in: Jan Philipp Reemtsma, *Das Buch vom Ich*. Christoph Martin Wielands »Aristipp und einige seiner Zeitgenossen«, Zürich 1993, S. 115 ff.

mung ihrer Möglichkeiten und Grenzen zu sein,
war für Wieland direkt gegen die fundamentalen
Prinzipien der Aufklärung gerichtet. So heißt es
in Wielands Antwort auf die in einem Artikel der
Berlinischen Monatsschrift ergangene Aufforde-
rung, man möge doch endlich einmal sagen, was
das sei: Aufklärung, lapidar, das wisse »Jedermann, der vermittelst eines Paars sehender Augen
erkennen gelernt hat, worin der Unterschied
zwischen hell und dunkel, Licht und Finsternis«
bestehe, und die Unterfrage, wer berechtigt sei,
die Menschheit aufzuklären, beantwortet Wieland so: »Wer es kann! — ›Aber wer kann es?‹ —
Ich antworte mit einer Gegenfrage: Wer kann es
nicht? Nun, mein Herr? da stehen wir und sehen
einander an? Also weil kein Orakel da ist, das in
zweifelhaften Fällen den Ausspruch thun könnte
(und wenn eines da wäre, was hälf' es uns ohne
ein zweites Orakel, das uns das erste erklärte?),
und weil kein menschliches Tribunal berechtigt
ist, sich eine Entscheidung anzumaßen, wodurch
es von seiner Willkür abhinge, uns so viel oder
wenig Licht zukommen zu lassen, als ihm beliebte, so wird es wol dabei bleiben müssen, daß
Jedermann — von Sokrates oder Kant bis zum ob-
scursten aller übernatürlich erleuchteten Schneider oder Schuster, ohne Ausnahme berechtigt ist,
die Menschheit aufzuklären, wie er kann, sobald
ihn sein guter oder böser Geist dazu treibt. Man
mag die Sache betrachten, von welcher Seite man
will, so wird sich finden, daß die menschliche

Gesellschaft bei dieser Art Freiheit unendlichmal weniger gefährdet ist, als wenn die Beleuchtung der Köpfe des Thuns und Lassens der Menschen als Monopol oder ausschließliche Innungssache behandelt wird.«*)

Die Philosophie war für Wieland eine Form der Kritik falscher, unnützer oder dogmatischer Annahmen. Er kannte und schätzte das Werk David Humes, das sich gerade dadurch auszeichnet, daß die Philosophie mit dem Erweis der Scheinhaftigkeit einer Reihe von intellektuellen Problemen und ihrer diesbezüglichen Erledigung sich selbst überflüssig macht. Theologische Gewißheiten etwa werden durch philosophisches Raisonnement als Illusionen erwiesen. Ist diese Arbeit getan, bleibt für die Philosophie nichts mehr zu tun — Erkenntniskritik wird empirische Psychologie, Ethik offene Debatte moralischer und politischer Probleme. Aus diesem Blickwinkel gesehen, ist das kantische Projekt einer transzendental-philosophischen Herleitung unserer Erkenntnis- und Moralbegriffe ein reaktionäres, gegen die Aufklärung gerichtetes Unternehmen, das es — und darum steigt der fast Siebzigjährige auf einmal in den Ring — aufs entschiedenste zu bekämpfen gilt.

---

*) Christoph Martin Wieland, *Ein paar Goldkörner aus Maculatur oder Sechs Antworten auf sechs Fragen*, in Ders., *Werke*, herausgeben von Gustav Hempel, Berlin o. J., Bd. 32, S. 197 f. — Dieser Text, sowie andere Antworten auf die Frage der Berlinischen Monatsschrift sind in dem Reclam-Bändchen *Was ist Aufklärung?* zusammengestellt.

In *Aristipp und einige seiner Zeitgenossen* nun sucht Wieland den historischen Ort, an dem schon einmal die Philosophie solchen Anspruch erhoben hatte: es ist die Erfindung der Philosophie als eines akademischen Faches durch Platon. Der *Aristipp* ist − neben allem, was er sonst noch ist − eine große Auseinandersetzung mit Platon, nicht nur eine Kritik vieler Platon-Dialoge, sondern auch die Beschreibung der Entstehungsbedingungen der platonischen Philosophie. Und zu diesen gehörte, so Wieland, nicht zuletzt die Verwandlung des Sokrates in eine platonische Kunstfigur. Für Wieland ist Platon ebenso unsokratisch wie das kantische Unternehmen anti-aufklärerisch. Die Erinnerung an den wahren Sokrates findet Wieland bei Xenophon, und darum gehört sein Einsatz für Xenophon zu seinem Kampf gegen Kant.

Aber es geht um noch mehr als die bloße Kenntnisnahme historischer Wahrheit gegen die Anmaßung einer neuen intellektuellen Disziplin, die aus einem athenischen Exzentriker einen halbmythischen Märtyrer der Philosophie, aus einem sehr alltagszugewandten (nicht immer willkommenen) Ratgeber von Politikern, Ehemännern und Hetären einen Metaphysiker macht; es geht Wieland darum, die Erinnerung an eine bestimmte intellektuelle Atmosphäre wachzuhalten, ohne die es keine Aufklärung geben kann. Wieland tut dies in einem Augenblick, als er diese gefährdet sieht, rückblickend auf eine Zeit,

in der sie schon einmal gefährdet war. Wieland
will gegen die Aktualität, gegen die bestehen zu
können er nie die Illusion gehabt haben wird,
einen Traditionszusammenhang deutlich machen
oder vielleicht sogar stiften, auf den andere,
Spätere werden zurückgreifen können.

Der Sokrates, den Wieland uns in seiner Xeno-
phon-Auswahl präsentiert, ist überhaupt kein
Philosoph. Er ist an einer Reihe von praktischen
Fragen interessiert, vor allem aber daran, seine
Nebenmenschen so anzuleiten, daß sie selber auf
die richtigen Gedanken kommen. In ebendiesem
Sinne hatte Wieland sein eigenes Wirken als politischer Schriftsteller verstanden: nicht die Leute
dazu anzuhalten, irgendeiner speziellen Meinung
sich anzuschließen, sondern ihnen einen Weg
zu zeigen, auf dem sie zu einer eigenen, gut be-
gründeten Meinung kommen können.*) Speziell
am ›Symposion‹ rühmt Wieland nicht nur, daß
Sokrates in ihm »wahrer und lebendiger« sei »als
in allen Dialogen Platons zusammengenommen«,
sondern daß im Text, als künstlerische Komposition betrachtet, jene intellektuelle Atmosphäre
gestaltet sei, für die er das historische Zeugnis
bilde – ganz gleich, ob jenes »Symposion« nun
wirklich *so*, in der Erinnerung Xenophons so ähn-

---

*) Vgl. Christoph Martin Wie-
land, *Politische Schriften insbeson-
dere zur Französischen Revolution*,
herausgegeben von Jan Philipp
Reemtsma und Hans und Johanna
Radspieler, Nördlingen 1988, darin: Jan Philipp Reemtsma, »Der
politische Schriftsteller Christoph
Martin Wieland«.

lich oder überhaupt nicht stattgefunden hat und
bloße Erdichtung entlang möglicher Wirklichkeit
gewesen ist.

Es wird dem heutigen Leser wahrscheinlich
schwerfallen, in das Lob Wielands ohne weiteres
einzustimmen, aber wer den anschließenden
»Versuch über das Xenofontische Gastmahl als
Muster einer dialogisierten dramatischen Erzählung betrachtet« liest und zu den Passagen des
Symposion zurückblättert, die Wieland eigens
anspricht, um seine Wertschätzung zu verdeut-
lichen, der wird herausfinden, worum es Wieland
geht. Einmal um den potentiellen Realismus,
oder besser gesagt: die psychologische Plausibilität der mitgeteilten Unterhaltung: »In der ganzen
Schrift findet sich nichts, das in einer *solchen*
Gesellschaft, bey einer *solchen* Gelegenheit und
auf *solche* Veranlassungen nicht ganz natürlich
und füglich hätte gethan und gesprochen werden
können.« Ohne solche Voraussetzung bekommt
die Gestaltung einer intellektuellen Atmosphäre
keine Plausibilität und Attraktivität: »Freye Mittheilung und wechselseitiger Umtausch unsrer
Gedanken und Gesinnungen, zwanglose Darstellung unsrer eigenthümlichen Art zu seyn, zu
sehen, zu urtheilen, besonders unsrer momentanen Stimmung und Laune, verbunden mit der
schuldigen Achtung für unsre gleiches Recht besitzende Gesellschafter und mit seinem Gefühl
des Anständigen und Gehörigen, findet nur in
einer *bürgerlich freyen* Gesellschaft Statt«, und

die literarische Form, die dem Raisonnieren unter solchen Umständen am meisten angemessen sei, sei der Dialog. Gegen dessen ästhetisches »Grundgesetz« nun verstoße Platon zu häufig, indem er seine Dialoge zu oft zu sokratischen Monologen mache. Die Form des Dialogs verbiete, das Gewicht nur auf einen der Sprecher zu legen, so, wie die Ethik der nicht autoritätsdeterminierten Debatte dies auch tut. »Anstatt immer das Wort zu führen und die übrigen um sich her verdunkeln zu wollen, sehen wir« Sokrates bei Xenophon »vielmehr darauf bedacht, wie er ihnen Gelegenheit machen könne, sich zu ihrem Vortheil zu zeigen«. Das Ziel des aufgeklärten Gespräches ist, möglichst Vielen Teilnahme zu gestatten — allerdings nicht um den Preis rigoroser Niveauabsenkung. Darum erhält der unverschämte Syrakusaner seine Abfertigung.

Der heutige Leser erhält mit Wielands Xenophon-Übersetzungen und seinen Kommentaren ein Sokrates-Bild, das ferner nicht sein kann von der Zunftikone, die die Philosophiegeschichte gemalt hat. Allerdings erhält er das Seitenstück zu dem Versuch eines der wenigen bedeutenden deutschen Aufklärer, eine Tradition zu bestimmen — zu einem Zeitpunkt, als er merkte, daß die Ideale, für die seine schriftstellerische Produktion gestanden hatte, rapide außer Kurs gerieten. Man denke nicht, daß Wieland ganz ernstlich meinte, mit der Präsentation der *Sokratischen Denkwürdigkeiten* und des *Symposion* seine Mit-

welt für oder gegen etwas gewinnen zu können. Er zeigte eine kleine Preziose her aus dem
ihm teuren Traditionsbestand, wohl wissend, wie
wenig der damit würde anfangen können, der
den ganzen Schatz schon zum alten Eisen geworfen hatte. Wielands Präsentation des Xenophon ist ein ironisch verlarvter Abgesang, seine
Übersetzung Zeugnis für jene Momente, in denen
Aufklärung melancholisch und literarisches En-
gagement zum Zeitvertreib wird.

Zum Ende mag der Leser nun allerdings noch
fragen, ob er denn nun mit diesen Übersetzungen
Wielands mehr in Händen halte als einen Hinweis auf die literarischen Strategien eines unserer
älteren Klassiker, nämlich auch ein wenig antike
Klassik — kurz, wie authentisch nun Xenophons
Erinnerungen an Sokrates seien. Wer diese Frage
stellt, wird sich nicht mit dem Hinweis abspeisen
lassen, daß es sich hier um eine durchaus moderne Frage handelt, die sich nicht nur für die
Zeitgenossen Xenophons so gar nicht gestellt hat.
Niemand hat die in wörtlicher Rede bei Thukydides mitgeteilte Rede des Perikles daraufhin
befragt, ob Perikles nun wirklich die mitgeteilten Sätze so wortwörtlich gesagt und wo Thukydides stenographische Belege verwahrt habe. Ge-
schichtsschreibung, die die Authentizitätsfrage so
beunruhigt stellt, wie wir das zu tun pflegen, ist
neueren Datums, eine Sache des Neunzehnten

und Zwanzigsten Jahrhunderts. Es hilft nichts, wir müssen mit den antiken Quellen umgehen, wie wir es mit einer bestimmten Quellensorte auch tun, die uns auch die Gegenwart genug und übergenug beschert: mit Memoiren. Niemand nimmt der Autobiographie übel, wenn der Verfasser wörtlich Gespräche mitteilt, die sein Gedächtnis Jahrzehnte unmöglich bewahren konnte.

Xenophons Erinnerungen an Sokrates sind Memoiren. Der alte Haudegen, Gutsbesitzer, Schöngeist und konservative Pedant läßt den Teil seiner Jugend Revue passieren, den er um den mittlerweile schon legendenträchtigen Lehrer verbracht hat — wer weiß, wie gut er sich erinnert hat. Nicht ausgeschlossen ist, daß er sich ziemlich gut erinnert hat — Wieland jedenfalls war dieser Meinung, wenigstens was das *Symposion* angeht. Wenn er auch ein ziemlich schlechtes Argument dafür ins Feld zu führen scheint. Letztlich beruft er sich nämlich auf seine Intuition: »Vermutlich ist die Bemerkung schon lange vor mir gemacht worden, daß in jedem wohlgetroffenen Bildnis ein besser zu fühlendes als zu beschreibendes Etwas ist, das uns, wiewohl wir die vorgestellte Person nie gesehen haben, keinen Augenblick ungewiß läßt, ob sie getroffen sey oder nicht. Ich müßte mich sehr täuschen, oder dieser Stempel der Wahrheit ist auch diesem Xenophontischen Bildnis des Sokrates auf die unverkennlichste Weise aufgedruckt.« Ein besser zu fühlendes als zu beschreibendes Etwas — was soll das helfen?

fragt der moderne Skeptiker natürlich nicht ganz
zu unrecht.

Irgendwann im letzten Jahr wurde in irgend-
einem TV-Sender ein Experte für Explosionen
in Action-Filmen interviewt. Er hatte gerade die
Aufgabe bewältigt, einen benzingefüllten Tankwagen bei Höchstgeschwindigkeit auf einem
Highway in die Luft zu sprengen und dabei
sicherzustellen, daß währenddessen eine Hand-
voll Stuntmen noch allerlei Kunststücke aufführen konnten. Einen Hügel oder ein Hochhaus
in die Luft zu jagen, das könne er ausrechnen,
sagte der Sprengmeister, aber einen benzingefüllten Tankwagen bei Höchstgeschwindigkeit... —
da müsse er sich auf sein Gefühl verlassen. Das
ist nicht Hokuspokus, sondern die Einsicht des
Technikers, daß er es hier mit einem System zu
tun hat, in dem unberechenbar viele Faktoren auf-
einander einwirken, außerdem keine Methode
zur Verfügung steht, wichtige von unwichtigen
Faktoren zu unterscheiden. Die Intuition ist hier
kein Notbehelf, sondern die bessere Methode.

Intuition ermöglicht dem Sprengmeister nicht,
irgendetwas besser vorauszusehen, sondern adä-
quat zu reagieren. Das Resultat einer Intuition ist
die Reaktion auf ein Problem, nicht die Lösung
einer Frage. Behandeln wir das Authentizitäts-
problem als Frage, auf die wir eine Antwort wollen, kommen wir nicht weiter, und zwar deshalb,
weil wir keine zureichenden Kriterien haben,
nach denen wir die Informationen, die wir haben,

gewichten können. Weil uns Maßgaben bei der Sortierung von Informationen fehlen (wie sehr ist Sokrates bei Aristophanes karikiert worden? was dürfen wir dem Gedächtnis eines betagten Exilatheners zutrauen? wie sehr unterschied sich die antike Art zu raisonnieren wirklich von der unseren? was galt bei Griechen als guter Witz?), wird das Problem überkomplex und läßt nicht mehr zu, es als Frage zu verstehen. Es bleibt nur übrig, auf die Frage als Problem zu reagieren und einen Vorschlag zu machen, der nicht nach wahr oder falsch, sondern nach interessant oder uninteressant bewertet werden kann.

Noch anders gesagt: Wir wissen es nicht, wir werden es nicht wissen — was hindert uns, Wielands Vorschlag zu folgen, der zwar eindeutig Stellung bezieht (ich zweifle »keinen Augenblick, daß es diejenigen getroffen haben, die das Xenofontische *Symposion für keine Dichtung* (...) halten, sondern für eine, den Hauptsachen nach, getreue Erzählung des Merkwürdigsten, was bey einem von *Kallias*, Hipponikus Sohn, wirklich unter den angeführten Umständen angestellten festlichen Gastmahl vorgefallen und verhandelt worden«), der aber den Wert des Textes nicht davon abhängen macht, denn was er an der Komposition zu rühmen weiß, rühmt er im Wissen darum, daß die Wirklichkeit der Korrektur bedarf, um rühmenswerte Muster zu liefern.

Wielands Pointe liegt darin, daß er die Frage nicht wirklich zu beantworten sucht, sondern vorschlägt, das Problem auf eine Weise zu betrachten, die dazu führt, daß es verschwindet. Er läßt vermutete Wirklichkeit und als Musterbeispiel vorgelegten Text nicht in der Vorstellung konvergieren, es habe einmal eine so weitgehende Annäherung von Realität und Norm gegeben. Er glaubt nur, daß es einmal eine intellektuelle Atmosphäre gegeben haben muß, die gleichermaßen solche Symposien wahrscheinlich machen konnte und einem so biederen Schriftsteller wie Xenophon ermöglicht habe, ein kleines Kabinettstückchen vorzulegen, das sich auch noch zweitausend Jahre später mit Vergnügen und Respekt lesen läßt. — Das Ergebnis ist der Versuch, Verständnis für eine solche Atmosphäre zu schaffen, deren Teil sowohl der zechende und parlierende Sokrates als auch der schriftstellernde Xenophon gewesen sind.

Wie überzeugend Wielands Vorschlag geraten ist, mag jeder für sich anhand der Neigung, sich auf ihn einzulassen, überprüfen. Eine Voraussetzung, ohne die dieser Vorschlag keine Chance hätte, hat Wieland allerdings geschaffen. Ich meine den Stil seiner Übersetzungen. Die Antike hat Xenophon einen besonders eleganten Stil nachgesagt. Wer die zeitgenössischen Xenophon-Übersetzungen liest, wird davon wenig merken, und vor dem Hintergrund der gängigen Wiedergaben seiner Texte würde ein Vorschlag wie der Wielands nur bizarr wirken. Wer Wielands Xenophon-Prosa liest, diese ausdrucksicheren und doch immer wieder auch ein wenig umständlichen Sätze, diese merkwürdige Geläufigkeit des Redeflusses, die doch wieder und wieder gebremst wird durch den immer zu pedantischen Ernst des Verfassers und damit durch die Ironie des Übersetzers, der in Nuancen andeutet, was er hier und da in den Anmerkungen zu Protokoll gibt, der wird sich vielleicht vom Charme der Sätze dahin zu gehen überreden lassen, wohin zu folgen kein Essay, nicht einmal mit dem Hinweis auf eine so überzeugende Autorität wie die Wielands, anordnen kann.

———————

I.
SOKRATISCHE
GESPRÄCHE
aus
XENOFONS
denkwürdigen Nachrichten
von Sokrates.

———————

AN DEN LESER.

Ich berge nicht, daß ein Seitenblick auf die *Wolken* des Aristofanes mich bestimmt hat, einige der interessantesten Gespräche des *Sokrates* aus *Xenofons* Sokratischen Denkwürdigkeiten auszuheben und in diesem IIIten B[andes]. des Attisch[en]. Mus[eums]. auf meine Uebersetzung der Wolken folgen zu lassen. Ich setze voraus, was unter den Gelehrten ziemlich ausgemacht scheint, daß man die dem Sokrates eigene Manier zu *filosofieren* und zu *konversieren* aus Xenofons *Apomnemoneumen* [Erinnerungen] zuverläßiger als aus Platons Dialogen kennen lerne; wiewohl ich nicht zweifle, daß auch Xenofon uns öfters mehr den *Geist* als die *Worte* seines Meisters gegeben, und nicht selten, theils unvorsetzlich theils wissentlich, von dem Seinigen dazu gethan habe.

Meine *Art zu übersetzen* ist bekannt. Sie hat ihr Gutes und Böses, wie alle menschlichen Dinge, und zwar so, daß jenes ohne dieses nicht zu erhalten ist. Ich bleibe aber bey ihr, weil ich überzeugt bin, daß sie, *für mich* wenigstens, die beste ist; auch wünsche ich von *meinen* Uebersetzern nicht anders behandelt zu werden, als wie ich den Horaz, Lucian und Aristofanes behandelt habe, und nun auch den Xenofon behandeln werde.

3

Ich umschreibe zuweilen, wo andere sich knapper ans Original halten, und wo andere umschreiben, übersetze ich oft so wörtlich als es die Sprache nur immer erlauben will; beydes weder aus Eigensinn oder Laune, noch der Bequemlichkeit wegen, sondern weil ich es so für recht halte. Ich könnte für jede Periode, jede Zeile, jedes gewählte Wort meine Gründe angeben, und es würde, schon bey einem einzigen der folgenden Gespräche, ein dickes Buch daraus werden, das mir niemand zu schreiben zumuthen wird, wie ich Niemandem zumuthen möchte es zu lesen, — wiewohl es am Ende doch für Anfänger, und selbst für manche Beurtheiler, nicht ganz ohne Nutzen sein dürfte. Die zwey Hauptregeln, die ich immer zu beobachten suche, sind: 1) Mich nie von den Worten, und Redensarten, den Stellungen und Wendungen, dem Periodenbau und dem Rhythmus meines Autors καδδυναμιν [nach Möglichkeit] zu entfernen, als *wo* und *so weit* es mir entweder die Verschiedenheit der Sprachen, oder mein *letzter Zweck*, — von dem Sinn und Geist einer Stelle nichts, oder doch so wenig als möglich, bey meinen Lesern verlohren gehen zu lassen — zur unumgänglichen Pflicht macht; aber auch 2) so oft dies letztere der Fall ist, oder mir zu seyn scheint, (denn wer ist in seinem Urtheil, zumahl wo es oft aufs bloße *Gefühl* ankommt, unfehlbar?) mir nicht das geringste Bedenken daraus zu machen, wenn ich auch eine oder zwey Zeilen nöthig haben sollte um das zu sagen, was der Grieche oder Römer mit zwey oder drey Worten gesagt hat. Warum ich übrigens weder *deutschgriechisch* noch *griechischdeutsch* schreibe, bedarf hoffentlich keiner Rechtfertigung.

Soviel von der Uebersetzung. Ueber die folgenden Dialogen selbst, (besonders in Rücksicht auf die geistige

Hebammenkunst, auf welche Sokrates sich soviel zu Gute that) halte ich meine Gedanken noch zurück; theils weil ich gewöhnlich gern zuletzt votiere, theils weil ich es für recht und billig halte, daß dem Leser sein Urtheil frey gelassen werde. Nur möchte ich denen, die mit Sokrates und Xenofon nicht schon von langem her in genauer Bekanntschaft stehen, rathen, mit ihrem *Endurtheil* so lang' als möglich zurückzuhalten.

W.

1.

SOKRATES,
ARISTIPPOS.[1])

SOKRATES.

Sage mir, Aristipp, wenn dir ein paar junge Leute übergeben würden, um den einen zum *regieren*, den andern so, daß er weder *Lust* noch *Vermögen* zum regieren habe, zu erziehen, — wie wolltest du es anstellen? — Machen wir, wenn dirs recht ist, gleich mit der Nahrung als dem unentbehrlichsten, den Anfang.

ARISTIPPOS. *(lächelnd)*

Die Nahrung möchte allerdings, da man ihrer zum Leben nicht wohl entbehren kann, der erste Punkt seyn.

SOKRATES.

Ohne Zweifel werden unsre beyden Zöglinge um Essenszeit zu Tische gehen wollen?

ARISTIPPOS.

Man sollt' es denken.

SOKRATES.

Nun könnte aber gerade um diese Zeit ein dringendes Geschäfte abzuthun seyn: welchen von beyden wollten wir so gewöhnen, daß er lieber die Befriedigung seines Magens aufschieben möchte, als ein nöthiges Geschäft?

ARISTIPPOS.

Freylich wohl den ersten, der zum Regieren erzogen werden soll, wenn wir nicht Gefahr laufen wollen, daß die Staatsgeschäfte unter seiner Regierung ungethan bleiben.

SOKRATES.

In diesem Fall hat es wohl mit dem Trinken dieselbe Bewandtniß? Er wird sich auch gewöhnen müssen, Durst leiden zu können?

ARISTIPPOS.

Keine Frage!

SOKRATES.

Und wie ist es mit dem Schlafe? Welchen von beyden wollen wir so erziehen, daß er spät zu Bette gehen, früh aufstehen, und, wenn's nöthig ist, die ganze Nacht wach bleiben könne?

ARISTIPPOS.

Immer noch den ersten, versteht sich.

SOKRATES.

Und der Afrodisischen Befriedigungen[2]) sich enthalten zu können, um auch von diesen sich

8

nicht an pflichtmäßigen Geschäften verhindern
zu lassen?

ARISTIPPOS.
Eben denselben.

SOKRATES.
Ferner, keine Arbeiten noch Beschwerlichkeiten zu scheuen, sondern sie vielmehr freywillig
zu übernehmen, welchen von beyden wollen wir
dazu anhalten?

ARISTIPPOS.
Unläugbar den, der zum Regieren gebildet werden soll.

SOKRATES.
Und überhaupt alles zu lernen, was man wissen und können muß, um über seine Gegner
Meister zu werden, welcher wird dessen wohl am
meisten bedürfen?

ARISTIPPOS.
Freylich der künftige Staatsmann; denn ohne
diese Kenntnisse und Geschicklichkeiten würde
ihm alles übrige zu nichts helfen.

SOKRATES.
Dünkt dich nicht, einer der so erzogen ist,
werde von seinen Gegnern nicht so leicht gefangen werden können, wie andre Thiere? Denn
unter diesen giebt es einige, die ihr Magen so
kirre macht, daß sie, ihrer natürlichen Schüch-

ternheit ungeachtet, dem Reiz der Lockspeise nicht widerstehen können, und dadurch gefangen werden; andere, denen man durch (betäubende) Getränke nachstellt; noch andere, wie z. B. die Wachteln und Repphühner, die, sobald sie von der Stimme eines Weibchens gelockt werden, in brünstiger Begierde herbey geflogen kommen, und, über der gehofften Lust alle Gefahr vergessend, sich ins Netz des Vogelstellers stürzen.

ARISTIPPOS.

Dagegen ist nichts zu sagen.

SOKRATES.

Dünkt dich nicht auch, es gereiche einem Menschen zur Schande, sich von einem blinden Trieb wie die unverständigsten Thiere überwältigen zu lassen? Die Ehebrecher, zum Beyspiel, wissen, indem sie andern ins Gehege gehen, recht gut, daß sie Gefahr laufen, in die Strafe des Gesetzes zu fallen, und was für schreckliche und schmähliche Mißhandlungen ihrer warten, wenn sie ertappt werden; und doch ist weder Schaden noch Schande vermögend, den Ehebrecher zurückzuhalten, daß er sich nicht blindlings in die größte Gefahr stürze, um einen Trieb zu befriedigen, zu dessen Stillung ihm so viele gefahrlose Wege offen stehen. Muß ein solcher Mensch nicht ganz und gar von einem bösen Dämon besessen seyn?[3])

ARISTIPPOS.

So dünkt michs.

SOKRATES.

Da die unentbehrlichsten Geschäfte der Menschen größtentheils unter freyem Himmel verrichtet werden müssen, wie z. B. der Kriegsdienst, der Ackerbau, und eine Menge anderer Arbeiten und Beschäftigungen des gemeinen Lebens, dünkt dich nicht, es sey eine sehr große Nachlässigkeit, daß so Wenige sich üben, ihren Körper gegen Frost und Hitze abzuhärten?

ARISTIPPOS.

Allerdings.

SOKRATES.

Ein künftiger Regent oder Befehlshaber wird also auch zu *dieser* Art von Uebung angehalten werden müssen?

ARISTIPPOS.

O ganz gewiß muß er das.

SOKRATES.

Wenn wir denn also darüber einig sind, daß nur solche, die in allen besagten Dingen eine völlige Gewalt über sich selbst erlangt haben, für regierungsfähig zu achten sind, werden wir nicht alle, die es *nicht so weit* gebracht, mit denen, die an Staatsverwaltung ganz und gar

11

keinen Anspruch machen, noch zu machen haben, in Eine Klasse stellen müssen?

ARISTIPPOS.

Unstreitig.

SOKRATES.

Nun dann, mein lieber Aristipp, da du beyde Klassen so gut zu stellen weißt, hast du auch schon überlegt, in welche von beyden du dich selbst füglich stellen könnest?

ARISTIPPOS.

Wenn das alles *mir* gelten soll, Sokrates, so muß ich dir sagen, daß ich weit entfernt bin, an einen Platz unter denen, die es aufs regieren angelegt haben, Anspruch zu machen. Offenherzig zu reden, ich hege keine große Meinung von dem Verstand eines Menschen, der an der Sorge sich selbst das Nöthige zu verschaffen, wiewohl sie ihm alle Hände voll zu thun giebt, nicht genug hat, sondern sich auch noch mit der Verpflichtung beladet, für die Bedürfnisse der übrigen Staatsbewohner zu sorgen. Ist es nicht die größte Thorheit, um andrer Leute willen sich selbst so manchen Genuß, wozu man Lust hätte, zu entziehen, und da man mit aller Mühe und Arbeit gleichwohl nicht immer alle Wünsche des Publikums befriedigen kann, zu riskieren, daß einem am Ende noch der Prozeß deswegen gemacht wird? Denn, es ist nun einmal nicht anders, das Volk glaubt von seinen Obern alles fordern zu können, was unser einer seinen Sklaven zumuthet. Ich verlange von meinen Leuten, dafür zu sorgen, daß ich mit allem was ich brauche immer reichlich versehen sey, aber daß sie selbst nichts davon anrühren; und gerade so macht es das Volk in Republiken mit seinen Vorstehern; *ihm* sollen sie alles schaffen was sein Herz gelüstet, aber *sie* sollen immer reine Hände haben. Meine Meinung von der Sache ist also diese: Wem es darum zu thun ist, recht viel Sorge und Plackerey zu haben, und sich und andern immer was zu thun zu machen, der mag sich dem Staat widmen, und den wollen wir, auf besagte Weise, zum regieren erziehen lassen; ich für meinen Theil stelle mich unter die, welche ihr Leben so gemächlich und angenehm als möglich zuzubringen wünschen.

SOKRATES.

Nun so wollen wir, wenn's dir gefällig ist, untersuchen, wer *angenehmer* lebt, die Regierenden, oder die Regierten?

ARISTIPPOS.

Recht gern.

SOKRATES.

Gehen wir einmal die bekanntesten Völker durch. In Asien z. B. regieren die *Perser*; die *Syrier*, *Frygier* und *Lydier* hingegen werden regiert; in Europa regieren die *Skythen*, und die *Mäoten* sind ihnen unterthan; in Lybien (Afrika) regieren die *Karchedonier* (Karthager) und die Libyer müssen sich von ihnen beherrschen lassen. Welche von diesen leben nun, deiner Meinung nach, angenehmer? Oder, weil du doch auch zu den Griechen gehörst, welche unter den griechischen Völkern scheinen dir angenehmer zu leben, die regierenden, oder die regierten?

ARISTIPPOS.

Das kann *mir* gleich viel seyn. Ich, für meine Person, bin Niemandem dienstbar. Mich dünkt, es giebt zwischen beyden noch einen Mittelweg, der weder durch Herrschaft noch Dienstbarkeit, sondern durch Freyheit gerade zur Glückseligkeit führt, und das ist der, den ich zu gehn versuche.

SOKRATES.

Nun freylich wohl, wenn er, so wie er weder durch die Herrschaft noch die Dienstbarkeit geht, auch nicht *durch die Menschen* gienge, möchtest du recht haben; da du aber unter Menschen lebst, und doch weder selbst regieren, noch regiert seyn willst, so wirst du, denke ich, bald genug erfahren, daß die Mächtigen es immer in ihrer Gewalt haben, den Schwächern, sowohl in Masse als einzeln, das Leben sauer zu machen und sie dahin zu bringen, daß sie ihnen dienstbar seyn müssen. Oder weißt du nicht, wie wenig Bedenken die Stärkern sich im Kriege darüber machten, die Früchte zu schneiden die der Schwächere gesäet,

und die Bäume umzuhauen die er gepflanzt hat,
kurz, wie sie ihn, wenn er sich nicht im Guten
unterwerfen will, von allen Seiten so lange zu
ängstigen wissen, bis sie ihm begreiflich gemacht
haben, er thue besser zu dienen, als mit Stärkern als *er* ist in ofner Fehde zu leben? Und wie
könnte dir unbekannt seyn, daß es auch im bürgerlichen Leben nicht anders hergeht, und daß,
wer Muth und Vermögen hat, immer Mittel findet den Furchtsamen und Unmächtigen unter sich
zu bringen und Vortheil von ihm zu ziehen?

ARISTIPPOS.

Dafür hab' ich ein gutes Mittel. Eben darum,
damit es mir nicht so ergehen könne, schließe ich
mich in keinen besondern Staat ein, sondern lebe
allenthalben als ein Ausländer.

SOKRATES.

Das gesteh ich! Da hast du dir eine feine List
ausgedacht! Freylich, seitdem *Sinnis* und *Skeiron*
und *Prokrustes* todt sind, ist ein Fremder bey
uns auf der Landstraße so ziemlich vor ihres gleichen sicher. Indessen sehen wir doch, daß selbst
diejenigen, die in ihrem eignen Vaterlande die
Ersten im Staate sind, mit allen Vortheilen, die sie
vor andern voraus haben, es doch nicht dahin
bringen können, sich gegen Beeinträchtigungen
sicher zu stellen. Sie lassen es zwar in dieser Absicht an Gesetzen nicht fehlen; sie bewerben sich,
außer ihren Geschlechts- und Blutsverwandten,

noch um andere Freunde, um einen Anhang zu
haben, auf dessen Beystand sie sich im Nothfall
verlassen können; sie befestigen ihre Städte,
schaffen Vorräthe von Waffen herbey, um auf den
Fall eines Angriffs im Vertheidigungsstande zu
seyn, und setzen sich über dies noch in auswärtige Verbindungen; — und mit allen diesen
Anstalten und Vorkehrungen zu ihrer Sicherheit,
sind sie dennoch nicht vor Beleidigung gedeckt.
Und du, der du von dem allen nichts hast, einen
großen Theil deines Lebens auf den Landstraßen,
wo man denn doch noch immer mancherley Beleidigungen ausgesetzt ist, zubringst, und in allen
Städten, die du durchwanderst, immer weniger
als der geringste Bürger zu bedeuten hast, also
gerade so einer bist, über den böse Buben sich
am liebsten her machen: *du* bildest dir ein, vor
Beleidigungen sicher zu seyn, weil du ein Fremder bist? Worauf gründest du diese Zuversicht?
Etwa darauf, weil dir in allen Städten, wenn du
ankommst und wenn du wieder weiter ziehst,
öffentliche Sicherheit zugesagt wird? Oder vielleicht auch, weil du denkst, niemand werde eben
viel dabey zu gewinnen glauben, wenn er dich
zum Sklaven bekäme?[4] Und in der That, wer
möchte einen Menschen gern in seinem Hause
haben, der nichts arbeiten wollte und dem nur
das köstlichste gut genug wäre? — Wahr ists
indessen, daß Hausherren, die solche Sklaven
haben, eben nicht sehr verlegen sind, wie sie sich
mit ihnen helfen sollen. Den Kitzel vertreiben sie

ihnen durch Hunger; damit sie nichts stehlen
können, wird alles sorgfältig vor ihnen verschlos-
sen; davon zu laufen, verbietet man ihnen durch
Fußschellen, und gegen die Faulheit sind Schläge
ein bewährtes Mittel. Oder wie hältst *du* es mit
deinen Sklaven, wenn du einen dieses Gelichters
unter ihnen entdecktest?

ARISTIPPOS.

Ich züchtige ihn ohne Barmherzigkeit so lang
und so viel, bis er seine Schuldigkeit thut. Aber,
erlaube mir zu fragen, Sokrates, worin sind die
jungen Leute, die zu jener *königlichen Kunst*
erzogen werden, in welche du mir die höchste
Glückseligkeit zu setzen scheinest, von denen
verschieden, die aus Noth elend leben müssen,
wenn sie freywillig hungern und dürsten, frie-
ren und den Schlaf sich entziehen? Ich für
meinen Theil sehe nicht worin der Unterschied
liegen soll, ob das nehmliche Fell freywillig oder
unfreywillig durchgegerbt wird, oder ob überhaupt eben derselbe Leib alle diese Peinigungen
willig oder gezwungenerweise aushalten muß.
Man muß wahnsinnig seyn, um den *Willen* zu
haben sich selbst zu peinigen.

SOKRATES.

Wie, Aristipp? du siehst hier keinen Unterschied? Er fällt doch, dächte ich, stark genug in
die Augen. Wer aus freyem Willen *hungert*, kann
auch *essen* wenn er will; das ist aber nicht der Fall

17

bey dem Gezwungenen. Ueberdies versüßt sich der erste die gegenwärtige Unlust durch die Hofnung, wie die Jäger der gehofften Beute wegen sich allen Beschwerlichkeiten der Jagd mit Vergnügen unterziehen. Gleichwohl ist der Preis, womit der Jäger sich für seine Mühe belohnt hält, etwas sehr unbedeutendes: Aber wer sich keine Anstrengung dauern läßt um die Freundschaft edler Menschen zu gewinnen, oder um ein braver Kriegsmann und Heerführer zu werden, oder überhaupt seine Leibes- und Gemüthskräfte so zu üben, daß er tüchtig werde seinem Hause wohl vorzustehen, seinen Freunden nützlich zu seyn, und sich um sein Vaterland verdient zu machen: siehst du nicht, daß schon die Mühe selbst, die er sich geben muß, um zu dem allen zu gelangen, ihr Vergnügen mit sich führt, und daß ein fröhliches Gemüth, der Beyfall seines eigenen Herzens und die Hochachtung und Zuneigung anderer Menschen eine reiche Belohnung seiner Arbeiten und Aufopferungen sind? Noch mehr: Leichte, blos zur Kurzweil vorgenommene Beschäftigungen und Genüsse die mit keiner Mühe erkauft werden, können weder dem Körper eine harte und gesunde Beschaffenheit zuwege bringen, wie die Meister der *Gymnastik* behaupten, noch die Seele mit irgend einer schätzbaren Kenntniß bereichern: angestrengte und ausdaurende Bemühungen hingegen verschaffen uns den Genuß des Besten und führen zu großen und preiswürdigen Dingen. So sagt schon *Hesiodos* irgendwo:

Zu der *Untugend* ists leicht auch Schaarenweise
                            zu kommen,
Breit und glatt ist der Weg, und nur zu nahe
                            ihr Wohnsitz;
Aber auf steile, mit saurem Schweiß nur
                            erklimmbare Höhen
Haben die Götter die *Tugend* gesetzt, langwierig
                            und rauh ist
Anfangs der Weg zu ihr; doch ist erstiegen
                            der Gipfel,
Dann ist er leicht und freundlich zu gehn,
                            so schwierig er erst war.

Auch bezeugt es der Dichter *Epicharmos*, da er
sagt:
                    — für Müh und Arbeit
Verkaufen uns die Götter alles Gute.

Und an einem andern Orte:
Du suchst das Glück im Schoos der Weichlichkeit,
Betrogener, Scham und Reue wirst du finden.

Auch der berühmte *Prodikos* erklärt sich in der
Schrift vom Herkules, die er öfters vorzulesen
pflegt, über die *Tugend* auf eben diese Weise, und
zwar, so viel ich mich erinnern kann, folgendermaßen.[5]
Als Herkules das Alter erreicht hatte, wo der
Knabe sich in den angehenden Jüngling verliert,
und junge Leute, indem sie ihre eigenen Herren
zu seyn anfangen, zu erkennen geben, ob sie
in ihrem künftigen Leben den Weg der Tugend
oder den entgegengesetzten gehen werden, zog er

sich einstmals, noch unentschlossen welchen von beyden Wegen er einschlagen wolle, an einen stillen einsamen Ort zurück, um der Sache ernstlich nachzudenken. Da däuchte ihn, als sehe er auf einmal zwey Frauenspersonen von mehr als gewöhnlicher Größe auf ihn zukommen: die eine von edler Gestalt und Gesichtsbildung, voll Würde und Anstand, ihre Farbe frisch und rein, ihr Auge ernst und züchtig, ihre Stellung und Gebehrde sittsam, ihr Anzug glänzend weiß; die andere hingegen zeichnete sich durch die aufgedunsene Fleischigkeit und mürbe Zartheit aus, die von überflüssiger Nahrung und allzuweichlicher Lebensart erzeugt zu werden pflegen; von ihrer natürlichen Farbe ließ die künstliche Weiße und Röthe, die sie der Schminke schuldig war, wenig oder nichts errathen; sie trug sich so, daß sie höher und gerader schien als sie von Natur war; ihre weitofnen Augen schossen mit einer Freyheit, die an Frechheit grenzte, hin und her, und bey ihrem Anzug hatte sie dafür gesorgt, daß ihre Reitze dadurch vielmehr ins vortheilhafteste Licht gesetzt als verdeckt und verdunkelt werden möchten. Ihre immer unstäten und beschäftigten Blicke irrten bald mit sichtbarer Selbstgefälligkeit auf ihrer eignen Person herum, bald flogen sie umher, und suchten ob sie auch von andern beobachtet werde; ja nicht selten sah sie sich sogar nach ihrem eignen Schatten um.

Wie die beyden Frauen dem jungen Herkules näher kamen, blieb die erste bey ihrem gewöhn-

lichen Schritt; aber die andere, um ihr zuvorzukommen, lief gerade auf den Jüngling zu, und
redete ihn folgendermaßen an. Ich sehe, lieber
Herkules, daß du noch unentschlossen bist, welchen Weg im Leben du gehen wollest. Wähle
mich zu deiner Freundin, und ich will dich auf
den anmuthigsten und gemächlichsten Weg führen; kein Vergnügen soll dir ungenossen ent-
gehen, alles hingegen was Mühe, Beschwerlich-
keit und Schmerz heißt, in deinem ganzen Leben
dir unbekannt bleiben. Vor allem also wirst du
dich weder mit dem Kriege noch mit andern
Geschäften bemengen müssen. Deine einzige
Sorge wird seyn, die leckerhaftesten Schüsseln
und die köstlichsten Getränke ausfindig zu machen, dich zu fragen was du am liebsten sehen
und hören möchtest; was jedem deiner Sinne
den angenehmsten Kitzel gewähren könne; dich
wenn du der Liebe zu pflegen Lust hast, nach
den Schönsten und Reitzendsten umzusehen, auf
Schwanenfellen und Rosen zu schlafen, und dir
alle diese Genüsse mit der allerwenigsten Mühe
zu verschaffen. Sollte dir jemals einfallen, die
Quellen, aus welchen dir das alles zufließen wird,
möchten abnehmen oder endlich gar versiegen:
so fürchte nicht daß ich es je so weit mit dir
kommen lassen werde, daß du, um diese Lebensart fortsetzen zu können, dich irgend einer mühseligen Leibes- oder Geistesarbeit unterziehen
müßtest. Nein! Andere werden für dich arbeiten,
und *du* sollst die Früchte ihrer Arbeit genießen.

Weise nichts von der Hand und scheue dich vor Nichts, das dir Gewinn bringen kann: Denn auf allen Seiten von allem auf alle mögliche Weise Vortheil zu ziehen, dazu gebe ich meinen Freunden unbedingte Gewalt.

Hier hörte sie auf zu reden und nun erkundigte sich der junge Herkules nach ihrem Namen. Meine Freunde, sagte sie, nennen mich *Eudämonia;* aber die mir übel wollen, geben mir, um mich zu verkleinern, den Namen *Wollust.*[6])

Inzwischen war auch die andere Frau herbeygekommen, und nahm itzt das Wort. Auch mich, o Herkules, sprach sie, führt eine wohlwollende Neigung zu dir; denn ich kenne deine Erzeuger, und habe deine Sinnesart von Kindheit an beobachtet. Dies läßt mich hoffen, du werdest, wenn du *meinen* Weg erwählst, große und preißwürdige Thaten zu Stande bringen, deren Glanz auch auf *mich* zurückfallen, und mich den Menschen, wegen alles Guten, so sie von dir empfangen, lieber und ehrwürdiger machen werden. Ich will dich nicht mit Vorspiegelungen eines Lebens voller Wonne hintergehen; sondern was die unwandelbare Ordnung der Götter ist, davon sollst du treulich und wahrhaft von mir berichtet werden. Von allem was Gut und Schön ist, theilen die Unsterblichen den Menschen Nichts ohne Arbeit und Bemühung zu. Willst du daß die Götter dir gnädig seyn, so mußt du ihnen den schul-

digen Dienst erweisen. Willst du von Freunden
geliebt seyn, so mußt du dich deinen Freunden
nützlich machen; willst du von irgend einer Stadt
geehrt seyn, so mußt du ihrem Gemeinwesen
gute Dienste leisten; wünschest du in der ganzen
Hellas den Ruhm eines treflichen Mannes zu erhalten, so mußt du dein möglichstes thun, dich
um die ganze Hellas verdient zu machen. Verlangst du, daß die Erde dir reichliche Früchte
trage, so mußt du sie tüchtig bauen; willst du
durch Viehzucht reicher werden, so mußt du
deiner Heerden fleissig warten; oder willst du
durch den Krieg emporkommen, und dich in den
Stand setzen deine Freunde zu schützen und die
Feinde zu überwältigen, so mußt du dich zuvor
der Kriegskünste unter geschickten Meistern mit
Eifer befleißigen, und dann erst noch durch viele
Uebung lernen, wie sie gehörig anzuwenden sind;
und sogar die großen Leibeskräfte, womit die
Natur dich begabt hat, würden dir wenig helfen,
wenn du nicht durch gymnastische Uebungen
mit Anstrengung und Schweiß sie geschickt zu
gebrauchen gelernt und deinen Körper der Seele
zu gehorchen angewöhnt hättest.

Hier (sagt Prodikos) fiel ihr die *Wollust* in die
Rede, und sagte: Du siehest, lieber Herkules, was
für einen langen und mühseligen Umweg zum
Lebensgenuß dieses Weib dir vorzeichnet: da ich
hingegen dich auf dem bequemsten und kürze-
sten Weg zum glücklichsten Leben führe. Elende,

versetzte ihr die *Tugend*, wie darfst du von Glückseligkeit reden, und wie wenig muß das, was du
gut und angenehm nennst, diesen Namen verdienen, da du es nicht einmal der Mühe werth
hältst, etwas dafür zu thun? Wie solltest du auch
wissen können was wahres Vergnügen ist, da du
den Reitz des Bedürfnisses nie erwartest, sondern
dich mit Speisen anfüllst bevor dich hungert, und
trinkst ohne zu dürsten? Damit du mit einiger
Lust essen könnest, muß die Kochkunst alle ihre
Erfindungen erschöpfen; um mit Vergnügen zu
trinken, mußt du dir die theuersten Weine anschaffen und mitten im Sommer nach Schnee her-
umlaufen; und um schlafen zu können, nicht nur
die weichsten Madratzen und Decken, sondern
noch kostbare und zierlich gearbeitete Bettstellen
nöthig haben, und diesen sogar noch Tapeten
unterlegen; denn du gehst nie schlafen, um vom
Arbeiten auszuruhen, sondern weil du vor Lang-
weile sonst nichts anzufangen weißt. Die Afrodisischen Vergnügungen erzwingst du, ohne Bedürfnisse durch alle Arten von künstlichen Reitz-
mitteln, und mit den Männern nicht zufrieden,
machst du dir sogar welche aus deinem eigenen
Geschlecht. Was für Ehre hast du davon, daß du
der Unsterblichen eine bist? Die Götter haben
dich aus ihrer Gesellschaft ausgestoßen, und allen
guten Menschen bist du verächtlich. Das süßeste
was man hören kann, hat dein Ohr nie gehört;
denn wann hörtest du dich jemahls *loben?* Das
angenehmste, was die Augen sehen können, hast

du nie gesehen; denn wo sahest du jemahls ein
großes oder schönes Werk, das du zu Stande gebracht hättest? Wer hat dir jemahls geglaubt,
wenn du etwas bezeugest? Wer nimmt sich deiner an, wenn du in Mangel geräthst? Oder welcher Mensch, der bey Verstand ist, könnte sich
entschließen dein Gefolge zu vermehren, wenn
er sieht, was es für ein Ende mit ihnen nimmt.
In den besten Jahren des Lebens schon unvermögend (weil sie ihre Kräfte in Trägheit und
Ausschweifungen verzehrt haben) sind sie blöd-
sinnig und stumpf in den Jahren, deren eigen-
thümlicher Vorzug Besonnenheit und Weisheit
seyn sollte. Während ihrer Jugend in Müßiggang
und Ueppigkeit aufgefüttert und fett gemacht,
bringen sie ihr Alter in Kummer und schmutziger
Dürftigkeit hin, beschämt von der Erinnerung
dessen was sie ehmals thaten, zu Boden gedrückt
von dem was sie itzt zu thun genöthigt sind; Tho-
ren die im Frühling des Lebens alle Arten von
Vergnügungen nicht schnell genug durchlaufen
können, und alles Beschwerliche für den Winter
aufsparen.

Ich aber lebe mit Göttern und guten Menschen,
und keine schöne That, kein preiswürdiges Werk
weder von Göttern noch Menschen vollbracht,
kommt ohne mich zu Stande. Auch werd' ich
von Göttern und Menschen über alles hoch gehalten. An mir findet der Künstler und Hand-
werksmann eine erwünschte Mitarbeiterin, der

Hausherr eine getreue Haushälterin, die Dienstboten eine freundliche Gehülfin. Im Frieden und im Kriege gleich unentbehrlich, fördre ich in jenem alle gemeinnützlichen Arbeiten, und bin in diesem die zuverläßigste Streitgenossin; und keine Freundschaft ist dauerhaft, die ich nicht gestiftet habe.

Auch fehlt es meinen Freunden so wenig an *Vergnügungen*, daß vielmehr ihnen allein der reine Genuß derselben zu Theil wird. Da sie dem Ruf des Bedürfnisses nie zuvorkommen, so haben sie, um mit Vergnügen zu essen und zu trinken, weder großer Zurüstungen noch vieles Aufwandes nöthig. Ihr Schlaf ist viel süßer als wenn sie ihn nicht durch Arbeit gewonnen hätten; aber sie wehklagen nicht, wenn sie sich ihm entreißen müssen, und verabsäumen nichts nöthiges um seinetwillen. In ihrer Jugend haben sie die Freude sich von den Alten loben zu hören, im Alter ists ihnen angenehm von der Jugend geehrt zu werden. Mit Vergnügen erinnern sie sich dessen, was sie ehmahls gethan haben, und mit Vergnügen ist alles, was sie gegenwärtig thun, begleitet. Wie könnt' es ihnen auch an Vergnügen fehlen, da sie um meinetwillen begünstigt von den Göttern, geliebt von ihren Freunden, geehrt in ihrem Vaterlande sind? Und ist endlich das Ziel gekommen, das einem jedem gesetzt ist, so liegen sie nicht ruhmlos und vergessen im Grabe, sondern gepriesen und besungen von der Nach-

welt, blühen sie immer und ewig im Andenken
guter Menschen fort. Dies, o Herkules, zu erstreben ist deiner edlen Abstammung würdig,
und diese hohe allein wünschenswerthe *Eudä-
monie* wird der Preis deiner Anstrengungen seyn.

So weit der Unterricht, welchen Prodikos die
Tugend dem jungen Herkules ertheilen läßt. Es
versteht sich, daß ich dir nur den Inhalt seines
Werks und den Sinn der Reden mitgetheilt habe;
denn an die Pracht und Schönheit seines Ausdrucks mache ich keinen Anspruch. — Dir, lieber
Aristipp, kann es einen reichen Stoff zu nützlichen Betrachtungen geben; denn du würdest
auf alle Fälle wohlthun, wenn du einmahl einen
Versuch machtest, über den Zweck und die Ein-
richtung deines künftigen Lebens nachzudenken.

Erläuterungen.

1) Xenofon, der uns dieses Gespräch zu Anfang des
zweyten Buchs seiner Sokratischen Denkwürdigkeiten
mittheilt, führt es als ein Beyspiel auf, wie Sokrates
diejenige, die sich vor andern zu ıhm hielten und durch
ihn besser zu werden wünschten,*) von allem Uebermaß

---

*) Τους συνοντας [die mit
ihm Umgang pflegten]. Sokrates
machte nie den *Lehrer von Profession,* was man damals σοφιστευειν
[eigtl.: ein Sophist sein] nannte; er
hatte also auch, im gewöhnlichsten
Sinne der Worts, keine *Schüler,*
oder *Lehrlinge;* und dies ist eben
der Grund, warum Xenofon das
Wort συνειναι [wörtl.: zusammen-
sein] gebraucht, um das Verhältniß
zwischen Sokrates und den, die
seinen Umgang vorzüglich suchten, zu bezeichnen. Es ist daher

in sinnlichen Genüssen und Befriedigung natürlicher Triebe abzuhalten, und dagegen zur Nüchternheit, zur Thätigkeit, und zum Ausdauren unter allen Arten von Beschwerlichkeiten, denen man im Leben durch Noth oder Pflicht unterworfen werden kann, anzugewöhnen sich beflissen habe. Da er wußte (so fährt Xenofon fort) daß einer von denen, die sich zu ihm hielten, in diesem Punkt (nemlich im Hang zur Ueppigkeit, und in der Abgeneigtheit sich irgend eine sinnliche Befriedigung zu versagen) wenig Gewalt über sich selbst habe, legte er ihm einst diese Frage vor, — und nun folgt die vorstehende Unterredung mit *Aristipp*, die, wie man sieht, durch diese kleine Vorrede Xenofons auf eine dem guten Aristipp eben nicht sehr rühmliche Art herbeygeführt wird. Auch in dem Gespräch selbst läßt Xenofon seinen Meister dem jungen Mann einige sehr harte Dinge sagen. Die Versicherung des *Diogenes* von Laerte, daß Xenofon dem Aristipp nicht günstig gewesen sey, möchte also wohl ihren guten Grund gehabt haben, wiewohl er hierin bloß gemeine Sache mit den übrigen Sokratikern machte; daß er aber (wie der besagte Kompilator vorgiebt) diesen Diskurs gegen die Wollust dem Sokrates blos aus Haß gegen Aristipp *beygelegt*, d. i. *angedichtet* habe, scheint mir ohne Grund zu seyn, oder bedürfte wenigstens eines stärkern Beweises. Ob ich nun gleich keine Ursache sehe, zu zweifeln, daß dieses Gespräch, dem Hauptinhalt nach, zwischen Sokrates und Aristipp wirklich vorgefallen sey, so ist mir doch eben so wenig zweifelhaft, daß Xenofon sich, wenigstens in einzelnen Stellen, die Freyheit genommen von dem seinigen hinzuzuthun und den Sokrates so reden zu lassen, wie er glaubte, daß es seiner Denkart und seinem Karakter am gemäßesten sey;

---

immer noch besser gethan, συνιόντες durch *Freunde* als durch *Schüler* zu geben, wiewohl nicht alle, die von seinem Umgang zu profitiren suchten, seine Freunde in der engern Bedeutung des Wortes waren.

und da könnte dann wohl die persönliche Abneigung gegen Aristipp nicht ohne allen Einfluß auf den *Ton* des Gesprächs überhaupt und besonders auf einige auffallende Stellen, die im folgenden bemerkt werden sollen, geblieben seyn.

2) Das Wort *Liebe* sollte, däucht mich nie so sehr mißbraucht und herabgewürdiget werden, um καϑ' ὑποκορισμον [beschönigend] die von den Griechen mit dem Worte αφροδισια [Aphrodisisches, Liebesgenuß] bezeichnete, oft sehr unsittliche Befriedigung eines Triebes zu verschleiern, für welchen, sobald er von dem reinen Zweck der Natur getrennt wird, keine Sprache ein anständiges Wort hat. Da der Name *Afrodite*, für *Venus*, allen deutschen Lesern bekannt ist, so däucht mich, es geschehe durch den Ausdruck *Afrodisische Befriedigungen* (αφροδισια, res venereae) der Pflicht, sich dem Leser verständlich zu machen, ein hinlängliches Genüge, und es werde zugleich die höhere Pflicht beobachtet, ungleichartige Dinge nicht mit einander zu vermengen, und einem Worte, das den schönsten und edelsten Affekt der menschlichen Seele zu bezeichnen bestimmt ist, durch einen, obgleich wohlgemeinten, Mißbrauch eine so leicht vermeidliche Zweydeutigkeit zuzuziehen. Ein ausländisches Wort, in so fern es nur verständlich genug und überhaupt so beschaffen ist, daß es unter gesitteten Menschen gehört werden kann, dünkt mich hiezu immer das schicklichste.

3) Hr. *Weiske* (ein geschickter Lehrer an der berühmten Schulpforte, aus welcher so manche der vorzüglichsten Schriftsteller, Dichter und Filologen unsers Jahrhunderts hervorgegangen sind) der i. J. 1795. eine sehr brauchbare Uebersetzung der Xenofontischen *Apomnemoneumaten* [Erinnerungen], mit schätzbaren Sacherläuterungen und kritischen Anmerkungen (bey C. Fritsch in

Leipzig) herausgegeben hat, ist, so viel ich weiß, der erste, der die Bemerkung gemacht, daß Sokrates hier nicht nur »auf einmahl aus seiner natürlichen Sprache, durch einen plötzlich entstandenen Unwillen gegen die Ehebrecher, in einen rednerischen Ton fällt, sondern sich auch von seinem vorgesteckten Ziel entfernt,« indem dieser pathetische Ausfall gegen die Ehebrecher in der That, wie jedem Leser (wenigstens nach dieser Erinnerung) in die Augen fallen muß, ein Auswuchs ist, der die schöne Symmetrie der ganzen Komposizion verunstaltet. Er hält daher für sehr wahrscheinlich, daß die ganze Stelle von ὥσπερ οἱ μοιχοι (die Ehebrecher zum Beyspiel) bis zu Ende der Rede ein fremder Zusatz sey. Dies möchte ich ihm gleichwohl ohne die größte Noth nicht zugeben, − es wäre denn, wenn er hätte sagen wollen, daß Xenofon der Urheber desselben gewesen sey, welches aber seine Meynung keineswegs zu seyn scheint. Mich dünkt ich sehe hier zwey Auswege, den Text, wie er ist, zu retten. Aristipp war um die Zeit, daß dieser Dialog gehalten seyn mochte, wahrscheinlich nicht älter als *höchstens* fünf und zwanzig Jahre*) und also (nach der Pythagorischen Angabe der *Horen* des menschlichen Lebens) noch ein *ADOLESCENTULUS* [ganz junger Mann], dem, bey seinen ohnehin nicht allzustrengen Grundsätzen, zu Athen (wo die Frauen zum

---

*) Sokrates starb im ersten Jahre der 95sten Olympiade, und Aristipp, dessen Geburts- und Todesjahr unbekannt sind) lebte noch im 2ten Jahr der 109ten Olympiade (also noch über 60 Jahre nach dem Tode des Sokrates) zu Athen, wohin er sich kurz vor der Deportazion des jüngern Dionysios nach Korinth, vom Hofe des letztern zurückgezogen hatte. Die feinen und mäßigen Wollüstlinge (deren Aristipp einer war) werden zwar gewöhnlich sehr alt; aber 80 bis 90. Jahre sind auch ein ganz hübsches Alter; und Aristipp müßte wenigstens 84. alt worden seyn, wenn er im Todesjahr des Sokrates 25 Jahre gelebt hätte. Da aber Hoffilosofen von 80. Jahren zu allen Zeiten seltene Vögel waren, so bin ich geneigter zu glauben, daß Aristipp, als er mit dem alten Sokrates lebte, wenig über 20 Jahre alt gewesen seyn dürfte.

Theil *noch* laxere Grundsätze hatten als er, und sich
auf die Verführungskunst meisterlich verstanden) leicht
etwas menschliches begegnen konnte. Hr. *Weiske* meint
zwar, »wenn Aristipp des gerügten Verbrechens verdächtig gewesen wäre, so hätte Sokrates *unklug* gehandelt,
itzt, da er den jungen Mann gewinnen wollte, dawider
zu *deklamiren*,« und dies ist ihm, wie es scheint, ein
neuer Grund, diese Stelle für unächt zu halten. Aber
Sokrates könnte ja auch Nachricht gehabt haben, daß
irgend eine athenische *Kalonike* oder *Lampito* ihr Netz
nach ihm stelle, und ihn durch diesen gelegenheitlichen
Ausfall nur habe *warnen* wollen. Auch muß ich gestehen,
daß ich in der Rede, die dem S. hier in den Mund gelegt
wird, zwar einen, der Sache angemessenen und bis zum
Eifer gehenden Ernst, aber keine *Deklamazion* sehen
kann, und im Gegentheil nicht wohl begreife, wie er, um
einen seine Person und sein Vergnügen liebenden Jüngling abzuschrecken, *weniger* hätte thun, oder die Strenge
seiner ohnehin nicht auf das Kantische Sittengesetz sich
stützenden Moral gefälliger hätte mildern können, als
indem er ihm eine PARABILEM VENEREM FACILEMQUE
[ein Liebchen, das sich leicht auftreiben läßt und zu
Willen ist] wenigstens CONNIVENDO [durch Ignorieren]
zu erlauben scheint.

Mein zweyter Ausweg ist: anzunehmen, daß die an-
gefochtene Stelle zwar nicht von Sokrates, aber doch von
Xenofon herrühre, und dabey vorauszusetzen, daß seine
aus Verschiedenheit der Denkart, Sitten und Lebensweise leicht erklärte, und mit Verachtung vermischte
Abneigungen gegen den *Filosofen für die Welt,*
QUEM OMNIS DECUIT COLOR ET STATUS ET RES
[der alles mit Würde trug: Glück (wie Unglück),
hohen Rang (wie niederen), Reichtum (wie Armut).
Nach Horaz, Epistulae I,17,23],
sich in die Darstellung eines ehmals wirklich zwischen
ihm und ihrem gemeinschaftlichen ehrwürdigen Freund

vorgefallenen Gesprächs gemischt habe. Der Unterschied zwischen Xenofon, der beynahe in allen Lagen und Verhältnissen des öffentlichen und Privatlebens das Sokratische Ideal eines καλου και αγαθου [edlen und rechtschaffenen Mannes] praktisch darstellte, und Aristipp, der sich eine eigene, nur für ihn selbst und wenige, QUOS AEQUUS AMAVIT JUPITER [die der gnädige Jupiter liebte], passende *Filosofie der Grazien* gemacht hatte, war zu groß, als daß der erste (der überdieß um zwanzig Jahre wenigstens älter war) den andern in einem freundlichern Lichte hätte sehen, geschweige gar *mit Schonung* hätte behandeln können, wenn sich ihm eine so gute Gelegenheit, wie hier, anbot, die Denkart und Lebensweise Aristipps mit der Sokratischen in einen recht auffallenden Kontrast zu setzen. – In der Uebersetzung der letzten Worte ουκ ηδη τουτο πανταπασι κακοδαιμονωντος εστιν; [»Muß ein solcher Mensch nicht ganz und gar von einem bösen Dämon besessen seyn?«] habe ich den ganzen Nachdruck des Hauptworts auszudrücken gesucht, und hierin den eleganten französischen Uebersetzer der *Memorabilien*, *Levesque*, zum Vorgänger gehabt – L'ON DIROIT QU'ILS Y SONT POUSSÉS PAR UN MAUVAIS GENIE [man sagte, daß sie von einem bösen Genius dazu gedrängt worden sind].

4) Ich weiß nicht ob man einem Menschen, der etwas besser als der unterste unter allen ist, etwas *härteres* und zugleich *gröberes* sagen kann, als was Xenofon den Sokrates hier dem armen Aristipp ins Gesicht sagen läßt. – Beynahe sollte man denken, Sokrates habe ihm das zuvorerwähnte Privilegium eines Bürgers (zumal eines Athenischen) sich alles gegen einen *Fremden* zu erlauben, sogleich in einer kleinen Probe fühlbar machen wollen; und Aristipp erscheint, durch die gute Art, wie er diese attische Urbanität, aus Ehrerbietung, von dem alten Sokrates erträgt (vermuthlich gegen

Xenofons Absicht) in einem vortheilhaften Lichte. — Das Beleidigende dieses Kompliments wird durch den ironischen Ton der ganzen Rede, und der Frage: *oder wie machst es du?* noch salzigter und sogar bitter. So viel kann doch wohl Sokrates sich über Aristipp, der nicht etwa ein armer Schlucker, sondern ein Fremder von gutem Hause und Vermögen war, nicht herausgenommen haben, wenn er ihn im Ernste gewinnen wollte? Auch diese Stelle wird also auf Xenofons Rechnung kommen müssen, und der Behauptung des Diogenes zu keinem sehr starken Belege, oder doch wenigstens zu keinem Beyspiel, wie *schonend* Xenofon den Aristipp behandelt habe, dienen können.

5) Diese dem Prodikos zugeschriebene allegorische Erzählung von der *Wahl des Herkules* ist unstreitig eines der schönsten Ueberbleibsel des Alterthums und in ihrer Art eben so schätzbar als die vorzüglichsten Werke der Bildnerkunst, die aus jenem goldnen Alter der Musenkünste, wo so viele Schöpfer schöner Werke aller Gattungen in einem Jahrhundert sich zusammenfanden, unsre Zeit erreicht haben. Wie allgemein sie gefallen haben müsse, beweisen schon allein die häufigen Nachahmungen, deren Hr. P. *Schneider* in seiner vortreflichen Ausgabe der *Xenof. Memorabilien* nicht weniger als *zwölf* unter Griechen und Römern nennt, und denen leicht eine eben so große Anzahl von Neuern beygefügt werden könnte; die aber alle hinter *Lucians*, dem Original selbst den Vorzug streitig machendem, *Traume* weit zurückbleiben. Uebrigens ist unter den Gelehrten, so viel ich weiß, ausgemacht, daß in dieser Erzählung, so wie sie uns hier von Xenofon mitgetheilt ist, dem ersten Erfinder schwerlich mehr als Komposizion und Zeichnung angehöre. — In mehr als Einer Rücksicht lesenswürdig ist *Shaftesburys* Idee eines historischen Gemähldes von der Wahl des Herkules, die den 7ten Traktat

seiner sogenannten CHARACTERISTICS OF MEN, MAN-
NERS, OPINIONS AND TIMES ausmacht.

6) Das griechische Wort ist Κακια [allg.: Schlechtheit],
für welches ich kein völlig gleichbedeutendes deutsches
kenne; denn ein solches müßte eben so verschiedene
in unsrer Sprache gebräuchliche Bedeutungen haben, als
Κακια bey den Griechen hatte. Xenofon oder Prodikos
wählte es vermuthlich aus Rücksicht auf die Κακοτης
[sittliche Schlechtigkeit] des Hesiodus. Die erste und
eigentlichste Bedeutung dieses Wortes, ist Untauglich-
keit, Unbrauchbarkeit; daher auch, *Feigheit,* weil ein
feiger Mensch im Krieg, der Hauptbeschäftigung der
alten freyen Griechen unbrauchbar ist; auch, in einer
weiteren Bedeutung die Schlechtigkeit eines übelerzoge-
nen, ungebildeten, niederträchtigen Menschen aus dem
untersten Pöbel; in der weitesten das Gegentheil der
αρετη (Tugend), in so fern die Griechen unter *Arete*
alle Eigenschaften und Fertigkeiten begriffen, wodurch
ein Mensch sich andern Menschen, besonders seinem
Vaterlande, nützlich machen und sich selbst Ehre und
Ruhm erwerben kann; welches auch, nahezu, die erste
Bedeutung der Wörter, VIRTUS bey den Römern, und
Tugend bey den Deutschen, war. In dieser Rücksicht
stand ich eine Weile an, ob ich Κακια durch *Untugend,*
oder, wie es bisher in allen Sprachen, in welche dieses
poetische Filosofema übersetzt worden, am gewöhnlichsten war, durch *Wollust* geben sollte. Ich habe mich
endlich für das letztere bestimmt, weil mir die üblichste
Bedeutung dieses Wortes der *Idee,* welche Prodikos oder
Xenofon sowohl durch die Schilderung der Person, des
Kostums und des ganzen Betragens der *Kakia,* als durch
die Reden, die er ihr in den Mund legt, in uns erregt,
besser als jenes oder irgend ein anderes zu entsprechen
schien.

2.

SOKRATES UND ANTIFON.[1]

ANTIFON.

Ich glaubte sonst immer, wer filosofiere müsse glücklicher dadurch werden: aber bey dir, mein guter Sokrates, zeigt sich das Gegentheil; dir scheint die Weisheit ziemlich übel zu bekommen. Du lebst auf einem Fuß, daß, wenn ein Herr seine Knechte nicht besser halten wollte, kein einziger es bey ihm ausdauern würde. Du issest und trinkst das schlechteste was zu finden ist; dein kurzer Mantel da, ist nicht nur so armselig als möglich, er macht sogar deine ganze Garderobe aus, und im Winter wie im Sommer behilfst du dich ohne Unterkleid und gehst baarfuß.[2] Geld einnehmen ist sonst jedermann etwas willkommenes, weil es uns die Mittel verschafft desto anständiger und angenehmer zu leben: du allein hast kein Geld einzunehmen, und nimmst keines wenn es dir angeboten wird. Wahrhaftig, wenn du, was bey allen andern Lehrmeistern der Fall ist, deine

Zöglinge dahin bringen kannst, daß sie es auch
so machen wie du, so kannst du dich keklich
für den größten Meister in der Kunst ein armer
Teufel zu seyn,[3] ausgeben.

SOKRATES.

Du, Antifon, würdest also, wie ich merke, lieber sterben wollen als leben wie *ich*, so traurig
und jämmerlich kommt dir meine Art zu leben
vor? Laß dann sehen, was du so unerträgliches
an ihr findest! — Etwa *das*, daß wenn andere,
welche Geld für ihren Unterricht nehmen, sich
die Schuldigkeit aufladen, das, wozu sie gedun-
gen sind, wie andre Taglöhner abzuarbeiten und
ihren Lohn zu verdienen; ich hingegen, weil ich
keines nehme, nicht genöthigt bin, mich mit
andern Personen zu unterhalten als die ich mir
selbst wähle? Oder verachtest du meine gewöhnliche Kost, weil sie weniger gesund ist, und
weniger Kräfte giebt als die Deinige? Oder weil
meine Gerichte rarer und theurer, folglich schwe-
rer anzuschaffen sind? Oder weil *dir* die Deinigen besser schmecken, als die Meinigen *mir*?[4]
Weißt du nicht, daß wer recht guten Appetit
hat nichts weniger als feine Schüsseln bedarf,
und wer dürstet gern mit jedem Getränke vorlieb
nimmt? Was die Kleidung betrift, so wirst du mir
nicht läugnen, daß diejenigen, die ihre Kleider
mit der Jahrszeit wechseln, es der Kälte und der
Hitze wegen thun, und daß man sich Schuhe
umbindet, aus Furcht die Füße zu verletzen und

dadurch am Gehen gehindert zu werden. Hast du aber je gesehen, daß ich Kälte halber zu Hause geblieben wäre? oder an einem heißen Tage jemandem einen schattigen Platz streitig gemacht hätte? oder, weil die Füße mich geschmerzt, nicht hätte gehen können wohin ich wollte? — Weißt du nicht, daß Leute, die von Natur einen schwachen Körper haben, es in allem, worin sie sich übten, viel Stärkern, aber *ungeübten* zuvor thun, und sich leichter in solche Dinge schicken können? Meynst du also nicht, ich, der sich immer übte, alle Arten von körperlichem Ungemach zu dulden, müsse dergleichen besser aushalten können als du, der sich nie darin geübt hat? Daß ich aber weder meines Gaumens, noch des Schlafs, noch andrer körperlichen Bedürfnisse Sklave bin, das kommt, glaube mir, hauptsächlich daher, weil mir andere Dinge angenehmer sind, die nicht blos im Augenblick des Genusses vergnügen, sondern auch gewisse Hoffnung geben, daß sie uns *immer nützlich* seyn werden. Ueberdies weißt du, daß einer, der sich einbildet es gehe ihm nichts von Statten, auch nichts mit Freuden unternimmt; da hingegen diejenigen, denen die Landwirthschaft, oder die Reederey, oder was sie sonst treiben mögen, wohl gelingt, *mit sich selbst vergnügt sind*, weil sie ihre Sachen gut gemacht zu haben glauben.[5]) Meynst du aber, das Vergnügen, das dergleichen Beschäftigungen gewähren, sey mit *dem* zu vergleichen, das aus dem Bewußtseyn entspringt sich selbst und seine Freunde immer

besser zu machen? Dies ist immer meine Maxime
gewesen, und wird es immer bleiben. Wenn es
darauf ankommt seinen Freunden oder der Republik nützlich zu seyn, wer wird mehr Muße
haben, sich dafür zu verwenden, einer, wie du
mich hier siehst, oder einer der das Leben führt,
das du selig preisest. Wer taugt besser in den
Krieg? Einer der ohne eine köstliche Tafel und
die ausgesuchtesten Bequemlichkeiten gar nicht
leben kann, oder dem was da ist genügt? Wer
wird eine belagerte Stadt bälder übergeben, einer
der mit dem geringsten, was man überall findet, zufrieden ist, oder der eine Menge schwer
zu befriedigender Bedürfnisse hat? Du, Antifon,
scheinst die Glückseligkeit in Ueppigkeit und
großem Aufwand zu setzen; ich hingegen bin
überzeugt, daß *nichts bedürfen* etwas *göttliches*
und also das Beste ist, und die *wenigsten* Bedürfnisse haben, das was dem Göttlichen am Besten
am nächsten kommt.

Bey einer andern Gelegenheit, erneuerte dieser
Sofist den Angriff von einer andern Seite, aber
ebenfalls mit so schlechtem Erfolg, daß Xenofon
sich begnügt, auch diesesmahl die ganze Konversazion in eine einzige Rede und Gegenrede
zusammen zu fassen.

ANTIFON.
Ich zweifle nicht daß du ein sehr ehrlicher
Mann bist, Sokrates, aber für einen Gelehrten[6])

kann ich dich keineswegs gelten lassen. Auch
dünkt mich, du selbst müssest davon überzeugt
seyn, weil du von keinem, die täglich um dich
sind, Geld nimmst. Gewiß würdest du deinen
Mantel, oder dein Haus, oder was du sonst
geldeswerth besitzest, weder umsonst noch unter
dem Werthe weggeben: Es ist also klar daß du
deinen nähern Umgang, wenn du dächtest, daß
er etwas werth sey, nicht unter seinem Preise
geben würdest. Also, wie gesagt, für einen ehrlichen Mann laß ich dich gerne gelten, da du
niemanden aus Gewinnsucht zu betrügen begehrst; aber nicht für einen Weisen, da du dich
auf nichts verstehst das einen Werth hätte.

SOKRATES.

Bey uns,*) mein lieber Antifon, ist es etwas
ausgemachtes, daß Schönheit und Gelehrsamkeit,
eine wie die andere, schätzbar oder verächtlich
werden, je nachdem der Gebrauch ist, den man
von ihnen macht. Einem Jüngling, der seine
Schönheit irgend einem Kauflustigen um Geld
überläßt, geben wir — einen garstigen Namen;
hat er hingegen einen edeln und wohlgesitteten
Mann zum Liebhaber, und weiß ihn zu seinem
Freunde zu machen, so nennen wir ihn sittsam
und verständig.[7]) Eben so ist es mit den Gelehrten. Diejenige, die ihre Wissenschaft um Geld
verkaufen, heißen *Sofisten*; wer hingegen einen

---

*) Nemlich, bey mir und meinen Freunden und Anhängern.

jungen Menschen von glücklichen Anlagen kennen lernt, und indem er ihm das Beste was er
weiß mittheilt, keinen andern Vortheil dabey
sucht, als einen Freund zu gewinnen, von dem
sagen wir, er thue was einem edeln und biedern
Bürger geziemt.[8]) Was mich selbst betrift, Antifon, so weißt du, jedermann hat so seine eigene
Liebhaberey; dieser an einem schönen Pferde,
jener an einem schönen Hunde oder Vogel; die
Meinige war immer, edle Menschen zu Freunden zu haben. Weiß ich etwas nützliches, so theil'
ichs ihnen mit, empfehle sie auch andern, deren
Umgang ihnen behülflich seyn kann, im Guten
zuzunehmen. Auch durchgehe ich mit ihnen die
Schätze, die uns die alten Weisen in ihren Schriften hinterlassen haben, und wo wir etwas Gutes
sehen, heben wir's aus, und halten es (mit einem
Wort) für großen Gewinn, wenn wir einander auf
alle Weise nützlich werden können.[9])

———

Wenn ich (setzt Xenofon hinzu) den Sokrates
so reden hörte, wie hätt' ich ihn nicht für einen
der glücklichsten Sterblichen halten sollen? Oder
wie hätt' ich zweifeln können, daß es nur an denen, die ihn hörten liege, wenn sie nicht besser
durch ihn würden?

———

Bey noch einer andern Gelegenheit fragte ihn
Antifon: wie er sich für fähig halten könne,

andere zu Staatsmännern zu bilden, oder warum er sich nicht selbst mit den öffentlichen Geschäften der Republik abgebe, wenn er sich so gut darauf verstehe?

Auf welche Weise (war seine Antwort) kann ich mich um die Republik verdienter machen, wenn ich mich ihr bloß allein für meine eigene Person widme? oder wenn ich mir angelegen seyn lasse, recht viele geschickt zu machen, ihr gute Dienste zu thun?

Erläuterungen.

1) Wer dieser Antifon, oder welcher von den vielen Antifonen, welche *Johnsius* und *Fabriz* aus den Alten zusammengesucht haben, er gewesen sey, kann uns, da es nichts dazu hilft seine Konversazion mit dem Sokrates verständlicher zu machen, völlig gleichgültig seyn. Indessen ist kein Zweifel, daß es ein Sofist dieses Namens war, wiewohl er unter den berühmten Sofisten dieser Zeit nicht genannt zu werden pflegt.

2) Αχιτων [ohne Unterkleid]. Gewöhnlich trugen *damals* Leute, die nur einigermaßen wohlhabend waren, außer einer Art von kurzem Hemde, ὑπενδυτης (interula) ein *Unterkleid*, welches *Chiton* hieß, und über demselben eine Art von Oberkleid, oder Mantel, *Himation* genannt, welcher nach Beschaffenheit der Umstände, länger oder kürzer, faltiger oder enger war, und in letzterm Falle, zumahl wenn es schon ziemlich abgetragen war, auch *Tribon* hieß, von welcher Art das *Himation* des guten

Sokrates zu seyn scheint. *Küster* führt zwar (Not[ae].
ad Aristoph. *Nubes* [Anmerkungen zu den »Wolken«
des Aristophanes] 103.) mehrere Beyspiele an, daß auch
andere Ehrenmänner, als König *Agesilaos, Focion,* der
Redner *Lykurg,* u. m. öffentlich ohne Chiton und Schuhe
erschienen seyen; aber das waren zufällige Ausnahmen,
die für den, der in *diesen* Zeiten *immer* so erschien,
nicht mehr beweisen, als daß eine Zeit war, wo alle Be-
wohner Griechenlands bloß Schaf- und Ziegenfelle um
die Schultern hangen hatten. Uebrigens ist diese Stelle
bemerkenswerth, weil sie zum Beweise dient, daß Aristofanes in seiner Darstellung des Kostums und der
äußerlichen Lebensweise seines *Filosofen* in nubibus
[in den »Wolken«] nichts übertrieben hat, und daß im
Grunde nicht *Antisthenes* sondern *Sokrates selbst* das
wahre Haupt und Urbild der sogenannten *Cyniker* war;
welche, eben darum weil sie seinen Grundsatz *von
der Gottähnlichkeit dessen, der am wenigsten bedarf* zur
κυρια δοξα [zum zentralen Lehrsatz] ihrer Lebens-
weisheit machten, und in der Ausübung sich pünktlich
an sein Beyspiel hielten, als die eigentlichen *Sokratiker
von der striktesten Observanz* anzusehen sind, und gewissermaßen zu den übrigen filosofischen Sekten, die
den Sokrates auch zum Vater haben wollten, sich ver-
hielten, wie die Kapuziner zu den verschiedenen Zweigen der weitläufigen Familie des heiligen Vaters Franz
von Assisi. Das Ideal eines vollkommenen Cynikers, welches *Lucian* in einem seiner Dialogen so meisterlich aus-
gemahlt hat, ist genau nach dem Sokrates, wie er sich in
diesem Gespräch mit Antifon selbst schildert, gezeichnet.
Daß selbst unter den ächten Cynikern (denn von den
unächten ist hier die Rede nicht) der eine oder andere,
auf den besagten Grundsatz (je weniger Bedürfniß, desto
näher der Gottheit) sich stützend, es hierin dem *Meister*
selbst zuvorthun wollte, beweiset nichts gegen meine
Behauptung; es beweiset bloß, daß ein Narr zuweilen

eben dasselbe *närrisch* thut, was ein Weiser *weislich* that. Plato soll daher (wie *Aelian* VAR[IA]. HIST[ORIA]. [Bunte Geschichten] XIV. 33. sagt) den *Diogenes* einen *tollgewordenen Sokrates* genannt haben; nicht ganz mit Unrecht, wenn gleich von den ungereimten, unsinnigen und sogar schändlichen Anekdoten, welche der Laertische Diogenes in die Lebensbeschreibung seines Namensverwandten, ohne Auswahl und Urtheil, zusammen getragen hat, die meisten handgreifliche Lügen sind.

3) Κακοδαιμονιας διδασκαλος [wörtl.: Lehrer des Unglücks]. Das, was sich ein deutscher Leser bey der gemeinen, zwar nicht sehr edeln, aber doch auch in der englischen, französischen und andern Sprachen häufig vorkommenden Redensart, *armer Teufel*, denkt, ist dem Sinne sowohl als der Etymologie nach so ganz das, was die Griechen *kakodämon* nennen, daß ich einen *Lehrer der Kakodämonie* nicht besser, als ich hier gethan habe, dollmetschen zu können glaubte; zumahl da das nasenrümpfende Hohnlächeln des Sofisten, das man sich zu dieser Spottrede hinzudenken muß, einen Ausdruck dieser Art zu erfordern scheint.

4) Diese Fragen, auf diese fein spottende Art zugespizt, können zu Beyspielen einer dem Sokrates sehr gewöhnlichen und eigenen Art von *ironischer Indukzion* dienen, die durch die Feinheit der Wendung, ohne etwas von ihrem Salze zu verlieren, von der beleidigenden Grobheit des spottenden Sofisten sehr stark zum Vortheil der Urbanität des erstern absticht.

5) Wiewohl ein so unverwerflicher Kenner wie *Cicero* das gemeine Urtheil der alten Griechen von Xenofons Sprache, »XENOFONTIS VOCE MUSAS LOCUTAS ESSE« [daß mit Xenophons Stimme die Musen geredet hätten] (ORATOR [Der Redner], C. 19.) zu bestätigen scheint, so ist

(mit gehöriger *Bescheidenheit* und *Unterscheidung*, versteht sich) nicht zu läugnen, daß das, was er in seiner immer sanften und zierlichen, aber auch (mit Cicero zu reden) weichen und zuweilen etwas nervenlosen*) Sprache sagt, wörtlich in eine moderne Sprache übertragen, *zuweilen* ein wenig platt herauskommt. Indessen kann ich doch nicht umhin zu glauben, daß nicht selten, wo dies der Fall zu seyn scheint, der Fehler nicht so sehr an Xenofon, als an dem verwöhnten, wo nicht verdorbnen, Geschmack der Leser, oder an einem Uebersetzer, der sich etwa durch anscheinende Leichtigkeit zum *eilen* verführen ließ, oder dem sonst was menschliches begegnete, liegen möchte. Wenn ich nicht sehr irre, so findet sich sowohl in der deutschen als französischen Uebersetzung, deren ich bereits mit verdientem Lob erwähnt habe, hier ein Beyspiel dieser Art. Hr. Weiske giebt diese Periode folgendermaßen: »Du weißt, wer keinen guten Fortgang in seinen Geschäften *spürt* (οἱ οιομενοι μηδεν εὐ πραττειν) empfindet keine Freude (ουκ ευφραινονται) wer aber glaubt, daß ihm sein Ackerbau, u. s. w. wohl von Statten geht, freuet sich und achtet sich für glücklich« (ὡς ευ πραττοντες ευφραινονται). Gegen solche Sätze ist freylich nichts einzuwenden, als daß sie, wenn ich so sagen kann, *gar zu wahr* sind. In Hrn. *Levesquens* Sprache klingt die Stelle etwas zierlicher, aber der Sinn ist beynahe eben derselbe: »VOUS SAVEZ QU' ON NE PEUT EMBRASSER GÂIMENT UNE ENTREPRISE, DONT ON N' ESPERE AUCUN

---

*) *Nervenlos* möchte denn doch ein zu hartes Wort seyn, oder höchstens nur bey Vergleichung seiner Dikzion mit der *rhetorischen* in gewissem Sinn gelten können. Was an den plastischen Kunstwerken der Alten eine Schönheit ist, möcht' es wohl auch an manchen Gattungen schriftstellerischer Werke seyn; und es könnte bey diesen eben sowohl, wie bey Statuen und erhobenen Arbeiten der Fall seyn (und ist es auch wirklich), daß es einem Musenwerke darum nicht immer an Kraft und Leben fehlt, weil Nerven, Sennen und Muskeln nur schwach und kaum merklich daran angedeutet sind.

SUCCÈS; MAIS QU' ON SE LIVRE AVEC JOIE À LA NAVIGA-
TION, ETC. QUAND ON NE CRAINT PAS DE PERDRE LE FRUIT
DE SES PEINES.« [Sie wissen, daß man ein Vorhaben,
von dem man sich keinen Erfolg erhofft, nicht mit heite-
rem Mut in Angriff nehmen kann; daß man aber mit
Freude eine Schiffahrt unternimmt, etc. wenn man nicht
befürchtet, die Früchte seiner Bemühungen zu verlieren.]
Das alles sagt denn mit vielen Worten − weder mehr
noch weniger als − Niemand drischt gern leeres Stroh.
− Aber gerade der Umstand, daß auch mir diese Stelle
beym ersten Anblick nichts mehr als dies (welches fast
gar zu wenig ist) zu sagen schien, machte mich auf die
Wahl und Stellung der Worte Xenofons aufmerksamer,
und ich glaubte zu sehen, daß er zwar eben nichts tief
herausgegrabenes, aber doch auch nichts sogar gemeines
habe sagen wollen, als man ihn sagen läßt. Gewiß ist
das Wort μηδεν [nichts (mit Erfolg tun)] hier eben so
wenig überflüssig, als οιεσθαι *spüren* oder *hoffen* bedeutet; und (worauf es, wenn ich nicht irre, hauptsächlich
ankommt) εὐ πραττειν sagt etwas mehr als glücklich in
seinem Unternehmen seyn, denn es wird (wie ich aus
Schneiders vortreflichem Griechisch-Deutschen Hand-
lexikon lerne) wenigstens beym Xenofon, mehrmahls
dem εὐτυχειν (vom *Glücke* begünstigt seyn) entgegen-
gesetzt, und schließt den Begriff, seines Glückes eigener
Schöpfer zu seyn, sein Glück *machen* und *verdienen*,
indem man das, was man zu thun hat, *recht thut*, in sich.
Auch *Plato* nahm εὐ πραττειν in diesem Sinne, da er es
statt χαιρειν [wohlleben, gegrüßt sein] beym *Grüßen*
eingeführt haben wollte, als eine Formel, welche das
Beste, was man einander wünschen kann, die gemein-
schaftliche gute Beschaffenheit und Stimmung des Leibes
und der Seele bezeichne, (ὡς κοινον σωματος τε και
ψυχης εὐ διακειμενων συμβολον. ... *LUCIAN*, PRO LAPSU
ETC. VOL. I. P. 725. ED. REIZ.) d. i. eine solche, worin Leib
und Seele, jedes zu seinen eigenen *Verrichtungen* am

45

aufgelegtesten ist. Endlich bemerke ich noch, daß mir das Wörtchen ὡς hier nicht *wie* oder *als*, sondern *weil* zu bedeuten scheine, und daß ich bey οὐϰ εὐφϱαινονται [sie freuen sich nicht] das Wort πϱαττοντες [bei der Arbeit] hinzudenke. Alles dies vorausgesetzt, giebt diese Periode auf eine ganz ungezwungene Art den Sinn, den ich in meiner Uebersetzung ausgedrückt habe, und hängt auch mit dem folgenden um so viel besser zusammen. Die Meinung ist nemlich: das reinste Gefühl der Glückseligkeit entspringe aus einer mit gegründeter Hoffnung des guten Erfolgs verbundenen Thätigkeit, und es sey um so viel größer und vollkommener, je edler der Gegenstand und Zweck unsrer Selbstthätigkeit sey.

6) Ich wähle hier mit Hrn. *Weiske* unter den vielerley Bedeutungen des Wortes σοφος [eigtl.: weise] diejenige, die der Meinung des Sofisten am besten zu entsprechen scheint, wiewohl sie, in andrer Rücksicht, nicht die bequemste ist. Lieber hätte ich *Filosof* gesagt, wenn dies Wort damals zu Athen schon üblich gewesen wäre; denn, aller Wahrscheinlichkeit nach, kam es erst durch die Sokratiker nach und nach in den Schwang.

7) Hr. *Levesque* (an welchen ich mich hier und da, wo es mir unmöglich scheint, den Gedanken des Autors besser zu treffen und auszudrücken als er, ohne Bedenken anschließe) hat hier lieber gegen die griechischen Gewohnheiten und Sitten sündigen, als seinen Leserinnen und jungen Lesern anstößig werden wollen, und also den schönen Jüngling der Urschrift in ein Frauenzimmer verwandelt. Da er bey seiner Uebersetzung der Memorabilien keinen andern Zweck gehabt zu haben scheint, als den Liebhabern einer lehrreich unterhaltenden Lektüre eine der besten Schriften Xenofons (die in einer COLLECTION DES MORALISTES ANCIENS nicht fehlen durfte) in der gefälligsten Einkleidung, die in seiner Sprache möglich war, in die Hände zu spielen, so

2. Sokrates und Antifon.

ist die Freyheit, die er sich hierin herausnimmt, zweckmäßig und lobenswerth. Mir hingegen, dessen Hauptabsicht ist, seine Leser mit dem individuellen Sokrates, so wie ihn der wärmste seiner Freunde in diesem Buche darstellt, bekannt zu machen, würde es zu verdenken gewesen seyn, wenn ich aus einem zweckwidrigen Zartgefühl etwas hätte verbergen wollen, worüber weder Sokrates noch Xenofon sich das geringste Bedenken machen. Alles, was bey dieser Stelle meine Pflicht foderte, war, mich sorgfältig zu hüten, daß meine Dollmetschung weder *mehr* noch *weniger* sagen möchte, als die Urschrift. Das *Gastmahl Xenofons* (womit ich mich diesen Sommer über zu beschäftigen hoffe) wird die Denkart des weisesten Atheners seiner Zeit über diesen zweydeutigen Artikel in ein ziemlich helles Licht setzen, ohne doch den Knoten so rein aufzulösen, wie es wohl alle Verehrer des Sokrates wünschen möchten, die es in der *Griechheit* nicht so weit gebracht haben, um dem *Eros Päderastes* nur nicht gar Altäre und Tempel aufgerichtet sehen zu wollen.

8) Καλῷ κᾳγαθῷ πολιτῃ [»einem edeln und biedern Bürger«]. Ueber dies Beywort habe ich meine Meinung in der Anmerk. 16. zu den Rittern des Aristofanes (Att. Mus. II. B. I. Heft, S. 20.) bereits gesagt,*) und finde nicht nöthig hier etwas hinzuzusetzen, als daß mir die gewöhnliche Bedeutung, worin dies Wort zu Athen gebraucht wurde, dem was man in England A GENTLEMAN nennt,

---

[*) Wielands Anmerkung zu den »Rittern« lautet: »Ich müßte mich sehr irren, wenn ich hier der rechten Bedeutung, worin das Wort καλος κᾳγαθος [wörtl.: schön und gut] im Gegensatze von πονηρος [schlecht] zu Athen gewöhnlich genommen wurde, nicht sehr nahe gekommen wäre. Wenigstens giebt Aristofanes in den gleich folgenden Reden deutlich genug zu erkennen, daß er es so genommen. Ein Mensch von *guter Erziehung* ein μουσικος ανηρ και χρηστος τους τροπους [wörtl.: ein wohlgebildeter und sittlich rechtschaffener Mann] (was nur mit andern Worten soviel als

47

und was in Frankreich unter LOUIS XIV. UN GALANT-
HOMME, und späterhin UN HONNÊTE-HOMME hieß, am
besten zu entsprechen scheint. Bey uns kann man ein
Edelmann seyn ohne A GENTLEMAN oder GALANT HOMME
zu seyn, und was wir unter einem Biedermanne verstehen, ist etwas ganz anders, als der französische
HONNÊTE HOMME, der diesem Ehrennamen unbeschadet,
gar viele andere *verdienen* kann, die auf den deutschen
Biedermann, nie anwendbar seyn können. − Da für das
Griechische Kaloskagathos kein auf alle Fälle passendes
deutsches Wort weder vorhanden noch zu erfinden ist,
so muß die redende Person und der Zusammenhang der
Rede einem Uebersetzer sagen, durch welche Art von
Annäherung er den Sinn des Originals am wenigsten verfehle, ohne sich auf eine in unsrer Konversazionssprache
ungewöhnliche Art auszudrücken.

9) Ich folge hier der von Hr. *P. Schneider* in den Text
aufgenommenen Lesart, ωφελιμοι [nützlich]; *Levesque*

καλοκαγαθος sagt) und ein Mensch
von *gutem Hause* hieß zu Athen
eben dasselbe; denn nur diese letztern genossen, ordentlicher Weise,
das was man zu Athen eine gute
(liberale) Erziehung hieß. Eben
so waren, ordentlicher Weise, ein
Mensch von niedriger Herkunft
und geringen Glücksumständen
(θὴς [Taglöhner], βαναυσος [nie-
deres Handwerk Betreibender],
αγενης εκ των πολλων [Namen-
loser aus der großen Masse]), und
ein schlechter, ungeschliffener,
unwissender, pöbelhafter Mensch,
(πονηρος, κακος, ἀμουσος, ἀμαθης,
etc.) lauter Synonymen: daß es
auch Ausnahmen gegeben haben
werde, versteht sich von selbst.
Die Bedeutung, die man dem
καλος κἀγαθος gewöhnlich beylegt,
war, (wie ich vermuthe) dem *Sokrates* eigen, der sich ein Geschäft
daraus machte, denen, die mit ihm
umgingen, von allen solchen Wörtern und Redarten, mit welchen
gewöhnlich nur sehr verworrene
und unbestimmte sittliche Begriffe
verbunden wurden, deutliche und
wahre zu geben. Durch die Sokratische Schule wurde denn auch
dieser edlere und höhere Sinn
des Wortes *Kalokagathie* mehr in
Umlauf gebracht; wahrscheinlich
aber kam das Wort eben dadurch
unvermerkt aus dem gemeinen
Gebrauch; vermuthlich weil man
es bequemer fand, blos ein καλος
[Mann äußeren Adels] schlechtweg, als noch αγαθος [von innerem
Adel] dazu, zu seyn.«]

stützt sich auf die gewöhnliche φιλοι [freund, befreundet], und übersetzt: NOUS FAISONS SURTOUT ENSEMBLE LE PLUS GRAND DES PROFITS, CELUI DE NOUS AIMER LES UNS DES AUTRES [den größten Nutzen, der darin besteht, uns gegenseitig zu lieben, erreichen wir vor allem gemeinsam]. Dies klingt ganz hübsch; nur ist es weder *Sokratisch*, noch im Sinn des Textes. Sokrates nahm das Nützliche zum Maßstab alles Werths; ihm war nur das Nützliche schön, nur das Nützliche gut. Ueberdies spricht er ja hier von dem, was seine *Freunde* und er gemeinschaftlich vornähmen: Da sie schon Freunde (φιλοι) *sind*, so brauchen sie es nicht erst zu *werden*; die gemeine Lesart ist also unrichtig, und Xenofon hat unfehlbar ωφελιμοι geschrieben.

3.

SOKRATES, LAMPROKLES, SEIN SOHN.

Sokrates bemerkte einst, daß sein
ältester Sohn Lamprokles über seine Mutter
ungehalten war. Dies veranlaßte
folgendes Gespräch zwischen dem Vater
und dem Sohne.

SOKRATES.

age mir, mein Sohn, hast du je Gelegenheit gehabt, Menschen kennen zu lernen,
die man *undankbar* nennt? —

LAMPROKLES.

O Ja.

SOKRATES.

So wirst du vermuthlich auch wissen, wodurch
sie sich diesen Namen zuziehen? —

LAMPROKLES.

Allerdings; wer Gutes von einem andern empfangen hat, und es ihm nicht vergilt wenn er
Gelegenheit dazu bekommt, wird undankbar
genennt. —

SOKRATES.

Denkst du, es geschehe den Undankbaren zu viel, wenn man sie mit den Ungerechten in Eine Linie stellt? —

LAMPROKLES.

Ich denk' es nicht.

SOKRATES.

Aber sollte nicht vielleicht ein Unterschied in Rücksicht auf Freund oder Feind Statt finden? Es wäre unrecht, unsere *Freunde* zu unterjochen, aber unsere Feinde zu Sklaven zu machen, wird für recht gehalten. Verhält es sich etwa eben so mit der Undankbarkeit? Ist Undank nur gegen Freunde ungerecht, gegen Feinde hingegen gerecht? Hast du je hierüber nachgedacht?

LAMPROKLES.

O Ja, und mich däucht, wer es auch sey, von dem man Gutes empfangen hat, Freund oder Feind, es bleibt immer unrecht, wenn man ihm nicht Dankbarkeit zu beweisen sucht.

SOKRATES.

Wenn dem so ist, so wäre also Undankbarkeit deiner Meinung nach, offenbare Ungerechtigkeit?

LAMPROKLES.

Ich bin gänzlich dieser Meinung.

SOKRATES.

Und je größer die empfangenen Wohlthaten wären, die einer nicht zu vergelten suchte, desto größer das Unrecht?

LAMPROKLES.

Unläugbar.

SOKRATES.

Wo fänden wir nun wohl den Menschen, der von einem andern größere Wohlthaten empfangen hätte, als Kinder von ihren Eltern? Wem sonst als unsern Eltern haben wirs zu danken, daß wir da sind, uns des Anblicks so vieles Schönen erfreuen, so vieles Gute genießen, das die Götter den Menschen darreichen, und worauf wir einen so hohen Werth legen, daß wir nichts so sehr fürchten als es zu verlieren. Daher haben alle bürgerlichen Gesellschaften auf die größten Verbrechen die Todesstrafe gesetzt, weil sie kein größeres Uebel kannten, um durch die Furcht desselben ihre Bürger von frefelhaften Thaten abzuschrecken. Solltest du dir etwa einbilden, man zeuge Kinder der Befriedigung des Geschlechtstriebs wegen, so würdest du dich sehr irren; denn von Gelegenheiten diese Lust zu büßen sind Straßen und Häuser voll. Offenbar zeigt sich schon in der Wahl der Gattin, daß wir auf die künftigen Kinder Rücksicht nehmen, und uns um eine solche bewerben, mit welcher wir starke und gesunde Kinder zu zeugen hoffen.*) Daher nimmt der Mann die Sorge auf sich, das Weib, das zu diesem Zweck mit ihm übereingekommen ist, zu ernähren, und alles, was den künftigen Kindern zum Leben und Fortkommen nöthig ist, so reichlich, als er nur immer vermag, anzuschaffen. Wie lästig ihm aber diese Sorge seyn mag, das Weib übernimmt dennoch die schwerere Last.**) Nachdem Sie empfangen hat, trägt sie die Bürde mit großer Beschwerde, entzieht sich, um ihr Kind zu nähren, einen Theil ihrer eigenen Nahrung, und nachdem sie es endlich mit Schmerzen und Lebensgefahr gebohren hat, säugt sie es, wartet und pflegt seiner mit der mühsamsten Sorgfalt, und alles das, ohne den geringsten Vortheil von ihm zu haben, und zu einer Zeit, da das Kind noch nicht weiß, wer ihm so viel Gutes erweißt, und noch unvermögend ist seine Bedürfnisse zu erkennen zu geben: Aber Sie *erräth* was ihm gut seyn oder Vergnügen machen kann, versucht bald dies bald jenes, und läßt sich Tag und Nacht keine Mühe dauern, ohne zu wissen, welchen Dank sie dafür empfangen werde. Und dabey lassen es die Eltern nicht bewenden, sondern sobald sie sehen, daß die Kinder im Stande sind etwas zu lernen,

---

*) Sokrates scheint hier und im nächstfolgenden sich selbst und seine Gattin im Sinne gehabt zu haben, wiewohl er mit gutem Bedacht so spricht, als ob das was er sagt von *allen* Vätern und Müttern gelte. Daß unter βελτιστα (τεκνα) [wörtl.: sehr gute Kinder] hier gesunde, wohlgestaltete, dauerhafte Kinder zu verstehen seyen, hat Hr. *Weiske* sehr richtig bemerkt.

**) Diesen Satz habe ich des deutlichern Zusammenhangs wegen eigenmächtig eingeschoben.

geben sie ihnen Unterricht, und wenn sie einen andern wissen, von dem sie dieses oder jenes besser lernen können, so schicken sie dieselbe zu diesem, und sparen keine Kosten, um ihnen die beste Erziehung zu geben.

LAMPROKLES.

Wohl! Und wenn sie (meine Mutter) auch alles was du sagtest und noch viel mehr dergleichen gethan hat, so ists doch nicht menschenmöglich eine Gemüthsart wie die ihrige auszustehen.

SOKRATES.

Du denkst doch nicht, daß eine Mutter noch ärgere Mucken haben könne als ein Thier?

LAMPROKLES.

Eine *solche* Mutter ganz gewiß.

SOKRATES.

Hat sie dich denn jemahls gebissen oder gegen dich ausgeschlagen?

LAMPROKLES.

Das eben nicht, aber sie machts noch ärger; sie sagt Einem Dinge, die kein Mensch in seinem ganzen Leben hören möchte.

SOKRATES.

Und du denkst nicht wie viel unangenehme Augenblicke du *ihr* von Kindesbeinen an gemacht hast? Wie oft sie vor deinem Geschrey bey Nacht kein Auge zuthun konnte? Wie manchen Verdruß

und Aerger du ihr den ganzen Tag über durch
deine Unarten gemacht, und wie viel sie mit dir
ausstehen mußte, wenn du krank warst?

LAMPROKLES.

Ich hab ihr doch in meinem Leben nichts gesagt noch gethan, wodurch sie sich für beschimpft
hätte halten müssen.

SOKRATES.

Warum, meynst du, solltest du das, was sie dir
sagt, nicht eben so gelassen anhören können, als
die Schauspieler, die einander in Tragödien oft
die abscheulichsten Dinge ins Gesicht sagen?

LAMPROKLES.

Das ist ein anderes; *die* können das leicht ertragen, da sie wissen, daß es nicht böse gemeynt
ist, und daß ihnen alle diese Vorwürfe und Dro-
hungen keinen Schaden thun werden.

SOKRATES.

Und du, der du deiner Mutter eine harte Rede
so übel nimmst, weißt nicht auch du recht wohl,
daß sie nicht nur nichts böses gegen dich im
Sinne hat, sondern im Gegentheil es so wohl mit
dir meynt als mit keinem andern in der Welt?
Oder glaubst du, daß deine Mutter dir wirklich
übel wolle?

LAMPROKLES.

Das glaub' ich nicht.

SOKRATES.

Wie? und du nennst eine Mutter unerträglich, die dir wohl will, und nach ihrem besten Vermögen dafür besorgt ist, daß du, wenn du krank bist, wieder gesund werdest, und daß es dir überhaupt an nichts, was du nöthig hast, fehle, und die überdies täglich für dich zu den Göttern betet, und Gelübde thut daß es dir wohl gehen möge? Wahrlich, wenn du eine solche Mutter nicht ertragen kannst, so weiß ich nicht wie du in der Welt fortzukommen hoffen kannst. Glaubst du etwa, du werdest nie in den Fall kommen, einem Andern mit Ehrerbietung begegnen zu müssen? Oder legst du es darauf an, keinem Menschen gefällig seyn oder nachgeben zu wollen, auch nicht im Kriege deinem Officier, oder sonst einer obrigkeitlichen Person?

LAMPROKLES.

Das ist keinesweges meine Meinung.

SOKRATES.

Mußt du nicht auch mit deinem Nachbar auf einem guten Fuß stehen, damit er dir erlaube Feuer von seinem Heerde zu nehmen, wenn du dessen bedarfst, oder dir andere kleine Gefälligkeiten erweise, und dir in einem Nothfall mit Rath und That zu Hülfe eile? Wenn du jemanden zu Land oder zu Wasser zum Reisegefährten bekommst oder sonst mit ihm zusammentriffst, ist dirs gleichviel, ob er dein Freund oder Feind

ist? Oder glaubst du nicht, es sey wohlgethan,
wenn du dich auch bey solchen Personen beliebt
zu machen suchst?

LAMPROKLES.

Ich denke nicht anders.

SOKRATES.

Nun, wenn *das* ist, wie kannst du dich selbst
von der Pflicht, deine Mutter, die dich liebt wie
kein andrer dich jemahls lieben wird, zu ehren,
frey sprechen wollen? Wisse, wenn du es noch
nicht weißt, daß die Gesetze, die von andern
Arten der Undankbarkeit keine Kenntniß nehmen, auf den Undank gegen die Eltern die Strafe
gesetzt haben, den, der sich dessen schuldig
gemacht hat, vom *Archontat* auszuschließen; in
der Voraussetzung, daß ein solcher Mensch weder
den Göttern ein gefälliges Opfer für die Stadt
bringen, noch irgend ein anderes Geschäfte gehörig und gedeihlich verrichten könne; ja es ist
sogar eine von den Fragen, die den künftigen
Archonten, bey der öffentlichen Untersuchung
ihrer Wahlfähigkeit vorgelegt werden: ob sie
auch dem Grab ihrer verstorbenen Eltern die
gebührende Ehre angethan haben? Du hast also,
wenn ich von deinem Kopf und Herzen gut denken soll, große Ursache, mein Sohn, die Götter
um Verzeihung alles dessen zu bitten, womit du
dich etwa gegen deine Mutter vergangen hast,
damit nicht auch sie dich für einen Undankbaren

ansehen und dir ihre Wohlthaten entziehen. Auch hüte dich wohl, die Menschen nicht merken zu lassen, daß du dir nichts aus deinen Eltern machst; alle würden sich mit Verachtung von dir zurückziehn, und dich freundlos und allein in der Welt stehen lassen. Denn wenn sie einmal die Meinung von dir gefaßt hätten, du seyest ein undankbarer Sohn gegen deine Eltern, würde Niemand glauben, daß du es *ihm* Dank wissen würdest, wenn er dir Gutes bewiese.

Erläuterung.

Ohne itzt in eine Betrachtung des innern Werths dieses kleinen Dialogs einzugehen, (worüber Hr. *Weiske* viel richtiges und fein gedachtes gesagt hat) bemerke ich hier bloß, daß er auch deswegen interessant ist, weil er die gemeine und zu einem beynahe unauslöschlichen Vorurtheil verjährte schlimme Meinung von der Gattin des Sokrates, die sich hauptsächlich auf eine Stelle in Xenofons *Gastmahl* und etliche alberne Anekdoten im *Diogenes Laertius**)* stützt, zu berichtigen dienen kann.

Was der junge Lamprokles in diesem Gespräch von dem unerträglichen Wesen seiner Mutter sagt, bestätigt *Antisthenes*, einer der wärmsten Anhänger des Sokrates, durch die Frage, die er in besagtem *Gastmahl* an seinen

*) Ich habe nie begreifen können und begreife noch nicht, wie man den ohne Ordnung, Kritik und Geschmack zusammengetragenen *Kollektaneen* dieses unbekannten Autors aus dem 3ten Jahrhundert nach Chr. Geb. den Nahmen von *Lebensbeschreibungen der Filosofen* hat geben mögen, da es doch in die Augen fällt, daß es bloß unordentliche *Materialien* zu einem Werke sind, das er vielleicht künftig einmahl zu schreiben im Sinne hatte. Auch so, wie sie sind,

Meister thut: »Wenn, wie du sagst, ein Mann seine Frau bilden kann wie er will, Sokrates, warum hast denn du die deinige, die von allen Widerbellerinnen, die ehemals lebten, jetzt leben, und künftig leben werden, die unerträglichste ist, nicht zu einem zahmern und mildern Wesen umgebildet?« — Aber die scherzhafte Wendung*) wodurch Sokrates eine direkte und ernsthafte Antwort auf eine so unbescheidene Frage von sich ablehnt, ob sich gleich aus ihr schließen läßt, daß er die gute Xantippe, von dieser Seite für unverbesserlich gehalten habe, sagt doch deutlich genug, daß er selbst sich sehr wohl mit ihr habe vertragen können; und der Begriff, den man sich aus der gegenwärtigen Unterredung mit seinem Sohn von ihr zu machen bewogen wird, scheint mir nicht nur jene Vertragsamkeit ganz begreiflich zu machen, sondern überzeugt mich sogar, daß Sokrates vielleicht in ganz Attika keine Frau hätte finden können, die besser für ihn getaugt hätte, und ihm sogar zur Aufrechterhaltung seines Hauswesens unentbehrlicher gewesen wäre als Sie.

Xantippe scheint mir, bloß nach ihrem vornehmen Nahmen,**) zu urtheilen, aus einem guten Hause in Athen gewesen zu seyn; aber vermuthlich ohne Vermögen, was sehr häufig der Fall aristokratischer Töchter

---

haben sie freylich noch immer einigen Werth, nur einen unendlich geringern, als ihnen von den Filologen gewöhnlich beygelegt wird.

*) Wiewohl eine Menge platter Herren, die seiner Antwort er wähnen, sie für bittern Ernst nehmen.

**) Nach Gewohnheit der Athener bekam sie den Nahmen Xantippe entweder ihrem Vater, oder dem Großvater von väterlicher oder mütterlicher Seite, zu Ehren, deren einer *Xantippos* hieß; und

daß dies ein *adelicher* Name war, erinnern wir uns aus der ersten Scene der *Wolken*. Der Vater des Perikles führte diesen Nahmen, und es wäre nicht unmöglich, daß Xantippe eine Anverwandte von ihm und dieser Umstand die Veranlassung gewesen wäre, daß Sokrates in seinen jüngern Jahren den Zutritt im Hause des Perikles erhielt, und mit Alkibiades dem Neffen dieses großen Staatsmannes, in so vertrauliche Bekanntschaft gerieth.

zu Athen war, dafür aber, was nicht häufig der Fall war,
so häuslich und wirthschaftlich erzogen, daß Sokrates,
dessen ökonomische Umstände sehr übel zu einer Dame,
wie etwa die Gemahlin des ehrlichen Strepsiades in den
Wolken war, gepaßt haben würden, große Ursache hätte
sich in ihr glücklich zu preisen. Ich stelle sie mir (nach
einem Wink, den Sokrates in diesem Gespräch hierüber zu geben scheint) als eine Frau aus der Klasse
der *Männinnen* vor, die den Mangel an zarter Weiblich-
keit und Grazie, durch eine stattliche Amazonengestalt
und eine derbe rüstige Leibesbeschaffenheit ersetzen;
von raschem, leicht aufbrausendem Temperament, etwas
streitlustig und gern das letzte Wort behaltend; übrigens
eine fleißige, emsige, auf alles aufmerksame, streng über
guter Zucht und Ordnung haltende Hausmutter, die ihre
liebe Noth mit drey solchen jungen Bengeln hatte, wie
ich mir die Söhne des Sokrates vorstelle, und täglich
Gelegenheit genug bekommen mochte, sich über ihre
Unarten zu ereifern. Denken wir uns noch die sehr
knappen Umstände eines Gelehrten hinzu, der weder
Geld verdienen wollte, noch sonst auf eine zulängliche
sichre Einnahme rechnen konnte, und wie viele Sorgen
eine brave Hausfrau in einer solchen Lage hat, um die
Oekonomie im Gang zu erhalten ohne einem Manne wie
Sokrates mehr zuzumuthen als recht war; so begreift man
um so leichter, wie eine Frau, auf welcher so viele Sorgen liegen, zu einer habituellen Säure kommen kann, die
nur kleiner Veranlassungen nöthig hat, um alle Augenblicke in ungestüme Hitze aufzubrausen, und ihrer übeln
Laune durch Brummen und Schelten Luft zu machen.
Sokrates, der ohnehin nicht viel zu Hause war, konnte
sich, bey seiner ihm eigenen Kälte und Gleichmüthigkeit,
leicht gewöhnen, den Rauch um des Feuers willen zu
ertragen, und einer Frau, die so wesentliche Verdienste
um ihn hatte, einige, wiewohl sehr beschwerliche Fehler,
ihrer guten Eigenschaften wegen zu übersehen: aber von

einem jungen Menschen, wie Lamprokles, der sich wahrscheinlich mehr auf seinen Vater einbildete als er durch seine wenige Aehnlichkeit mit ihm berechtigt war, und der (wie Hr. *Weiske* wohl bemerkt) einen guten Theil von seiner Mutter Hitze geerbt haben mochte, war eine so weise Mäßigung nicht zu erwarten, und Sokrates fand es daher für nöthig, ihn seiner Kindespflicht mit Nachdruck und durch solche Vorstellungen zu erinnern, die, wofern nur etwas gesundes an seinem Kopf und Herzen war, wenigstens einen ernstlichen Vorsatz sich zu bessern bey ihm wirken mußten.

4.

SOKRATES,
CHÄREKRATES.

Sokrates wurde gewahr, daß
die Gebrüder *Chärefon* und *Chärekrates*,[1]
mit denen er wohl bekannt war, in Uneinigkeit
mit einander lebten. Dies veranlaßte
folgendes Gespräch zwischen ihm
und Chärekrates.

SOKRATES.

Gestehe es mir, lieber Chärekrates, solltest du etwa auch einer von den Ehren-
männern seyn, denen ihr Geld lieber als
ihr Bruder ist, vermuthlich weil sie nie bedacht
haben, wie sehr der Unterschied zwischen beyden für den Bruder spricht? Denn mein Geld
ist ein todter unbehülflicher Klumpen, bey dem
ich selbst immer das Beste thun muß, wenn er
mir etwas helfen soll; mein Bruder hingegen ist
ein Mensch, der durch die Vernunft, die er vor
dem Geldsack voraus hat, im Stand ist, mir in
Fällen, wo ich mir mit allem meinem Gelde nicht
zu helfen weiß, die größten Dienste zu thun.[2]
Ueberdies giebts des Geldes viel in der Welt,

aber nur einen Bruder für den, der (wie du) keinen andern hat noch bekommen kann. Wunderlich genug wär' es wenn man seine Brüder
deswegen unter die Rubrik von *baarem Verlust*
bringen wollte, weil ihr Theil am Familiengut den
unsrigen kleiner macht; denn aus dem nehmlichen Grunde müßte sichs einer auch verdrießen
lassen, daß er die Antheile aller übrigen Bürger
am allgemeinen Staatsvermögen nicht auch allein
beysammen hat. Das thut aber Niemand, weil
jedermann so viel Verstand hat, um einzusehen,
daß es besser ist mit einem mäßigen Vermögen
in einer Gesellschaft zu leben, die uns das, was
wir haben, sichert, als einzeln mit dem ungeheu-
ren Gut in steter Gefahr zu schweben, es wieder
zu verlieren. Hat es denn aber zwischen Brüdern
nicht die nehmliche Bewandtniß? Wer's vermag
kauft sich Sklaven, um Gehülfen in der Arbeit
zu haben, und bewirbt sich um Freunde, weil er
ihres Beystands nöthig zu haben glaubt: aus seinen Brüdern hingegen macht man sich nichts, als
ob sich aus einem Bruder nicht eben so gut als
aus einem bloßen Mitbürger ein Freund machen
ließe? Und doch wird schon dadurch, daß man
von ebendenselben Eltern entsprossen und neben
einander aufgekommen ist, ein starker Grund
zur Freundschaft gelegt; wie sich denn sogar bey
den Thieren eine Sehnsucht nach denen, die mit
ihnen aufgefüttert wurden, zeigt. Endlich kommt
auch noch in Betrachtung, daß man im gemeinen
Leben dem, der einen oder mehrere Brüder hat,

weit mehr Achtung zeigt, als einem der bruder-
los ist, und daß jener weit weniger von andern
angefochten wird als dieser.

CHÄREKRATES.

Mein bester Sokrates, wenn die Ursache des
Zwists von keiner Erheblichkeit wäre, möcht' es
wohl Pflicht seyn, einen Bruder zu ertragen, und
einer Kleinigkeit wegen sich nicht von ihm zu
entfernen. Denn, wie Du sagst, es ist ein gutes
Ding um einen Bruder, wenn er ist wie er seyn
soll. Wenn aber so viel daran fehlt, daß er gerade
das Gegentheil ist, wer wollte das Unmögliche
unternehmen?

SOKRATES.

Ist denn dein Bruder Chärefon ein so wider-
licher Mensch, daß niemand mit ihm auskommen
kann? Oder giebt es nicht Leute, denen er sich
ungemein gefällig zu machen weiß?

CHÄREKRATES.

Das ist es eben, lieber Sokrates, warum ich ihn
hassen muß, daß er gegen Andere gefällig und
verbindlich seyn kann, mir hingegen, wie er sich
nur blicken läßt, überall mit Worten und Werken
zum Schaden, anstatt zum Nutzen ist.

SOKRATES.

Du weißt, es giebt Pferde, bey denen man
bloß darum zu Schaden kommt, weil man sie
nicht recht zu behandeln weiß: Könnte das nicht
vielleicht mit deinem Bruder eben so seyn?

CHÄREKRATES.

Wie sollte ich meinen Bruder nicht zu behandeln wissen? Wer mir gute Worte giebt, dem geb' ich gute Worte zurück, und wer mir gute Dienste leistet, dem dien' ich wieder; darauf versteh ich mich so gut als einer. Wer es aber recht darauf anlegt, mir zum Verdruß zu reden und zu handeln, mit dem kann ich unmöglich auf einen freundlichen Fuß leben, und es fällt mir auch nicht ein, einen Versuch zu machen.

SOKRATES.

Das wundert mich. Ich sollte doch denken, wenn du einen guten Schafhund hättest, der mit den Schäfern freundlich thäte, gegen dich hingegen, wenn er dich kommen sähe, sich gar grimmig gebehrdete, so würdest du, anstatt dich über ihn zu erzürnen, ihm Brod geben und schön thun, und ihn dadurch zu schwichtigen und an dich zu gewöhnen suchen: und du wollest dir keine Mühe um die Freundschaft deines Bruders geben, da du doch gestehst, du hieltest es für ein großes Gut, wenn er gegen dich wäre wie er sollte, und da es, deiner eigenen Versicherung nach, bloß auf deinen Willen ankommt, seine Zuneigung durch eben dieselben Mittel zu gewinnen, wodurch du dir Andere gewogen zu machen weißt?

CHÄREKRATES.

Ich fürchte sehr, mein lieber Sokrates, daß meine Kunst nicht so weit reicht, um den Chärefon dahin zu bringen, daß er sich gegen mich betrage wie er sollte.

SOKRATES.

Meines Erachtens bedürfte es dazu keiner mühsamen Vorkehrungen und besondern Künste; du würdest es, denk' ich bloß mit der, worin du bereits ein Meister bist, weit mit ihm bringen können.

CHÄREKRATES. *(lachend)*

Wenn du, wie es scheint, ausfindig gemacht hast, daß ich ein Zaubermittel, die Leute zur Liebe zu zwingen, besitze, wovon ich selbst bisher nicht gewußt habe, so entdeck' es mir je bälder je lieber.

SOKRATES.

Zuvor sage Du mir, wenn du, falls einer deiner Bekannten ein Opfermahl geben sollte, gern dazu eingeladen seyn möchtest, was würdest du thun?

CHÄREKRATES.

Ich würde ihn, bey der nächsten Opfermahlzeit, die ich ausrichte, zuerst einladen.

SOKRATES.

Und wenn du einen deiner Freunde bewegen möchtest, während du außer Landes wärest, sich deiner Angelegenheiten anzunehmen, wie würdest du es anfangen?

CHÄREKRATES.

Natürlich würde ich ihm selbst zuvor den nem-
lichen Dienst zu leisten suchen, wenn er in denselben Fall käme.

SOKRATES.

Oder wenn du von einem Fremden gern in sein
Haus aufgenommen seyn möchtest, falls du an
seinen Ort kämest, wie würdest du es machen?

CHÄREKRATES.

Ich müßte ihn zuvor in *mein* Hauß aufnehmen
wenn er nach Athen käme; und wollte ich, daß
er mir zu dem Geschäfte, dessenthalben ich gekommen wäre, beförderlich seyn sollte, so müßt'
ich vorher das Nemliche für ihn thun, das versteht
sich.

SOKRATES.

Wie? Du kennst also das Zaubermittel, wodurch man Andere nöthigen kann uns hold zu
seyn, und machst schon so lange ein Geheimniß daraus? Oder zögerst du etwa *darum* den
ersten Schritt zur Aussöhnung mit deinem Bruder zu thun, weil du fürchtest, es möchte dir zur
Schande gereichen? da dir doch nicht unbekannt
seyn kann, daß es für etwas sehr rühmliches gehalten wird, Feinden mit Angreifen, und Freunden mit guten Diensten zuvorzukommen? Hätte
ich dem Chärefon zugetraut, daß er besser dazu
tauge den Anfang eines so löblichen Werkes zu
machen, so würd ich ihn dazu zu bereden gesucht haben: aber nun sehe ich, daß es besser

von Statten gehen wird, wenn *Du* den Anfang
machst.

CHÄREKRATES.

Wo denkst du hin, Sokrates? Wie kann ein
Mann wie du, mir zumuthen, daß ich mich so
vordrängen sollte, da ich doch der jüngere bin?
In der ganzen Welt ist es ja gerade umgekehrt;
dem ältern gebührt immer der Vorrang, im Reden
und im Handeln.

SOKRATES.

Wie? Ist es nicht allenthalben Sitte, daß der
jüngere dem ältern weiche? daß er von seinem
Platz aufstehe, bis dieser sich gesetzt hat, daß er
ihm den bequemern Sitz einräume, und ihm das
erste Wort lasse? — Ernsthaft zu reden, lieber
guter Chärekrates, säume dich nicht länger deinen Bruder zu beschäftigen. Er wird dir gewiß
mit schnellen Schritten entgegen kommen.[3]) Du
kennst ihn als einen ehrliebenden und edel-
müthigen Mann. Schlechte Leute kann man nicht
anders fangen als wenn man ihnen etwas giebt;
edle Menschen werden am leichtesten durch
Zutrauen und Liebe gewonnen.

CHÄREKRATES.

Wenn ich nun deinem Rathe folgte, und er
bliebe gegen mich wie vorher?

SOKRATES.

Was würdest du dabey wagen, als daß nun
jedermann sähe, du seyest ein braver Mann und

68

ein guter Bruder, er hingegen ein verkehrter
Mensch, der nicht verdiene daß man ihn edel
behandle. Aber ich bin versichert daß nichts dergleichen begegnen wird. Wie ich ihn kenne, wird
ihn, sobald er sich zu diesem Kampf von dir
herausgefordert sieht, sein Ehrgeiz antreiben, es
dir in Gefälligkeit und Großmuth zuvorzuthun.
Wie ihr itzt mit einander steht, ist es gerade als
wenn die beyden Hände am Menschen, die von
Gott dazu gemacht wurden, einander behülflich
zu seyn und gemeinschaftlich zu arbeiten, statt
dessen ihr Geschäfte daraus machten, eine die
andere immer zurückzuhalten; oder als ob die
beyden Füße, die nach göttlicher Ordnung bestimmt sind, einer den andern im Gehen zu för-
dern, ihres Endzwecks uneingedenk, einander
immer in den Weg treten wollten. Wär' es nicht
der jämmerlichste Unsinn, was zu unserm Nutzen
gemacht ist, zu unserm Schaden zu gebrauchen?
Nun dünkt mich es sey doch offenbar, daß Gott
ein paar Brüder dazu gemacht hat, einander viel
größere Vortheile zu verschaffen, als die Hände,
die Füße, die Augen und die andern Glieder, die
er dem Menschen gleichsam als Brüder[4]) doppelt
angeschaffen hat. Die Hände können sich nicht
zugleich mit etwas beschäftigen, das über eine
Klafter von ihnen entfernt ist; die Füße brauchen
einen noch kleinern Raum um zugleich fort-
schreiten zu können; die Augen haben zwar einen
weit größern Wirkungskreis, können aber doch
selbst die nächsten Gegenstände nicht zugleich

von vorn und von hinten sehen. Ein paar Brüder hingegen, die einander lieben, können auch in der weitesten Entfernung zusammen wirken und einander die größten Dienste leisten.[5])

Erläuterungen.

1) Dieser *Chärefon*, welchen Xenofon hier nur einen *Bekannten* (γνώριμον) des Sokrates nennt, wiewohl Plato in seiner *Apologie* den Sokrates selbst sagen läßt, er sey von der ersten Jugend an sein Kamerad (ἑταῖρος) gewesen, ist ohne Zweifel eben derselbe, dessen in den *Wolken* als eines eifrigen Anhängers und Vertrauten des Sokrates erwähnt wird. Plato karakterisiert ihn an besagtem Orte als einen warmen Kopf, der alles, worauf sein Sinn gerichtet war, mit Hitze und Heftigkeit durchsetzte, und beruft sich darüber auf alle Athener, deren keinem dieser Mann unbekannt sey; auch erklärt er aus dieser Sinnesart Chärefons den sonderbaren Einfall desselben, sich seine hohe Meinung von der Weisheit seines Freundes Sokrates durch das Delfische Orakel bestätigen zu lassen. Der Karakter, den ihm Sokrates in diesem Gespräche giebt, wird durch das, was Plato von ihm sagt, ins rechte Licht gestellt, und wenn wir noch annehmen (was sehr wahrscheinlich ist) daß der jüngere Bruder von einem mildern und schwächern Karakter war, so wird es sehr leicht seyn, sich eine anschauliche Vorstellung von der Beschaffenheit der Disharmonie, worin die beyden Brüder lebten, zu machen, und zu begreifen, warum Sokrates, da er sie mit einander aussöhnen wollte, sich an den jüngern wandte, und ihn zu bewegen suchte, den ersten Schritt zu thun.

70

2) Xenofon scheint, vielleicht noch mehr als Sokrates selbst, ein Liebhaber von einer Art *Antithesen* gewesen zu seyn, die nicht selten wenig besser als Spielerey, und wie ich vermuthe, eigentlich das sind, was Aristofanes an einem Ort in den *Wolken**) γνωμιδια [kurze gedank-

---

*) S. Att. Mus. II. B. 2. Heft S. 99. und die IVte Erläuterung, im 3ten H. S. 57. [In den »Wolken« fühlt sich der Bürger Strepsiades bewogen, Sokrates nachzuahmen und
»... durch spitzige Fragen,
Deren man sich nicht versieht, die Leute verlegen zu machen,
Und auf jegliche Red' ein Gegenredchen zu haben.«

Wieland gibt dazu folgenden Kommentar:

»Wie unläugbar es auch ist, daß Aristofanes die gröbsten Verläumdungen und Lügen zu Hülfe nehmen mußte, um aus einem Manne wie Sokrates den verächtlichen gelehrten Gaukler, und den schlechten Menschen zu machen, der in dieser Komödie seinen Nahmen usurpiert, so würde er doch seine Absicht übel verfehlt haben, wenn er seinem After-Sokrates nicht so viele Züge von dem *wahren* zu geben gesucht hätte, als er nur immer aufhaschen konnte. Sein Sokrates ist freylich nur ein *Zerrbild*, das er, zu allem Ueberfluß, noch reichlich mit schmutzigen Lappen und lächerlichen Anhängseln ausstaffiert hat: aber aus den verzerrten Zügen scheint doch immer gerade so viel Aehnlichkeit hervor, als nöthig war, um den Sohn des großen Haufen, den den Sohn des Sofroniskos entweder gar nicht oder nur sehr unvollkommen kannte, glauben zu machen, daß er wirklich so seyn könnte, wie ihn der boshafte Komiker darstellte.

Der obige Vers bezeichnet einen von diesen individuellen Zügen, die den Sokrates karakterisierten und von allen Weisen vor und nach ihm unterschieden. Er bezieht sich nehmlich (wie mich dünkt) auf die bey den Alten so berüchtigte *Ironie*, deren er sich überhaupt in vermischten muntern Gesellschaften, (wie z. B. in *Xenofons Gastmahl*) aber vornehmlich bey Gelegenheiten, wo er mit Sofisten und andern anmaßungsvollen Leuten zufällig zusammentraf, oder sich absichtlich in Gespräche mit ihnen einließ, zu bedienen pflegte, um sie, unter einem angenommenen Schein von Unwissenheit und schüchterner Einfalt, unvermerkt in die Enge zu treiben, jede ihrer mit der glaubengebietenden Miene der Gewißheit vorgetragenen Behauptungen (γνωμας) sogleich durch einen mit dem demüthigen Ton eines Ungelehrten vorgebrachten kleinen Einwurf oder Zweifel (γνωμιδιω) oder durch eine Folge von kleinen Fragstücken, deren Spitze er absichtlich mit einer arglosen Miene zu verdecken wußte, gleichsam zu durchstechen (νυσσειν), und die eingebildeten Allwisser dahin zu bringen, daß sie sich in Widersprüche mit sich selbst verwickeln, und wenn sie, nach allen mögliche Einwürfe, Einwendungen. Vers 321] nennt. Getreu übersetzt, scheinen sie uns modernen Lesern, anstatt witzig zu seyn, zuweilen unausstehlich *platt*, zumahl in einer Uebersetzung, worin die Kürze des Ausdrucks

lichen Krümmungen und Wendungen, nicht mehr weiter konnten, zulezt bekennen mußten, daß sie auf dem unrechten Wege wären, oder von der vorliegenden Sache nicht mehr wüßten als andere Leute. Ich bin zwar mit dem berühmten Verfasser des VOIAGE D'ANACHARSIS völlig überzeugt, daß der *wirkliche* Sokrates bey weitem keinen so häufigen und (ich möchte hinzusetzen) so spitzfündigen Gebrauch von dieser Ironie gemacht habe, als der Sokrates der *Platonischen Dialogen,* in welchen wir eigentlich nicht den Sohn des Sofroniskos, sondern den Plato selbst hören, der sich hinter den Nahmen und die Person desselben zu verstecken beliebte. Indessen möchte ich doch nicht behaupten, daß sie ihm nicht gewöhnlicher gewesen sey, als man freylich annehmen müßte, wenn man hierüber Xenofons APOMNEMONEUMATA für die einzig glaubwürdige Gewähr halten wollte. Schwerlich würde Plato die Grenze der Wahrheit so weit überschritten haben, einen ordentlichen Ειρων [Schalk] von Profession aus seinem Meister zu machen, wenn es nicht etwas bekanntes gewesen wäre, daß er diese Art von ελεγχος [Beweismittel] geliebt, für einen Meister darin gegolten, und sich dessel-

ben, als eines ihm eigenen Talents, häufig genug bedient habe, um der Person, die er ihn in den Platonischen Dialogen spielt, hinlängliche Wahrscheinlichkeit zu geben. So sicher wir also annehmen können, daß in der Manier, wie Sokrates die Rolle eines Widersprechers bey Gelegenheit zu handhaben pflegte, etwas war, das in den Augen eines Aristofanes als Sofisterey erscheinen konnte: so gewiß ist es auch, daß dies gerade der Karakterzug war, wodurch jener unter einem so eiteln und einbildischen Volke, wie die Athener, sich die meisten Feinde machen mußte. Denn wie sehr sie auch zum Scherzen und Spotten geneigt waren, und wie gut sie, wenn es nicht um Ernst galt, Scherz verstanden, so konnten sie doch einen Widerspruch nicht wohl ertragen, der sie in wirkliche Verlegenheit setzte, und ihren Witz verdächtig machte, indem er ihnen das Ansehen gab, sich einfältiger Weise in ihren eigenen Schlingen gefangen zu haben. Aristofanes war also sicher, seines Zwecks nicht zu verfehlen, da er diese Eigenheit des Sokrates rügte, und sie mit den windichten illusorischen Disputirkniffen der *Eristiker*)* und Sofisten in einerley Kategorie zu werfen.«

---

*) d. i. der *Streitsüchtigen,* wie die Sekte des Eukleides von Megara genennt wurde, welche die Disputierkunst als Profession trieb und die meisten und spitzfündigsten Vexier-Syllogismen erfunden haben soll.«]

der Urschrift der neuern Sprache unerreichbar ist. Ob
dies nicht auch hier, wo Sokrates dem Chärekrates den
Unterschied zwischen Geld und Gut und einem Freund
durch drey wenig beweisende und nicht einmal ganz
richtige Antithesen einleuchtend zu machen sucht, der
Fall sey, wird die folgende wörtliche Uebersetzung vielleicht am besten zeigen: »Bist du etwa auch einer von
den Menschen, welche *Geld und Gut* für nützlicher
halten*) als einen *Freund* und das, wiewohl jene *ver-
nunftlos*, dieser hingegen *vernünftig*, jene *der Hülfe be-
dürftig*, dieser *zu helfen vermögend*, und überdies, jene
in Menge vorhanden, dieser *einzig* ist.« — Ich glaubte am
besten zu thun, wenn ich, ohne mich an die Worte des
Originals zu kehren, bloß das, was Sokrates damit sagen
wollte, und zwar statt des ernsthaften Tons, in einem
humoristischen, auszudrucken suchte; daher denn auch
an die Stelle des griechischen Wortes *Chremata* (welches
außer dem Gelde noch alle Arten von liegender und
fahrender Habe in sich begreift) ein Geldsack gestellt
werden mußte. Auf diese Weise sind nun freylich aus
fünf Zeilen im Original mehr als ein Dutzend in einer
ziemlich freyen Parafrase worden; ich hoffe aber wenigstens, daß Xenofon nichts dabey verlohren habe.

3) Aus dieser so positiven Versicherung ist zu schließen, daß Sokrates sich der Gesinnung seines Freundes
Chärefon schon zuvor versichert hatte, ehe er diesen Versuch machte, den jüngern Bruder dahin zu bringen, daß
er den ersten Schritt zur Aussöhnung thäte, und daß die
ganze Sache zwischen ihm und Chärefon abgeredet war.

4) Der griechische *Dualis* giebt dem Original in der
Ausbildung dieses ganzen Gleichnisses eine Zierlichkeit
und Rundung, die sich so wenig als der Ausdruck, ὅσα

---

*) Hier geht gleichwohl das Spiel mit den Worten χρησιμωτερον
[nützlicher] und χρηματα [Geld und Gut] ohne meine Schuld verloren.

ἀδελφα ἐφυσεν ἀνθρωποις [so viele er den Menschen paarweise geschaffen hat] im Deutschen nachmachen läßt.

5) Die Gleichnisse, deren sich Sokrates zu seinen Indukzionen bedient, fallen vermuthlich den meisten Lesern, (denen diese Methode ohnehin etwas ganz fremdes ist) dadurch besonders auf, daß sie manchmahl gar zu weit hergehohlt scheinen, und ausserdem, daß sie wenig oder nichts *beweisen*, die Wahrheit, wovon er den Andern überzeugen will, oft nicht einmal einleuchtender machen, als wenn er sie, ohne solche Umschweife, geradezu sagte, und mit Gründen, die aus der Sache selbst hergenommen wären, unterstützte. Und doch muß Sokrates, da er sich dieser Methode so häufig und gewöhnlich bediente, besondere Ursachen, warum er sie der direkten und beweisenden vorzog, gehabt haben, die vielleicht noch nicht genug erforscht sind. Könnte nicht das Auffallende selbst, als ein Mittel desto mehr Aufmerksamkeit zu erregen, eine derselben gewesen seyn? – Doch hievon bey einer andern Gelegenheit. Hier bemerke ich nur, daß das Wort *Adelfos* (Bruder) welches Xenofon an dieser Stelle *adjektivisch* für *doppelt* und an einem andern Orte für *verwandt* oder *ähnlich* gebraucht, indem es den Sokrates auf die Vergleichung eines Brüderpaars mit den Doppelgliedmaßen des menschlichen Körpers leitet, ihm auch Gelegenheit giebt, seine Vermahnung zur brüderlichen Eintracht auf einen aus der *Religion* abgeleiteten *teleologischen* Grund zu stützen, vermöge dessen er will, daß zwey Brüder sich als zwey von dem Urheber der Natur selbst zusammengeordnete Gliedmaßen betrachten sollen, die ohne dem Zweck ihres Daseyns entgegen zu streben, nicht disharmonieren, durch Eintracht und gegenseitige Hülfleistung hingegen einander unendlich viel nützen können. Hätte Chärekrates zwey Brüder statt des einzigen gehabt, so hätte

freylich dieses ganze auf den griechischen *Dualis* gegründete Räsonnement nicht statt gefunden, und Sokrates wäre doch wohl in eine kleine Verlegenheit gekommen, wenn jener ihm diesen Einwurf gemacht hätte. Aber er kannte, wie es scheint, seinen Mann, und erwartete von ihm keine Einwendungen dieser Art.

Indessen kann man sich doch mit allem Respekt für den Mann, den die Pythia für den weisesten aller Menschen erklärte, kaum verwehren zu denken, er hätte besser gethan, mit der Versicherung, daß Chärefon zur Versöhnung bereitwillig sey, aufzuhören, als die Spielerey mit Gleichnissen und Antithesen wieder von Vorn anzufangen, und damit am Ende doch nichts mehr zu sagen, als was er schon gesagt hatte, nemlich daß es für Brüder besser sey in Harmonie zu leben als in Uneinigkeit.

5.

SOKRATES,
PERIKLES DER JÜNGERE.

SOKRATES.

*J*ch habe die beste Hoffnung, lieber Perikles[1]) wenn *Du* dereinst eine Feldherrn-
stelle bey uns erhalten wirst, werde die Republik mit mehr und besserm Erfolg, als zeither,
Krieg führen und endlich Meister über die Feinde
werden.

PERIKLES.

Das möchte ich wohl wünschen, guter Sokrates; aber wie es zu bewerkstelligen seyn könnte,
davon hab' ich keinen Begriff.

SOKRATES.

Gefällt es Dir daß wir die Sache mit einander
überlegen, um zu sehen, ob sie sich vielleicht
doch möglich machen ließe?

PERIKLES.

Sehr gern.

76

SOKRATES.

Ohne Zweifel ist Dir bekannt, daß die Athener an Anzahl nicht geringer sind als die Böotier?

PERIKLES.

Ich weiß es.

SOKRATES.

Und wo glaubst Du daß man eine grössere Anzahl von rüstigen und schönen Leuten zusammenbringen könne in Böotien oder Attika?

PERIKLES.

Ich denke, daß wir ihnen auch hierin nichts nachgeben werden.

SOKRATES.

Und was den guten Willen betrift, auf welcher Seite glaubst du daß sich dessen am meisten finde?

PERIKLES.

Ganz gewiß auf der unsrigen. Denn ein großer Theil der Böotier sind mit den Thebanern, die immer den Meister über sie zu spielen suchen, sehr übel zufrieden. Bey den Athenern sehe ich nichts dergleichen.

SOKRATES.

Aber dafür sind die Böotier auch das ehrliebendste und gutherzigste Volk von der Welt, und beydes spornt sie gar mächtig an, für Ruhm und Vaterland alles zu wagen.

77

PERIKLES.

Auch in diesem Stück ist den Athenern nichts
vorzuwerfen.

SOKRATES.

Und wo wäre wohl ein Volk, das auf größere
Thaten seiner Vorfahren stolz seyn könnte als
das Unsrige? Dieser Vorzug erhebt viele über das
was sie sonst seyn würden, und treibt sie mächtig an, sich brav zu halten und durch Verdienste
hervorzuthun.

PERIKLES.

Auch dies ist wie Du sagst, lieber Sokrates.
Aber Du siehst, wie seit dem Unfall bey *Leba-
deia*[2]), wo Tolmides mit tausend Mann umkam,
und seit dem unglücklichen Treffen von Delion
unter dem Hippokrates, die Athener in ihrer
Meynung von sich selbst gefallen, und unter die
Böotier gedemüthigt sind, und wie diesen hingegen der Muth so sehr gewachsen ist, daß sie,
die ehemals ohne Beyhülfe der Lacedämonier
und übrigen Peloponnesier uns nicht einmal in
ihrem eigenen Land entgegen zu gehen sich ge-
trauten, itzt auf ihre eigene Kräfte trotzig genug
sind, das unsrige mit einem Einfall zu bedrohen,
die Athener hingegen, die sonst ohne fremden
Beystand ganz Böotien verheerten, itzt befürch-
ten, daß die Böotier Attika verwüsten werden.

SOKRATES.

Das alles weiß ich sehr wohl, und eben darauf
gründe ich meine Erwartung, daß unsre Bürger

einem klugen und tapfern Anführer itzt willi-
ger folgen würden als jemals. Denn Muth und
Selbstvertrauen erzeugt gewöhnlich Sorglosigkeit, Trägheit und Ungehorsam; Furcht hingegen
pflegt die Menschen aufmerksamer, folgsamer
und gefügiger zu machen. Zum Beyspiel dessen
kann uns die Mannschaft in einem Schiffe dienen. So lange sie keine Gefahr sehen, wollen sie
von keiner Ordnung wissen; aber sobald sie einen
Sturm besorgen, oder der Feind anrückt, auf einmal werden sie die folgsamsten Menschen von
der Welt, thun alles ohne Weigerung was man sie
heißt, und passen in tiefster Stille auf die Stimme
des Befehlshabers, wie die Chortänzer auf dem
Schauplatz, auf den Wink des Chorführers.

PERIKLES.

Gut; und wenn sie nun auch so willig und
lenksam wären als Du sagst, wie wollen wir es
dahin bringen, daß der Gedanke an das was sie
einst waren, an ihren ehemaligen Heldensinn,
Ruhm und Wohlstand, die alte Thatkraft wieder
in ihnen aufreitze?

SOKRATES.

Was müßten wir thun, wenn wir wollten, daß
sie z. B. Güter, die ihnen angehört hätten, aber
von andern usurpiert würden, wieder zu erlangen suchen sollten? Nicht wahr, wir könnten
sie nicht stärker dazu aufmuntern, als wenn wir
ihnen vorstellten, daß diese Güter ein von ihren

Voreltern an sie vererbtes Eigenthum seyen, welches ihnen von Rechts wegen und ausschließlich zugehöre. Um sie also dahin zu bringen, daß sie sich mit Ernst angelegen seyn lassen, an *Tugend* die ersten unter den Griechen zu seyn, werden wir ihnen vorstellen müssen, daß ihnen *dieser* Vorzug von uralten Zeiten her eigen gewesen, und daß *ihn* wieder erstreben, das unfehlbarste Mittel sey, auch zu ihrer ehmaligen Obermacht wieder zu gelangen.

PERIKLES.

Wie wollen wir sie aber hievon überzeugen?

SOKRATES.

Ich denke, wenn wir ihnen ihre ältesten Vorfahren ins Gedächtniß zurückrufen, von welchen sie immer gehört haben, daß sie die edelsten und bravsten unter allen Griechen gewesen.

PERIKLES.

Meinst Du etwan den berühmten Götterstreit (zwischen Athene und Poseidon) den sie unter der Regierung des Cekrops durch ihre Klugheit schlichteten?

SOKRATES.

Auch dies, und überhaupt unsre ganze älteste Geschichte, die Geburt und Erziehung des *Erechteus*, und die Kriege, die sie zu seinen Zeiten gegen alle ihre Nachbarn auf dem festen Lande zu bestehen hatten, den Schutz, den sie den

Söhnen des *Herakles* gegen die Peloponnesier angedeihen liessen, und die Kriege, so sie unter Anführung des *Theseus* führten, in welchen allen sie sich immer als die tapfersten Männer ihrer Zeit erwiesen. Und wie viel preiswürdiges könntest Du noch von allem dem sagen, was ihre Nachkommen nicht lange vor unsern Tagen gethan; wie sie es anfangs ganz allein mit einem Feind aufgenommen, der als Herr von ganz Asien sich bereits auch von Europa bis an Macedonien Meister zu machen angefangen, seine Macht weit über ihre vormaligen Grenzen ausgedehnt, und sich immer durch große Thaten ausgezeichnet hatte; und welche herrliche Siege zu Wasser und zu Lande sie gemeinschaftlich mit den Peloponnesiern erfochten;[3]) mit Einem Worte, wie ihnen niemand streitig macht, daß sie unter den Menschen ihrer Zeit bey weitem die ersten waren.[4])

PERIKLES.

In diesem Rufe stehen sie allerdings.

SOKRATES.

Auch wollen wir nicht vergessen, daß, während im übrigen Griechenlande so viele Auswanderungen vorgiengen, *sie* allein in dem Ihrigen blieben; daß viele andere Städte in Rechtsstreitigkeiten, die sie unter einander hatten, sich *ihrem* Ausspruch unterwarfen, und nicht wenige gegen übermächtige Unterdrückung zu *ihnen* ihre Zuflucht nahmen.[5])

PERIKLES.

Da sich dies alles so verhält, so wundre ich mich nur desto mehr, lieber Sokrates, wie unsre Republik in einen solchen Verfall gerathen konnte.

SOKRATES.

Mich dünkt es sey damit sehr natürlich zugegangen. Sehen wir nicht häufig, daß manche Menschen, eben deswegen, weil sie viel vor andern voraus haben, und sich ihrer Vorzüge und Kräfte zu sehr bewußt sind, in Sorglosigkeit und Trägheit verfallen, und dadurch zuletzt unvermögend werden, es mit ihren Gegnern aufzunehmen? Eben so, denke ich, ist es den Athenern ergangen. Ihrer großen Vorzüge sicher haben sie sich vernachlässiget, und sind dadurch schlechter worden.

PERIKLES.

Da es nun einmal dahin gekommen ist, was müßten sie thun, um die Männer wieder zu werden, die sie ehemals waren?

SOKRATES.

Das ist, deucht mich, nicht schwer zu finden. Sie brauchen nur der ganzen Verfassung, Sitte und Lebensweise ihrer Voreltern nachzuforschen, und wenn sie dann den Willen haben eben so wie diese zu *leben*, so werden sie auch nicht weniger *seyn* als sie. Können oder wollen sie das *nicht*, so mögen sie sich wenigstens diejenigen,

die itzt die Oberhand haben,[6]) zum Muster nehmen, und wenn sie ihre Einrichtungen und Sitten
angenommen haben werden, mit gleichem Eifer,
wie sie, darüber halten; so werden sie auch *nicht
schlechter* seyn als sie, und falls sie sichs noch
ernstlicher angelegen seyn lassen wollen, so gar
besser.

PERIKLES.

Das will so viel sagen, lieber Sokrates, daß
unsre Republik in einer fürchterlichen Entfernung hinter dem, was sie seyn sollte, zurück
ist. Denn wann werden wir je erleben, daß die
Athener das Alter so wie die Lacedämonier ehren
werden? sie, die gleich bey ihren Vätern anfangen, die Aeltern zu verachten! Wann werden
sie, wie jene, sich mit anstrengenden Leibesübungen beschäftigen? Sie, die nicht nur selbst
alles was den Körper stark, kräftig und geschmei-
dig macht, verabsäumen, sondern derjenigen, die
sich damit abgeben, noch spotten? Wann werden
sie (wie jene) ihren Vorgesetzten gehorchen, sie,
die sogar eine Ehre darin suchen, sich nichts aus
ihren Obern zu machen? Wann werden sie in
solcher Eintracht leben wie jene? sie, die anstatt
einander gute Dienste und Gefälligkeiten zu erweisen, sichs angelegen seyn lassen, einander das
Leben auf alle mögliche Weise sauer zu machen,
und ihren eignen Mitbürgern noch weniger Gutes
gönnen als fremden Leuten! sie, die weder in
Familienzusammenkünften noch in den öffent-

lichen Versammlungen jemals eines Sinnes werden können, ewig in Streitigkeiten und Processen
mit einander leben, und lieber auf diese heillose
Weise einer vom andern gewinnen als sich wechselsweise nützlich seyn wollen! Und was werden
sie sich das Gemeine Beste anfechten lassen?[7])
sie, die Alles Gemeingut als ihr Eigenthum betrachten, sich darum mit einander herumbalgen,
und die öffentlichen Aemter nur in so fern schätzen und suchen, als sie dadurch mehr oder weniger Gewalt, den Staat zu plündern, erhalten!
Daher dann die Unfähigkeit und die Misbräuche
aller Art, unter welchen der Staat leidet, und
die Mißhelligkeiten und erklärten Feindschaften,
die wir unter den Bürgern im Schwange gehen
sehen: So daß ich, aller dieser Ursachen wegen,
sehr besorge, daß unsrer Republik noch mehr und
größeres Unglück bevorstehe, als sie auszuhalten
vermögend seyn möchte.

SOKRATES.

Mein lieber Perikles! gieb keinen so nieder-
schlagenden Gedanken Gehör! glaube nicht daß
die Athener an einer so unheilbaren Verderbniß
krank liegen! Siehst du nicht, welcher scharfen
Disciplin sie sich im Seedienste unterwerfen?
Wie unweigerlich sie in den gymnastischen
Uebungen den Vorstehern gehorchen? wie willig
sie in den (festlichen und theatralischen) Chö-
ren sich von den Meistern unterrichten und zu
rechte weisen lassen?

PERIKLES.

Seltsam genug, daß solche Leute sich so gut zur Subordinazion bequemen, unsre *Hopliten* und *Ritter* hingegen, die sich die vorzüglichsten unter den Bürgern dünken,[8] gerade die ungehorsamsten und widerspänstigsten sind.

SOKRATES.

Aber der Senat im *Areopagos*, besteht er nicht aus den vorzüglichsten und auserlesensten Bürgern?[9]

PERIKLES.

Allerdings.

SOKRATES.

Kennst Du einen Gerichtshof, dessen Urtheile gewissenhafter, gesetzmäßiger und gerechter wären, und der sich überhaupt in allen seinen Handlungen mit mehr Anstand und Klugheit benähme, als dieser?

PERIKLES.

Ich habe nichts an ihnen auszusetzen.

SOKRATES.

Wir wollen also an den Athenern noch nicht verzweifeln, als ob sie ganz und gar keiner Ordnung und keines gehörigen Betragens fähig wären.

PERIKLES.

Das Schlimmste ist nur, daß sie gerade im Kriegsdienst, wo ein gesetztes verständiges Be-

tragen und Disciplin und genaue Vollziehung der
Befehle der Obern am unentbehrlichsten sind,
sich um alles das am wenigsten bekümmern.

SOKRATES.

Vielleicht liegt die Schuld bloß daran, daß man
ihnen so oft Befehlshaber giebt, die den Dienst
selbst nicht verstehen, und nicht wissen was
und wie sie befehlen sollen. Siehst Du nicht, daß
Niemand sich einfallen läßt, den Zitherspielern,
Tänzern und Chorsängern, oder den Fechtern
und Pankraziasten vorstehen zu wollen, wenn er
sich nicht auf ihre Kunst versteht; da ist keiner,
der nicht den Meister nennen könnte, bey welchem er die Kenntnisse erlernt hat, die zu dem
Geschäfte, dem er vorsteht, erfodert werden:
unsre Feldherren hingegen sind es größtentheils
aus dem Stegreif, ohne sich zu einem so wichtigen Geschäfte im geringsten vorbereitet zu haben.
Von Dir, lieber Perikles, habe ich eine bessere
Meynung; ich denke Du kannst eben so leicht
sagen, von wem Du ein Kriegsheer anzuführen,
als bey wem Du fechten gelernt hast. Ganz gewiß hast Du nicht nur eine Menge zur Kriegs-
kunst erforderliche Kenntnisse Deinem Vater
abgelernt, und zu künftigem Gebrauch zurück-
gelegt, sondern Dir auch alle andern Gelegenheiten zu Nutze gemacht, wo etwas zu diesem
Zwecke dienliches zu sehen und zu lernen war.
Ich glaube daß es eine Deiner angelegensten Sorgen ist, Dich hierin nicht selbst zu täuschen und

zu verhüten, daß Dir nicht gegen Deine Meynung vieles unbekannt bleibe, was einem Befehlshaber im Kriege zu wissen nöthig und nützlich ist, und daß Du, sobald Du merkest daß Dir dieses oder jenes noch abgehe, Dich bey den Kunsterfahrnen darnach erkundigest, und weder Geld noch gute Worte sparest, um von ihnen zu lernen, und Dir tüchtige Gehülfen an ihnen zu verschaffen.

PERIKLES.

Ich sehe sehr gut, bester Sokrates, warum Du dies alles sagst, wiewohl Du mir schwerlich zutrauest, daß ich mir bisher so viele Mühe gegeben haben sollte. Deine Absicht ist bloß mich zu belehren, daß einer, der sich einst um eine Befehlshaberstelle bey der Armee zu bewerben gedenkt, sich auf diese Weise dazu vorbereiten müsse.

SOKRATES.

Ich will Dir's nur gestehen, weil Du mich selbst so gut verstanden hast. Aber (um von was anderem zu reden) hast Du nie die Bemerkung gemacht, Perikles, daß zwischen Attika und Böotien einige große Berge liegen, über welche man nicht anders als durch sehr enge und steile Hohlwege in unser Land kommen kann, und daß uns also dieser Berggürtel, womit wir umgeben sind, zu einer natürlichen Schutzwehre dient?

PERIKLES.

Das ist mir allerdings bekannt.

SOKRATES.

Solltest Du nicht etwa auch gehört haben, daß
die Mysier und Pisidier, welche eben dergleichen
bergichte und unzugangbare Gegenden im Lande
des Königs inne haben[10]) und, wiewohl sie nur
leichte Waffen führen, den angrenzenden Ländern des Königs durch ihre häufigen Einfälle
großen Schaden thun, und sich selbst immer
unabhängig erhalten haben.

PERIKLES.

Auch das höre ich.[11])

SOKRATES.

Meinest Du also nicht auch, unsre jungen
Leute, die, bis sie zu einem rüstigern Alter kommen, nur leicht bewafnet werden, könnten, wofern sie die vor unserer Landschaft liegenden
Berge besetzten, den Feinden vielen Schaden zufügen, und den Bürgern auf dem Lande zu einer
starken Brustwehr dienen?

PERIKLES.

Ich bin überzeugt, lieber Sokrates, dies würde
von großem Nutzen seyn.

SOKRATES.

Wenn Dir denn also meine Vorschläge gefallen,[12]) mein Bester, so laß Dir angelegen seyn,
sie ins Werk zu setzen. Was Du davon ausführen
wirst, wird Dir zum Ruhm und der Republik zum

Nutzen gereichen: und sollte auch der Erfolg Deinem guten Willen nicht entsprechen, so wirst Du wenigstens nicht durch Deine Schuld weder Deinem Vaterlande Schaden, noch Dir selbst Schande zugezogen haben.[13])

———————

Anmerkungen.

1. Der Perikles, mit welchem Xenofon seinen Sokrates sich hier unterhalten läßt, war ein natürlicher Sohn des großen Perikles, der einzige, der ihm, nachdem er seine ehelichen Söhne durch die Pest verlohren hatte, übrig geblieben war, und den die Athener auf sein inständiges Bitten, durch eine Ausnahme von einem Gesetze dessen Urheber er selbst war, in alle Rechte eines ehelichen Sohnes und gebohrnen Bürgers von Athen eingesetzt hatten.

2. Es ist eben dasselbe Treffen, welches nach Thucydides bey *Chäronea*, und nach Pausanias bey *Haliart* vorgefallen. Diese drey Orte liegen ziemlich nahe beysammen und das Schlachtfeld mag ungefähr in der Mitte gewesen seyn.

3. Diese zwey Perioden, worin Sokrates die Großthaten der alten Athener von Cekrops bis zu Themistokles und Cimon, zusammenfaßt, enthalten das Lieblingsthema der Athenischen Redner von Perikles und Isokrates an, bis in die Zeiten Lucians und so lange als noch ein Schatte von dieser merkwürdigsten aller Republiken übrig. Die Athener ließen sich gar zu gerne mit dem was ihre Vorfahren gewesen waren und gethan hatten, unterhalten; man konnte ihre Eitelkeit nicht

angenehmer kitzeln: aber wie Sokrates sich einbilden konnte, der Geist und die Tugend ihrer Voreltern könnte durch dieses Mittel wieder in ihnen erweckt werden, ist mir unbegreiflich.

4. Man kann, ohne der Besonnenheit des guten Sokrates zu nahe zu treten, den Schluß dieser Periode, οἱ δε και λεγονται [so werden denn auch sie gerühmt], etc. nicht wohl auf die Peloponnesier beziehen, wie *Leuenklau* und *Levesque* gethan haben. Ich habe sie also, von *Schneiders* Autorität unterstützt, auf die Athener bezogen, wiewohl die Einfügung dieser Worte (wenn man ihnen diesen Sinn beylegt) in das Ganze der Periode, so ungewöhnlich hart und gezwungen ist, daß ich ihnen im Deutschen, doch ohne Nachtheil des Sinnes, eine ganz andere Wendung geben mußte, um wenigstens einen erträglichen Schluß der Periode herauszubringen.

5. Auch diese drey Punkte, welche Sokrates hier noch nachhohlt, hat *Isokrates* in seiner Panegyrischen Rede nicht vergessen, und nach seiner Art mit vieler *attischer Stomylie* geltend gemacht.

6. Der Zusammenhang zeigt, daß die *Lacedämonier* gemeint sind, für welche Xenofons, in einigen Stücken wohlgegründete, Vorliebe bekannt ist.

7. Die Ursache warum ich diesen Satz (der im Original nur VIRTUALITER [als (gedankliche) Möglichkeit, also in Wirklichkeit nicht] enthalten ist) eingeschoben habe, fällt zu leicht in die Augen, um einer nähern Erklärung zu bedürfen.

8. Das schwerbewaffnete Fußvolk und die Reuterey bestanden immer aus den edelsten, angesehensten und vermöglichsten Bürgern.

9. Er wurde bekannter maßen, bloß aus den abgehenden jährlichen Archonten besetzt.

10. Die Athener pflegten den König von Persien den *großen* König, oder auch schlechtweg *den König* zu nennen; vermutlich weil er damals der einzige König war, vor dem sie sich fürchteten. Gleichwohl konnte ihnen dieser große König mit aller seiner Größe nichts anhaben. Hingegen ließen sie sich nichts davon träumen, daß in weniger als 80 Jahren ein *kleiner König* von Macedonien der Freyheit der Griechen, und bald darauf dessen Sohn dem großen Perserreich selbst ein Ende machen werde.

11. Vermuthlich itzt zum ersten Mahle.

12. Was ich durch *Vorschläge* gegeben habe, wird im Griechischen zwar nur durch das unbestimmte ταυτα [dies] (wie den Griechen und besonders dem Xenofon sehr gewöhnlich ist) angedeutet; aber dieses ταυτα kann hier nichts anders heißen. Der französische Uebersetzer läßt den Sokrates sagen: SI CES *PROJECTS* VOUS PLAISENT [Wenn diese Pläne euch gefallen]; und übersetzt das folgende, ὁ τι μ.γ.α. τουτων καταπραξῃς [denn was du davon ausführst], durch: QUAND UN SEUL REUSSIROIT [wenn ein einziger Erfolg hätte]. Es ist aber in diesem Dialog nur von einem *einzigen Projekte* die Rede, nehmlich, daß die Athener die hohen Berge und engen Pässe zwischen Böotien und Attika durch ihre junge Mannschaft besetzt halten sollten. Sokrates hätte sich also nicht so, wie er wirklich thut, ausdrücken können, wenn er nicht unter ταυτα auch zugleich alles verstanden hätte, was er dem jungen Perikles über die Mittel, sich zu seiner künftigen Bestimmung tüchtig zu machen, gesagt hatte. *Diese* in Ausübung zu bringen, hieng gänzlich von ihm ab; ob aber das Projekt, dessen Sokrates zuletzt

erwähnt, ausgeführt werden sollte, kam nicht auf ihn,
sondern auf einen Volksbeschluß an. Daß indessen von
diesem guten Rathe des Sokrates (der, wie *Pauw* in seinen *RECHERCHES SUR LES GRECS* sehr richtig bemerkt
hat, allein schon hinlänglich gewesen wäre die Republik
zu retten) kein Gebrauch gemacht worden, erhellet
daraus, daß die Spartaner, auf Anrathen des zu ihnen
übergegangenen Alcibiades, sich im vierten Jahre der
91sten Olympiade des Bergstädtchens *Decelia*, an der
nordöstlichen Grenze von Attika ohne Widerstand be-
mächtigten und vermittelst Befestigung desselben und
einer darin unterhaltenen Besatzung, sich von eben
diesen Bergen und Pässen von welchen Sokrates spricht,
und die von den Athenern mit der unbegreiflichsten Sorglosigkeit vernachlässigt worden waren, Meister machten.
Uebrigens bemerke ich hier noch, daß eine kleine Aufmerksamkeit auf Zeit und Umstände, diejenigen, welche
voraussetzen daß Perikles schon zur Zeit, da gegenwär-
tiges Gespräch gehalten worden, oder wenigstens bald
darauf, zum Feldherrn ernannt gewesen sey, des Gegen-
theils hätte überzeugen können. Denn es ist klar, daß
dies Gespräch vor der Ueberrumpelung von Decelia, und
also wenigstens acht Jahre vorher, ehe Perikles einer
von den zehen *Strategen* war, die den Kallikratidas bey
den Arginussischen Inseln schlugen, vorgefallen seyn
muß, — wofern es anders wirklich vorgefallen ist. Denn
ich halte es nicht für unmöglich, daß es von Xenofon
bloß in der Absicht erdichtet worden seyn könnte, um
den Athenern einige derbe Wahrheiten zu sagen, und
ihnen besonders den Unverstand vorzurücken, womit
sie die zur Sicherheit ihres eigenen Landes unentbehrlichsten Maßregeln vernachlässigten, während sie sich
auswärts den ausschweifendsten Eroberungs-Projekten
überließen. In der That wäre diese Nachlässigkeit um so
unverantwortlicher gewesen, wenn Sokrates dem jungen
Perikles (der, allem Anschein nach, als einziger Sohn und

Erbe des großen Perikles, schon damals in einigem Ansehen in der Republik stand, und sich bereits um die
öffentlichen Angelegenheiten bekümmerte), einen Vorschlag dieser Art gethan hätte, ohne daß die geringste Re-
flexion darauf gemacht worden wäre; da doch Perikles,
aller Wahrscheinlichkeit nach, nicht ermangelt haben
würde, denselben, so viel in seinem Vermögen war, geltend zu machen.

13. Es scheint nicht daß dieser jüngere Perikles, wiewohl es ihm an guten Sitten nicht gefehlt haben mag,
Genie und Thätigkeit genug gehabt habe, eine bedeu-
tende Rolle in seiner Republik zu spielen; die aber auch
damals in einem so hohen Grade verdorben und durch
ihre eigene Schuld in einer solchen Lage war, daß man
mit der gößten Wahrheit von ihr sagen konnte:

– IPSA, SI CUPIAT, SALUS
SERVARE PRORSUS NON POTERIT HANC FAMILIAM.

[Selbst wenn die Göttin des Heils es wollte, sie wird
dieses Geschlecht nimmermehr retten können.
Terenz, Brüder, Vers 761 f.]

Alles was man von ihm weiß, ist, daß er einer von
den zehen Feldherren war, die im 3ten Jahre der 93ten
Olympiade einen nahmhaften Sieg bey den *Arginussen*,
ohnweit des Vorgebirgs Malea in Lesbos über eine zuvor
siegreiche Spartanische Flotte erfochten, aber weil verschiedene unglückliche Zufälle (ohne ihre Schuld, wie
es scheint) die von diesem Sieg erwartete Vortheile zu
Wasser machten, von den Athenern dafür verantwortlich
gemacht, und auf eine sehr illegale und tumultuarische
Art zum Tode verurtheilt wurden; wovon die nähern
Umstände von Xenofon im 1. B. seiner Hellenischen Geschichte, und im 13. B. des Diodor von Sicilien umständlich erzählt werden.

6.

SOKRATES UND GLAUKON.

Der junge *Glaukon*, ein Sohn *Aristons* (und *Platons* Bruder) hatte sich in den Kopf gesetzt, sich, wiewohl er das zwanzigste Jahr noch nicht erreicht hatte, in den Volksversammlungen öffentlich hören zu lassen, und mit aller Gewalt die Republik regieren zu helfen. Seine Verwandten und Freunde hatten alles mögliche gethan ihm diese thörichte Grille auszureden; man hatte ihn lächerlich gemacht, hatte ihn sogar mit Gewalt von der Rednerbühne herabgerissen; aber alles vergebens. Endlich machte auch Sokrates, der ihm seines Vetters *Charmides* und seines Bruders Platons wegen wohl wollte, sich an ihn, und diesem allein gelang es, so viel über ihn zu gewinnen, daß er aus eigener Ueberzeugung von seinem unzeitigen Vornehmen abließ.

Das Schwierigste bey der Sache war, den jungen Glaukon dahin zu bringen, daß er ihm Stand hielt. Die dem Sokrates eigene Art von *Ironie* war hier das beste Mittel. Da er also einst eine Gelegenheit, an ihn zu kommen, fand, leitete er das Gespräch folgendermaßen ein.

SOKRATES.

Ich höre, lieber Glaukon, Du bist gesonnen Dich an das Steuerruder unsrer Republik zu stellen?

GLAUKON *(zuversichtlich).*

Das bin ich allerdings gesonnen, guter Sokrates.

SOKRATES.

Es ist unstreitig das edelste Geschäfte, dem ein Mensch sich unterziehen kann. Gelingt es Dir, so hast Du nicht nur in Deiner Gewalt, alle Deine Wünsche für Dich selbst zu befriedigen; Du bist auch im Stande Deinen Freunden nützlich zu seyn, Dein väterliches Haus in die Höhe zu bringen, und die Macht Deines Vaterlandes zu vergrößern. Du wirst Dir zuerst in *unserer* Republik einen großen Nahmen machen, dann in der ganzen Hellas, ja vielleicht, wie Themistokles, sogar unter den Barbaren; und wo Du Dich zeigen wirst, werden aller Menschen Augen auf Dich geheftet seyn.

Diese Anrede that ihre Wirkung. Der junge Mensch, dessen Eitelkeit so angenehm gekitzelt wurde, warf sich in die Brust, und fand zu viel Belieben an einer solchen Unterhaltung, um ans Weggehen zu denken. Sokrates fuhr also fort:

SOKRATES.

Denkst Du nicht auch, lieber Glaukon, daß Du, wenn die Republik Dich zu hohen Ehren befördern soll, Dich um sie verdient machen müssest?

GLAUKON.

Das versteht sich.

SOKRATES.

So mach uns, wenn ich bitten darf, kein Geheimniß daraus wie Du es anzugreifen gedenkest, und was die erste Wohlthat seyn wird, womit Du Dir die Republik verbindlich machen willst?

(Glaukon stutzte über diese Frage und sah aus, als ob er eine Antwort suche, und sie nicht gleich finden könne.)

SOKRATES.

Wenn Du das Hauswesen eines Deiner Freunde in einen blühenden Stand setzen wolltest, würdest Du Dich bemühen ihn reicher zu machen. Das nehmliche gilt ohne Zweifel auch von der Republik; Du wirst sie reicher zu machen suchen, nicht wahr?

GLAUKON.

Allerdings!

SOKRATES.

Wird sie nicht reicher werden, wenn sich ihre Einkünfte vermehren?

GLAUKON.

Das kann nicht fehlen.

SOKRATES.

Woher, wenn ich fragen darf, zieht unsre Republik ihre *Einkünfte,* und wie hoch belaufen sie sich? Denn es ist kein Zweifel, daß Du Dich darnach erkundiget hast, damit Du, im Fall einige derselben sich etwa vermindert haben sollten, das *Deficit* ausfüllen, und wofern einige gar ausfielen, sie wieder gangbar machen könntest.

GLAUKON.

Nein, *ma Dia!* [beim Zeus] darnach hab' ich mich noch nicht erkundiget.

SOKRATES.

Wenn Du also diesen Artikel noch übergangen hast, so nenne mir wenigstens die *Ausgaben* der Republik. Denn ich zweifle keinen Augenblick, Du denkest bereits darauf, wie Du alle überflüßigen Ausgaben einziehen wollest.

GLAUKON.

Auch *darauf* hab ich, bey Gott! noch nicht Zeit gehabt zu denken.

SOKRATES.

Wir wollen also den Gedanken, die Stadt reicher zu machen, vor der Hand noch bey Seite legen. Denn wie sollte einer damit zu Stande

97

kommen können, dem nicht einmal die Ausgaben und die Einkünfte bekannt sind?

GLAUKON.

Aber, mein guter Sokrates, Du scheinst vergessen zu haben, daß man den Staat auch auf Unkosten der *Feinde* bereichern kann.

SOKRATES.

O gewiß kann man das, wenn man der Stärkere ist; wäre man aber etwa der schwächere Theil, so dürfte man auf diesem Wege leicht um sein Eigenes kommen, anstatt dem Feind etwas abzujagen.

GLAUKON.

Da hast Du Recht.

SOKRATES.

Meinst Du also nicht, wenn die Frage im Staatsrath ist, *mit wem* man Krieg führen soll? müsse einer, der darüber stimmen will, die Stärke und Schwäche unseres Staats sowohl als unsrer Gegner genau kennen; damit er, je nachdem entweder *wir* oder *sie* die Schwächern sind, im letztern Fall zum Krieg, im erstern zu vorsichtigen Maaßregeln rathen könne?

GLAUKON.

Das ist allerdings meine Meinung.

SOKRATES.

So sage mir, worin besteht dermahlen unsre Kriegsmacht zu Wasser und zu Lande? Und wie hoch mag sich wohl die beyderseitige Macht unsrer Gegner belaufen?

GLAUKON.

Das kann ich Dir *ma Dia!* nicht so aus dem Kopfe hersagen.

SOKRATES.

So hast Du es ohne Zweifel schriftlich. Auch gut, gieb her! Ich möcht es gar zu gern wissen.

GLAUKON.

Ma Dia! Ich hab' es auch nicht schriftlich.

SOKRATES.

Nun so sey es dann! Wir wollen uns diesemnach mit der Berathschlagung über Krieg und Frieden nicht übereilen. Du hast wahrscheinlich, da Du Dich noch so kurze Zeit mit der Staatsverwaltung abgiebst, einer so wichtigen Sache noch nicht auf den Grund kommen können. Aber dafür bin ich gewiß, daß Du für die nöthige *Sicherheit unsers Landes* gesorgt hast; Du weißt genau wie viele und welche Oerter dermahlen zu besetzen rathsam ist und welche nicht; ingleichen wie viel Mannschaft dazu hinlänglich seyn dürfte; und Du hilfst dazu rathen, daß die zweckmäßigen

99

Besatzungen vermehrt, die unnöthigen hingegen eingezogen werden?

GLAUKON.

Was das betrift, ich ziehe sie, bey Gott! alle ein, so viel ihrer sind; denn sie bewachen uns so, daß im ganzen Lande nichts mehr vor ihren langen Fingern sicher ist.

SOKRATES.

Wenn Du sie aber wegnimmst, sind wir dann nicht jedem, der uns plündern will, Preis gegeben? Und überdieß, bist Du etwa selbst an Ort und Stelle gewesen, und hast die Sache untersucht? oder woher weißt Du, daß unsre Garnisonen sich so übel aufführen?

GLAUKON.

Ich habe meine Ursachen es zu vermuthen.

SOKRATES.

Wenn das ist, so wollen wir diesen Artikel wieder vornehmen, wenn wir nicht länger *vermuthen*, sondern *wissen* — was wir wissen sollen.

GLAUKON.

Ich glaube selbst es werde so besser seyn.

SOKRATES.

Daß Du nie in unsre *Silberbergwerke* gekommen bist, weiß ich; und daß Du mir also nicht

sagen kannst, woran es liegt, daß sie itzt weniger
Ausbeute geben als ehemals.

GLAUKON.

Ich gestehe, daß ich noch nicht dahin gekommen bin.

SOKRATES.

Die Luft soll freilich dort sehr ungesund seyn;
und das kannst Du auch zu Deiner Entschuldi-
gung anführen, wenn diese Materie im Senat zur
Sprache kommt.

GLAUKON.

Wollen sehen was zu thun ist.

SOKRATES.

Aber Eins, das weiß ich, hast Du gewiß nicht
verabsäumt. Unfehlbar hast Du Dich erkundiget, wie lange das *Getreide,* so in unserm Lande
gebaut wird, hinreichend ist die Stadt zu ernähren, und wie viel sie dessen für ein ganzes
Jahr nöthig hat; damit nicht etwa der Fall ein-
treten könne, daß es der Stadt unversehens an
Brot fehle, sondern daß Du, mittelst Deiner
hierüber erlangten Kentnisse und Deines darauf
gegründeten Rathes, im Stande seyst, sie immer
gehörig zu versorgen, und dem Unheil, das aus
Theurung und Mangel entstehen würde, zuvorzukommen.

101

GLAUKON.

Wahrlich, da hätte einer viel zu thun, wenn er sich auch um solche Dinge bekümmern müßte!

SOKRATES.

Gleichwohl ist Niemand im Stande seinem eigenen Hauswesen wohl vorzustehen, wenn er nicht alle Bedürfnisse desselben kennt, und in Zeiten dafür sorgt, das Benöthigte herbey zu schaffen. Da nun die Stadt aus mehr als zehen Tausend Haushaltungen besteht, und es so schwer ist, für so viele auf einmahl zu sorgen: wie kommt es, daß Du, für den Anfang, nicht wenigstens unternimmst, das Haus *Deines Oheims* in Aufnahme zu bringen, das dessen sehr benöthigt wäre? Wärest Du erst mit diesem zu Stande gekommen, dann würdest Du bey mehrern Hand anlegen. Kannst Du aber nicht einmahl einem einzigen helfen, wie wolltest Du für so viele sorgen können? Wer nicht im Stande ist Einen Zentner zu tragen, sollte sich doch nicht einfallen lassen, mehrere tragen zu wollen?

GLAUKON.

Die Umstände meines Oheims sollten sich schon lange gebessert haben; wenn er mir nur *folgen* wollte.

SOKRATES.

Wie? Du vermagst nicht so viel über Deinen Oheim, daß er sich von Dir rathen läßt, und

Du bildest Dir ein, Du wollest alle Athener und Deinen Oheim oben drein dahin bringen können, daß sie sich von Dir regieren lassen: Nimm Dich in Acht, lieber Glaukon, daß Deine Begierde nach Ruhm Dich nicht auf einen Weg bringe, der zum Gegentheil führt! Siehst Du nicht wie mißlich es ist, von Sachen zu reden, die man nicht kennt, und Dinge zu unternehmen, wovon man nichts versteht? Gieb auf diejenigen Acht, die sich in diesem Fall befinden (und deren wir nur zu viele haben). Ziehen sie sich Lob oder Tadel zu? Werden sie bewundert oder verachtet? Beobachte dagegen diejenigen, welche wissen was sie reden und was sie thun; ich müßte mich sehr irren, oder Du wirst in allen Arten von Geschäften finden, daß die Leute, von denen man mit Beyfall und Hochachtung spricht, immer zu den Sachverständigen, die hingegen, die in schlechtem Kredit stehen und verachtet werden, zu den Unwissendsten gehören. Wenn es Dir also darum zu thun ist, ein angesehener und bewunderter Mann in der Republik zu werden, so laß Dir vor allem angelegen seyn, Dir über die Dinge, womit Du Dich beschäftigen willst, zuvor hinlängliche Kenntnisse zu erwerben. Wenn Du es den andern hierin zuvorthust, und Dich alsdenn erst mit den Angelegenheiten der Republik abgiebst, dann soll es mich nicht wundern, wenn Du, ohne große Mühe, alles was Du begehrst, erlangen wirst.

So närrisch uns die Wuth eines kaum neunzehnjäh-
rigen Jünglings, sich des Staatsruders seiner Republik
je bälder, je lieber zu bemächtigen, vorkommen muß,
so war doch das, wornach der eitle, vermessene und
von sich selbst eingenommene Glaukon trachtete, in
einer *Demokratie*, wie die *Athenische* nach dem Tode des
großen Perikles war, weder etwas unmögliches, noch
selbst etwas unwahrscheinliches. Nicht wenige seines
gleichen (nur nicht so sehr jung; denn davon hat man
schwerlich ein Beyspiel) hatten das nehmliche versucht,
und es war ihnen, eine Zeitlang wenigstens, geglückt.
Athen hatte der unwissenden Volksredner und der Feldherren aus dem Stegreif (wie Sokrates sie in dem Gespräche mit dem jüngern Perikles nennt) nur zu viele.
Die unbändige Ungeduld des milchbärtigen Knaben, sich
an der Spitze einer Republik zu sehen, wo er beynahe
lauter Mitbewerber seines Gelichters vor sich hatte, ist
es also nicht, was mich hier am meisten wundert: aber
darüber wundre ich mich, daß dieser junge Glaukon,
Aristons Sohn, Platons Bruder, aus einer der ehrwürdigsten Familien von Athen, und ohne Zweifel so gut als
irgend einer seiner Klasse erzogen, zu aller seiner Unwissenheit noch so schrecklich *dumm* und *unbehülflich*
gewesen seyn sollte, als er in diesem Gespräch erscheint.
Ich bin daher geneigt zu glauben, daß es unter diejenigen gehöre, welche größtenteils auf Xenofons eigene
Rechnung geschrieben werden müssen. Die Veranlassung dazu mag historisch wahr seyn. Xenofon wußte daß
Sokrates den jungen Glaukon von seiner voreiligen Re-
giersucht geheilt habe; aber daß er bey dem Gespräche,
das hierüber zwischen Sokrates und Glaukon vorgefallen,
selbst zugegen gewesen sey, ist sehr unwahrscheinlich.
Er ist also in der Erzählung dieser Anekdote mehr Dichter als Referent. Er stellt sich, der genauen Kenntniß,
die er von seinem Meister und Freunde hatte, zu Folge,
vor, wie Sokrates wahrscheinlich bey dieser Gelegenheit

mit dem jungen Menschen zu Werke gegangen sey, und läßt ihn seinem Karakter und seiner eigenthümlichen Manier gemäß reden: den Glaukon hingegen immer im Karakter eines unwissenden, albernen und unbesonnenen Gecken antworten, weil der Kontrast, der daraus entsteht, einen so lächerlichen Effekt macht, daß der ganze Dialog eine sehr gute Scene in einer Aristofanischen Komödie abgeben könnte.

105

7.

SOKRATES UND CHARMIDES.

----

harmides, ein Sohn Glaukons (eines Bruders von *Periktione*, der Mutter Platons, und des im vorhergehenden Gespräche figurierenden jüngern Glaukons) war, sowohl was die persönlichen Eigenschaften als den Hang zur Demagogie betrift, ein ausgemachter Antipode seines Vetters. Er war (wie Xenofon sagt) ein Mann von ausgezeichnetem Werth und mit den Fähigkeiten und Kenntnissen, die zu einem tüchtigen Staatsmann erfoderlich sind, ungleich besser versehen, als alle, die sich damahls mit den Geschäften der Republik abgaben; aber er konnte sich nicht entschließen in den Volksversammlungen öffentlich aufzutreten, und sich um eine Stelle in der Staatsverwaltung zu bewerben. Ausser dem Nachtheil, der für das gemeine Wesen daraus entstand, daß es solcher Gestalt der guten Dienste eines der besten und tauglichsten Bürger entbehren mußte, mochte vermuthlich auch die Familie des Charmides, welche (wie

Sokrates in dem vorhergehenden Gespräch andeutet) ziemlich herunter gekommen war, seinen Widerwillen gegen eine Laufbahn, die in
Republiken zu Ansehen und Reichthum zu führen
pflegt, aus Privatrücksichten sehr ungern sehen,
und sich deswegen an den Sokrates, als einen
Freund vom Hause, gewandt haben. Wie dem
auch seyn mochte, genug, Sokrates fand sich
bewogen einen Versuch zu machen, ob er ihn
über diesen Punkt auf andere Gedanken bringen
könne, und es entstand daraus (wenn anders
Xenofon hier nicht wieder den Dichter gemacht
hat) folgendes Gespräch[1]).

SOKRATES.

Sage mir, lieber Charmides, wenn Einer alles
hätte, was erfordert wird um eine Siegeskrone
in einem unsrer öffentlichen Kampfspiele zu er-
ringen, und dadurch nicht nur sich selbst einen
Nahmen zu machen, sondern auch seinem Vaterlande einen größern Glanz in der ganzen Hellas
zu verschaffen, und dieser Mann *wollte nicht*
kämpfen, was würdest Du von ihm sagen?

CHARMIDES.

Was anders, als daß er ein weichlicher feiger
Mensch sey.

SOKRATES.

Und wenn nun Einer wäre, der, wenn er sich
mit den Angelegenheiten der Republik beschäftigen wollte, dem Staat die wichtigsten Dienste

thun und sich selbst Ruhm und allgemeine Achtung erwerben würde, wenn dieser Mann sich dazu nicht entschließen könnte, würde man nicht mit Recht eben das von ihm urtheilen, was *Du* von jenem?

CHARMIDES.

So scheint es. — Aber warum sagst Du das *mir*, Sokrates?

SOKRATES.

Weil ich zu sehen glaube, daß Du mit der entschiedensten Fähigkeit Dich scheuest an den öffentlichen Geschäften Theil zu nehmen, da Du Dich doch als Staatsbürger dazu verpflichtet halten solltest.

CHARMIDES.

Und was für Proben hast Du denn von meiner Fähigkeit, daß Du so von mir urtheilest?

SOKRATES.

Ich bedarf dazu keiner andern Proben, als derjenigen, die Du im Umgang mit unsern Staatsmännern ablegst. Wenn sie über die Geschäfte mit Dir sprechen, so sehe ich daß Du ihnen immer verständig rathest, und, wenn sie auf einem unrechten Wege sind, sie gehörig zu recht weisest.

CHARMIDES.

Seine Meinung in Privatgesellschaften sagen, und sie vor einer großen Versammlung ausfechten müssen, ist nicht Ebendasselbe.

SOKRATES.

Ich sollte meinen, wer rechnen kann, rechnet in einer großen Versammlung nicht schlechter als allein, und wer *ohne Zuhörer* am besten auf der Zither spielt, wird auch den Preis davon tragen, wenn er sich *öffentlich* hören läßt.

CHARMIDES.

Du wirst doch nicht in Abrede seyn wollen, daß Scham und Furcht unter die dem Menschen angebohrnen Regungen gehören, und daß wir in großen Versammlungen nicht so leicht Meister über sie werden können als in Privatgesellschaften.

SOKRATES.

Meine Absicht aber ist Dich zu überführen[2]), daß Du, dem der Respekt vor den Klügsten den Mund nicht verschließt, und dem die Stärksten keine Furcht einjagen, nur vor den Unverständigsten und Schwächsten zu reden keinen Muth hast. Oder wer sind denn eigentlich die Leute, vor denen Du Dich zu reden schämst? Sind es die Tuchscherer und Walker, oder die Schuster, oder die Zimmerleute, oder die Schmiede, oder die Landwirthe, oder die Handelsleute, oder die Höken auf dem Markte, deren ganze Weisheit darin besteht, was sie möglichst wohlfeil eingekauft haben, uns so theuer als möglich wieder zu verkaufen? Denn aus diesen allen besteht denn doch im Grunde die Volksgemeine.[3]) Und worin läge denn der Unterschied zwischen dem, was Du thust, und einem trefflichen Ringer oder Fechter, der sich fürchtete seine Geschicklichkeit vor Unwissenden sehen zu lassen? Du sprichst mit der größten Leichtsinnigkeit in Gegenwart der ersten Männer im Staat, unbekümmert darum, daß einige von ihnen Dich über die Achseln ansehen, und sprichst um vieles besser als alle unsre Volksredner von Profession; und vor Leuten, die sich nie auf politische Dinge gelegt haben und weit entfernt sind Dich zu verachten, scheuest Du Dich zu reden, aus Furcht von ihnen ausgelacht zu werden. (Ist das nicht widersinnisch?)

CHARMIDES.

Wie? Hast Du denn noch nie wahrgenommen, was doch oft genug geschieht, daß auch solche, die verständig gesprochen haben, in der Volksversammlung ausgelacht werden?

SOKRATES.

Thun das etwa die andern, mit denen Du den meisten Umgang hast, nicht auch? Wahrhaftig, ich kann mich nicht genug über Dich wundern, wie Du, der sich so wenig aus den Spöttereyen der bedeutendsten Männer macht und sie so gut abzufertigen weiß, Dir in den Kopf setzen kannst, Du seyest nicht im Stande, es mit einem Haufen gemeiner ungelehrter Leute aufzunehmen. Verkenne Dich selbst nicht so, mein Bester, und falle nicht in den Fehler, den so viele begehen, indem

sie sich mit größtem Eifer bemühen, in andrer
Leute Angelegenheiten klar zu sehen, und darüber versäumen, sich selbst recht zu erforschen.
Weg also mit dieser Indolenz! Laß Dir vielmehr
angelegen seyn, Dich mit Deinem eigenen Werth
besser bekannt zu machen, und vernachläßige die
Republik nicht, wenn es möglich ist, etwas dazu
beyzutragen, daß es besser mit ihr werde. Steht
es nur erst um das gemeine Wesen gut, so kann
es nicht fehlen, daß nicht nur für die übrigen Bürger, sondern auch für Deine Freunde und Dich
selbst nicht geringe Vortheile daraus erwachsen
werden.[4])

Anmerkungen.

1. Es scheint mir sehr wahrscheinlich, daß Xenofon
bey dieser Unterredung zwischen Sokrates und Charmides so wenig als bey der Vorigen mit dem jungen
Glaukon, in Person zugegen gewesen sey. Gespräche
dieser Art pflegen nur unter vier Augen geführt zu werden. Xenofon konnte zwar den Hauptinhalt und Zweck
des gegenwärtigen gar wohl von dem einen oder andern
der beyden Interlokutoren erfahren haben, aber daß
wenigstens die *Antworten* des Charmides, gänzlich auf
seine Rechnung kommen, scheint mir ausser allem Zweifel zu seyn. Wenn Charmides der Mann war, für den er
hier gegeben wird, so konnte er, wofern er nicht im
Schlaf sprach, die beyden ersten Fragen des Sokrates
(auf denen das ganze Gespräch sich dreht) unmöglich so
beantworten, wie ihn Xenofon antworten läßt, und wie
allenfalls nur ein so unbesonnener Gecke wie der junge

111

Glaukon, hätte antworten können. Aber Xenofon, dem es in den Memorabilien bloß um seinen *Sokrates* zu thun ist, behandelt die Andern, mit welchen er ihn zusammen bringt, bloß als eine Art von *stummen Personen*, die entweder gar nichts zu sagen haben, oder doch nur darum da sind, seinem Helden entweder alles was er will, einzugestehen, oder ihm durch einen Widerspruch, den sie nicht zu behaupten wissen, zu einem desto größern Triumf Gelegenheit zu geben. Die *Kunst des Dialogs* muß man also nicht von Xenofon, wenigstens nicht aus den Gesprächen in seinen Memorabilien lernen wollen.

2. Es fehlt dieser ganzen Stelle, von den Worten καιτοι σε γε [»Meine Absicht aber ist Dich«] bis zu εκ γαρ τουτων [»Denn aus diesen«] u.s.w. nicht nur an der gewöhnlichen Xenofontischen *Concinnität*, sondern es scheint mit dem Sinne selbst wenigstens was die Klarheit und Ungezwungenheit der Gedankenverbindung betrift, im Text nicht ganz richtig zu seyn. Ich kann aber nicht sehen, daß der Sache durch die von den neuesten Auslegern vorgeschlagenen Veränderungen geholfen werde; am allerwenigsten dünkt mich, daß die Worte και τοι σε γε διδαξων ώρμημαι [»Meine Absicht aber ist Dich zu überführen«], wenn man sie *dem Charmides* giebt, sich so gut an die vorgehende Rede desselben *anschmiegen*, wie Hr. *Weiske* meint. Ich habe mich also, nach dem Beyspiel des Hrn. *Levesque* an die gewöhnliche Lesart gehalten, und ihr den Sinn gegeben, den sie haben muß, wenn sie nicht gar keinen haben soll.

3. Es ist schon von Andern erinnert worden, daß Aelian in seinen VAR[IA]. HISTOR[IA]. [Bunte Geschichten] ein ähnliches Gespräch, das zwischen Sokrates und dem jungen Alcibiades vorgefallen seyn soll, anführt; welches (wie Hr. *Weiske* in seiner Uebersetzung der Memorab. bemerkt) das Hauptargument, wodurch

112

Sokrates den Charmides von seiner Furcht vor dem öffentlichen Reden zu heilen sucht, einleuchtender (und ich setze hinzu sinnreicher und der genialischen Laune des Sokrates angemeßner) darstellt als das Xenofontische. — »Nicht wahr, (läßt Aelian den Sokrates zu seinem Liebling sagen) vor dem Schuster Skytofron dort scheuest Du Dich nicht? — Auch nicht dort vor dem Marktdiener N. N.? — Aber etwa vor dem Zeltschneider Simalion? — Und da Alcibiades lachend immer mit Nein antwortet: Nun dann, sagt Sokrates, aus solchen respektabeln Personaschen besteht dann gleichwohl das Athenische Volk, das Dir so furchtbar ist.« — Uebrigens ist die Anekdote, welche Aelian erzählt, mit der Xenofontischen ohne Zweifel Einerley, und er hat sich, da er sie vermuthlich bloß aus seinem Gedächtniß abschrieb, nur in dem *Nahmen* geirrt, und statt des wenig bekannten Charmides, einen andern jungen Freund des Sokrates genannt, der jedermann bekannt ist. Denn daß der eitle, verwegene, sich selbst alles zutrauende und alles erlaubende Alcibiades jemahls einer solchen Aufmunterung nöthig gehabt haben sollte, läßt sich ohne Ungereimtheit gar nicht denken.

4. Ob Sokrates seine Absicht durch diese Vorstellungen erreicht habe, ist unbekannt. Wenigstens macht Charmides in der Geschichte dieser Zeit keine hervorstechende Figur. Alles was man von ihm weiß, ist, daß er einer von den *Zehenmännern* (oder zehen *Archonten*) war, die während der revoluzionären Regierung der sogenannten *dreyßig Tyrannen*, zu Oberbefehlshabern über die Stadt und den Hafen *Piraios* gesetzt waren, und daß er in einem zwischen dem Befreyer von Athen Thrasybulus und den dreyßigen ohnweit Fylä zum Nachtheil der letztern vorgefallenen Gefechte das Leben verlohren. *S. Xenofons Hellen. Geschichten B. II. T. 4. §. 12.* wo aus den Worten des Geschichtschreibers wenigstens

soviel zu erhellen scheint, daß Charmides auf der Seite der *Dreyßig* gefochten habe. Wenn dieser Umstand eben kein sehr vortheilhaftes Licht auf seinen Karakter wirft, so ließe sich doch (wenn hier der Ort dazu wäre) aus guten Gründen darthun, daß dies nicht hinlänglich sey, eine schlimme Meynung von seinen Grundsätzen und Gesinnungen gegen die Republik zu begründen. Wenigstens ist gewiß, daß in revolutionären und anarchischen Zeiten der rechtschaffenste Mann sich durch den Drang der Umstände genöthigt finden kann, auf die Seite einer Partey, deren Grundsätze und Handlungen er mißbilligt, zu treten, wär' es auch nur, weil er dadurch Gelegenheit erhält, zu verhindern daß nicht noch mehr Böses geschehe, und alles soviel ihm möglich ist, nach und nach wieder in den Weg der Ordnung und Gesetzmäßigkeit zu leiten. Daß hierauf nicht gehörig geachtet wird, ist schon öfters (wie man vor kurzem in Neapel gesehen hat) Ursache an einem höchst ungerechten und grausamen Verfahren gewesen. — Ob aber Charmides sich wirklich in diesem Falle befunden habe, läßt sich, aus Mangel an bestimmten Nachrichten von ihm, weder bejahen noch verneinen.

II.

Aristipp
an Kleonidas.
Aus WIELANDS Roman
»ARISTIPP
UND EINIGE SEINER
ZEITGENOSSEN«.

1.

ARISTIPP
AN KLEONIDAS.
Darin:
SOKRATES
UND EUTHYDEM.

---

aß *Sokrates*, wenn er mit andern filo-
sofiert, sich nur zweyer Methoden, der
Indukzion und der *Ironie* zu bedienen
pflege, hat seine Richtigkeit; wenigstens habe ich
nie gesehen, daß er in seinen Gesprächen, es sey
nun, daß sie auf Belehrung oder auf Widerlegung
abzielen, einen andern als einen dieser beiden
Wege eingeschlagen hätte.

Diese sonderbare Art zu filosofieren scheint
mir deine hohe Meinung von ihm nicht wenig
herabgestimmt zu haben. »Die *Indukzion* kann
mich, sagst du, nichts lehren als was ich entweder
bereits wußte, oder mir vermittelst eines kleinen
Grades von Besinnung selbst sagen konnte; und
wie ein so weiser Mann die *Ironie* für eine
taugliche Methode die Wahrheit ausfündig oder
einleuchtend zu machen halten könne, ist mir

vollends unbegreiflich.« — Über beides, lieber
Kleonidas, hoffe ich dich ins Klare zu setzen,
wenn ich dir sage, bey welchen *Personen* und zu
welcher *Absicht* Sokrates von der einen und der
andern Gebrauch zu machen pflegt. Die Personen, mit welchen er sich am meisten abgiebt, sind
(außer seinen nähern Freunden und Günstlingen)
entweder solche, die von ihm belehrt zu werden
wünschen, es sey nun, daß sie ihre Unwissenheit
in der Sache, wovon die Rede ist, anerkennen,
oder so schwach an ihrer bisherigen Meinung
hangen, daß sie immer bereit sind sie mit einer
bessern zu vertauschen; oder es sind naseweise
Klüglinge und eingebildete Allwisser, die er, da
sie Belehrung weder suchen noch anzunehmen
aufgelegt sind, bloß beschämen und wenigstens
zum stillen Bekenntniß ihrer Unwissenheit nöthigen will. Bey den *erstern* bedient er sich der Indukzion als einer *Lehrart;* gegen die *letztern* der
Ironie als einer sowohl zur Vertheidigung als zum
Angriff gleich bequemen *Waffe.*

Die Athener verbinden mit dem Worte *Ironie*
ungefähr denselben Begriff (der Verspottung) wie
wir und alle andern Griechen; nur daß sich ihm
durch den gemeinen Gebrauch ein Nebenbegriff
bey ihnen angehängt hat, der aus einem besondern Zug ihres Nazionalkarakters zu entspringen
scheint. Der Athener pflegt nehmlich seine Meinung nicht leicht so kurz und geradezu heraus
zu sagen, wie der Spartaner oder Böozier; nicht
etwa aus vorsichtiger Zurückhaltung, (wie ich

dieß an den Korinthern bemerkt zu haben glaube)
sondern weil es ihm, wenn er spricht, selten oder
nie so viel um Wahrheit oder um die Sache selbst
zu thun ist, als um das eitle Vergnügen, mit der
Feinheit und Gewandtheit seines Witzes und der
Geläufigkeit seiner Zunge zu prunken, und den
andern entweder seine Überlegenheit fühlen zu
lassen, oder falls es ein höherer an Stand und
Rang oder ein Mann von vorzüglichen Verdien-
sten ist, die beiden großen Geburtsrechte des
Attischen Bürgers, Freyheit und Gleichheit gegen
ihn zu behaupten, indem er ihm zu verstehen
giebt, er dünke sich nicht geringer, und mache
sich wenig aus Vorzügen, die er nicht selbst be-
sitzt. Du kannst dir kaum vorstellen, auf wie
vielerley Art die Eitelkeit der Athener sich, in
dieser Absicht, durch Mienen, Geberden, Ton und
Beugung der Stimme, kleine Zwischenwörter und
dergleichen zu äußern pflegt. Daher das *Atticon
blepos* [der attische Blick] (wie es *Aristofanes*
nennt) diese unnachahmliche edle Unverschämtheit im Blick und im Lächeln, die den Athener
aus tausend andern kenntlich macht, und der
höhnische Ton, den sie, sobald sie merken, daß
der andere nicht ihrer Meinung ist, in die Frage-
formeln, *»wärs etwa nicht so?«* oder, »was könntest *du* wohl dagegen haben?« zu legen wissen.
Vermuthlich ist es diese Eitelkeit, was in Verbindung mit der lebhaften Ader von leichtem
Witz, wovon der Athener immer sprudelt, diese
Neigung zum Spotten, Necken und Auslachen

erzeugt, die einer der gemeinsten Züge dieses Volkes ist. Ich erkläre mir daraus, daß sie so gern das Gegentheil von dem, was sie *sagen wollen,* sagen; zu loben scheinen, wenn sie tadeln, und zu schelten, wenn sie loben wollen; sich stellen, als ob sie den andern unrecht verstanden hätten, um ihm widersprechen oder seiner Rede eine lächerliche Deutung geben zu können, und was dergleichen mehr ist. Diese Art von *spottender* oder auch bloß *scherzhafter Verstellung* ist es eigentlich, was die Athener *Ironie* nennen, und was sie, zumahl bey fröhlichen Tischgelagen, und überall, wo ihre gute Meinung von sich selbst nicht zu sehr dabey ins Gedränge kommt, einander gern zu gut halten. Auch Sokrates, der überhaupt einer der witzigsten und gutlaunigsten Sterblichen ist, macht im gemeinen Umgang ziemlich häufigen Gebrauch von dieser Art von Ironie, und weiß sie mit so vieler Leichtigkeit und Feinheit zu handhaben, daß sie, sogar wenn er einen wirklich schraubt, unmöglich beleidigen kann, sondern entweder für bloßen Scherz gilt, oder von einfältigen und sich selbst gefallenden Personen so aufgenommen wird, als ob er ihnen etwas schmeichelhaftes gesagt hätte. Am gewöhnlichsten bedient er sich derselben, um den Verweisen, die er zuweilen seinen jüngern Freunden zu geben Ursache findet, den Stachel zu benehmen; und ich muß gestehen, daß er in solchen Fällen, wenn die Operazion an einem seiner Günstlinge zu verrichten ist, eine sehr sanfte Hand hat; wie-

wohl ich mich nicht rühmen kann, es an mir
selbst erfahren zu haben.

Aber die *Ironie*, die ihm als eine besondere
Art zu disputieren, ausschließlich zugeschrieben
wird, ist von jener gewöhnlichen, sowohl der
Art als dem Zweck nach, sehr verschieden. Sie
besteht darin, daß er, wenn er's mit Personen,
die ihm in gewissen Stücken entweder wirklich
oder in ihrer eigenen und andrer Leute Einbildung *überlegen* sind, z. B. mit schlecht den-
kenden aber vielvermögenden Männern in der
Republik, oder mit angesehenen Sofisten zu thun
hat, sich äußerst einfältig und unwissend stellt,
und in diesem Karakter (zu dessen Simulierung
ihm seine Gesichtsbildung ungemein zu Statten
kommt) durch die scheinbare Naivität seiner
Fragen und die verdeckt spitzfündige Art, wie er
aus ihren Antworten immer neue Fragen hervor-
zulocken weiß, sie endlich in die Nothwendigkeit setzt, sich entweder in offenbare Ungereimt-
heiten zu verwickeln, oder ihre erste Behauptung
wieder zurückzunehmen. Du erräthst ohne mein
Zuthun, wie viel er durch diese Art von Ironie,
eine Zeit lang wenigstens, über seine Gegner gewinnen mußte. Er verschaffte dadurch sich selbst
desto leichter Gehör, und vernichtete unvermerkt
die Vortheile, welche Stand, Nahme, Ansehen
und Glücksumstände jenen über ihn hätten geben
können. Sie waren nun minder auf ihrer Huth;
antworteten desto rascher und zuversichtlicher, je
weniger sie vorhersehen konnten, wo er hinaus

wolle; räumten ihm immer mehr ein, als geschehen wäre, wenn sie die Schlingen gemerkt hätten,
die er ihnen durch seine einfältig scheinenden
Fragen legte; und wenn sie sich endlich darin ver-
fingen, schien *er* ganz unschuldig daran zu seyn,
und die Lacher waren auf *seiner* Seite. Diese Methode war also da, wo er sie am gewöhnlichsten
anwandte, ich meine gegen die *Sofisten*, sehr fein
ausgedacht und vollkommen zweckmäßig. Denn
es war ihm nicht darum zu thun, sie zu belehren,
sondern sie vor ihren Zuhörern und Verehrern
in ihrer Blöße darzustellen. Aber du siehst auch,
daß sie nur so lange mit Vortheil zu gebrauchen
war, als der Gegner die Falle nicht gewahr wurde;
und natürlicher Weise konnte dieß in einer Stadt,
wo beynahe alles öffentlich geschieht, nicht sehr
lange anstehen. Sobald die Sofisten merkten, daß
sie einen Schlaukopf vor sich hatten, der mit den
Spitzfindigkeiten und Kunstgriffen der Dialektik
wenigstens eben so bekannt war als sie selbst, so
hätten sie noch zehnmahl einfältiger seyn müssen
als Sokrates sich stellte, wenn sie sich durch die
schülerhafte Miene, womit er sich ihre Belehrung
ausbat, und die vorgegebene Bewunderung ihrer
hohen Weisheit länger hätten täuschen lassen.
Auch zeigte sichs bald genug, daß er, außer dem
erklärten Haß der Sofisten, wenig mehr mit
dieser Art zu disputieren gewonnen hatte, als
daß er noch jetzt bey dem großen Haufen im Ruf
eines Spötters steht, der nie seine wahre Meinung
sagt, und dessen Reden man auch dann nicht

trauen darf, wenn er etwas ernstlich zu behaupten scheint, weil man nie gewiß ist, ob es nicht Verstellung sey, und was für geheime Absichten er darunter habe; — ein Ruf, der ihm, wie ich besorge, bey einem so argwöhnischen Volke wie das Athenische, über lang oder kurz noch gefährlich werden kann.

Übrigens muß ich noch bemerken, daß diese *ironische* Art zu *fragen* nicht mit einer andern vermengt werden muß, deren er sich, gewöhnlich in Verbindung mit der *Indukzion*, als einer Lehrart bey seinen Freunden (am häufigsten bey jungen Leuten) bedient, und in welcher, wenn ich nicht irre, seine Kunst *den Seelen zur Geburt zu helfen* besteht, deren ich in einem meiner vorigen Briefe gedacht habe. Die Fragen werden in dieser Absicht immer so gestellt, daß der Gefragte die rechte Antwort entweder gar nicht verfehlen *kann*, oder falls er sie verfehlte, durch die Folgerungen, welche vermittelst neuer Fragen aus seiner Antwort hervorgelockt werden, sich selbst gar bald von ihrer Unrichtigkeit überzeugen muß. Diese Lehrart, außer dem daß sie die leichteste und populärste ist, scheint mir vorzüglich darin auf den besondern Karakter der Athener berechnet zu seyn, daß sie die Aufmerksamkeit des *Lehrlings* fester hält, und indem sie dem *Lehrer* das Ansehen giebt, als ob er selbst durch seine Fragen erst belehrt zu werden wünsche, die Rollen gleichsam verwechselt und den Lehrer zum Schüler macht oder wenigstens beide auf gleichen

Fuß setzt, nehmlich in aller Gelassenheit etwas
mit einander zu suchen, das keiner von beiden
hat, und woran beiden gleich viel gelegen ist. Er
weiß es dann immer ohne Mühe so einzurichten,
daß der Lehrling das schmeichelhafte Vergnügen
hat, derjenige zu seyn, der das Gesuchte *findet*,
wiewohl dazu eben keine große Scharfsichtigkeit
erfordert wird; denn er bringt ihn unvermerkt
Schritt vor Schritt so nahe zu der Sache hin, daß
er endlich mit der Nase darauf stoßen muß.

Ein Beyspiel wird dir dieß am besten erläutern.
Es war dem Sokrates darum zu thun, den Begriff
eines seiner Lehrlinge von der Religiosität gegen
die Götter ins Reine zu bringen. Daraus entstand
der folgende Dialog.

SOKRATES.

Sage mir, Euthydem, was hältst du von der
Gottesfurcht?

EUTHYDEM.

Ich halte sie für etwas sehr schönes.

SOKRATES.

Kannst du mir also sagen, was du unter einem
gottesfürchtigen Menschen verstehst?

EUTHYDEM.

Einen der die Götter in Ehren hat.

SOKRATES.

Steht es aber bloß in eines jeden Willkühr, auf
welche Weise er die Götter ehren will?

124

EUTHYDEM.

Nein; sondern es sind Gesetze vorhanden, deren Vorschrift man hierin zu befolgen schuldig ist.

SOKRATES.

Wer diese Gesetze befolgt, wüßte der also nicht, wie man die Götter zu ehren schuldig ist?

EUTHYDEM.

Ich sollt' es denken.

SOKRATES.

Wer nun weiß wie er die Götter zu ehren schuldig ist, glaubt also nicht, daß er es auf eine andere Art zu thun schuldig sey, als wie er es weiß?

EUTHYDEM.

Gewiß nicht!

SOKRATES.

Meinst du, daß es einen Menschen gebe, der die Götter anders ehrt, als er glaubt daß er es zu thun schuldig sey?

EUTHYDEM.

Ich sollt' es *nicht* meinen.

SOKRATES.

Wer also weiß, was die Gesetze in Betreff der Götter verordnen, ehrt der die Götter gesetzmäßig?

EUTHYDEM.

Allerdings.

SOKRATES.

Und wer sie gesetzmäßig ehrt, ehrt sie wie es
seine Schuldigkeit ist?

EUTHYDEM.

Wie könnt' er denn anders?

SOKRATES.

Wer sie also gesetzmäßig ehrt, ist gottesfürch-
tig?

EUTHYDEM.

Ganz unläugbar.

SOKRATES.

Wir haben also den Begriff des Gottesfürchtigen richtig bestimmt, wenn wir sagen: es sey
derjenige, der da weiß, was die Gesetze in Betreff der Götter verordnet haben?

EUTHYDEM.

So dünkt michs.[1])

Ich sehe dich zu dieser Manier, den Seelen zur
Geburt zu helfen, die Achseln ein wenig zucken,
Kleonidas; — unter uns gesagt, auch ich habe
schon oft große Noth gehabt, die meinigen bey
solchen Gelegenheiten im Respekt zu erhalten.
Aber es ist nun nicht anders. Dieß ist einmahl
seine Manier, und du wirst wenigstens gestehen
müssen, daß Mangel an Deutlichkeit nicht ihr
Fehler ist. — »Sie ist nur gar zu deutlich, hör'
ich dich sagen. Was soll man von dem Verstande
der jungen Athener denken, wenn sie einer so

wortreichen Methode nöthig haben, um einen so leichten Satz zu begreifen? Und das schlimmste ist denn noch, daß er nicht einmahl wahr ist. Denn es ist doch ein täglich vorkommender Fall, daß einer recht gut weiß, was er nach dem Gesetz zu thun schuldig ist und es doch nicht thut.« — Auf das letztere hab' ich dir keine andere Antwort zu geben als, bey Sokrates ist zwischen *Wissen* und *Ausüben* dessen was pflichtmäßig ist, kein Unterschied, und er bemüht sich, auch seine Zöglinge so zu gewöhnen. Was aber die Lehrart betrifft, wovon ich dir ein Beyspiel aus Tausenden gegeben habe, so weiß ich mir die Sache selbst nicht anders zu erklären, als daß er sie nöthig gefunden haben muß, um die unsägliche Flatterhaftigkeit der jungen Leute in Athen, wenigstens einige Minuten lang, bey dem nehmlichen Gegenstande fest zu halten. Hätte er zu Cyrene oder Korinth oder Theben gelebt, so würde er vermuthlich gefunden haben, daß er auf einem kürzern Wege zum Ziele kommen könne. Aber nun ist ihm diese Methode so sehr zur Gewohnheit geworden, daß er sie auch bey solchen Personen gebraucht, bey denen sie keine gute Wirkung thut. Ich wenigstens bekenne, daß ich schon mehr als einmahl alle meine Geduld aufbieten mußte, um die Ehrerbietung nicht aus den Augen zu setzen, die jedermann, und ein junger Mensch mehr als irgend ein anderer, einem Greise schuldig ist, der an Naturgaben und Geisteskräften den Besten gleich ist, an sittlicher

Vollkommenheit vielleicht alle übertrifft; und, da
ein Sterblicher doch nicht ganz ohne Tadel seyn
kann, sich durch die wenigsten und unbedeu-
tendsten Schwachheiten von dem allgemeinen
Loose der Menschheit, so zu sagen, frey gekauft
hat.

Anmerkung.

1) Dieses Gespräch zwischen Sokrates und Euthy-
demus ist von Wort zu Wort das nehmliche, welches
im sechsten Abschnitt des vierten Buchs der Sokratischen Denkwürdigkeiten zu lesen ist. Aristipp sowohl als
Xenofon erzählen es, als ob sie dabey zugegen gewesen,
welches sehr wohl Statt haben konnte, da Xenofon sich
nicht eher als im *vierten* Jahre der vier und neunzigsten
Olympiade von Athen entfernte, um unter den Griechischen Hülfstruppen, welche der jüngere Cyrus zum
Behuf seiner Unternehmung gegen den König seinen
Bruder angeworben hatte, Dienste zu nehmen. Xenofon
und Aristipp konnten sich also etliche Jahre lang öfters
in Gesellschaft des Sokrates gesehen haben, wiewohl
die große Verschiedenheit ihrer Sinnesart, und der Umstand, daß Xenofon damahls schon ein Mann von funfzig
Jahren war, und überhaupt einen ganz andern Weg im
Leben ging als Aristipp, Ursache seyn mochte, daß beide
einander immer fremd und gleichgültig geblieben; nur
mit dem Unterschied, daß dieser Mangel an Sympathie
Aristippen nicht verhinderte, dem Xenofon bey jeder
Gelegenheit Gerechtigkeit widerfahren zu lassen, dieser
hingegen in mehr als einer Stelle der *Memorabilien* eine
Abneigung gegen jenen verräth, die sogar der Billigkeit
Abbruch thut, welche man sonst in seiner Art, selbst von
sehr tadelhaften Menschen zu urtheilen, wahrnehmen
kann.

2.

SOKRATES
UND THEODOTA.

[...]

ls der Mahler aufgehört, und die schöne Theodota sich in ein Nebengemach begeben hatte, um ihren Anzug wieder in die gewöhnliche Ordnung bringen zu lassen, warf Sokrates, in einem ihm ganz eigenen unnachahmlichen Mittelton zwischen Scherz und Ernst, die Frage auf: Ob wir, die Zuschauer, der schönen Theodota, für die Erlaubniß ihre Schönheiten in einen so genauen Augenschein zu nehmen, oder Theodota nicht vielmehr *uns* für die Beschauung, Dank schuldig sey? und entschied sie, nach Maßgabe des ihr oder ihnen wahrscheinlich daraus zuwachsenden Vortheils oder Nachtheils, zu Gunsten der Zuschauer. Immittelst hatte er, seiner Gewohnheit nach, mit seinen weit hervorragenden scharf blickenden Augen das Innere des ganzen Hauswesens ausgekundschaftet; und als Theodota wieder sichtbar ward, machte er ihr sein Kompliment über den reichen und glänzenden Fuß, auf welchem alles bey ihr eingerichtet sey. Das Alles, setzte er hinzu, muß dich viel Geld kosten, und ein so großer Aufwand setzt ein großes Vermögen voraus. Du hast ohne Zweifel ein schönes Landgut? — Keine Erd-scholle, antwortete Theodota etwas schnippisch. — »Also vermuthlich ein Haus, das dir ansehnliche Renten abwirft?« — Auch das nicht, erwiederte sie, indem sie ein paar große Augen an den Mann machte, der einer Unbekannten so sonderbare Fragen vorlegte, und ihr dennoch, seines schlech-ten Aufzugs ungeachtet, Ehrfurcht und Zutrauen einzuflößen schien. — »Aha! Nun versteh ich; du bist Eigenthümerin einer großen Fabrik, worin eine Menge geschickter Arbeiter Geld für dich verdienen?« — Ich? ich besitze nichts derglei-chen. — »Wovon kannst du denn einen solchen Aufwand machen?« — Die Freygebigkeit meiner guten Freunde, erwiederte sie erröthend, und hielt inne — »Gute Freunde? Das gesteh ich! Da hast du allerdings ein großes Besitzthum. Ein Rudel Freunde ist freylich ein ganz andrer Reich-thum als eine Herde Rinder, Schafe und Ziegen! Aber wie fängst du es an, schöne Theodota, daß du so gute Freunde bekommst? Läßt du es auf den Zufall ankommen, ob sich so ein Freund, wie eine Fliege, von ungefähr an dich setzt, oder gebrauchst du etwas Kunst dazu?« — Ich ver-stehe dich nicht; wie käme ich zu einer solchen Kunst? — »Wenigstens so leicht als eine Spinne. Du weißt doch wie sie es machen, um sich ihren Unterhalt zu verschaffen? Sie weben eine Art

feiner Netze; die Mücken verfangen sich darin,
und dienen ihnen zur Speise.« — Ich soll also
auch so ein Netz weben, meinst du? — »Warum
nicht? Du wirst dir doch nicht einbilden, daß ein
so köstliches Wildbret, als gute Freunde sind, dir
so ohne alle List und Mühe, mir nichts dir nichts,
in die Küche laufen werde? Siehst du nicht, wie
mancherley Anstalten die Jäger machen, um nur
einen schlechten Hasen zu erhaschen? Weil der
Hase immer bey Nacht auf die Weide geht, schaffen sie sich Hunde an, die bey Nacht jagen; und
weil er ihnen bey Tage entlaufen würde, halten sie
Spürhunde, die, wenn er von der Atzung in sein
Lager zurückgeht, seiner Fährte folgen und ihn
dort zu fangen wissen. Weil er so schnellfüßig ist,
daß er ihnen im Freyen gar bald aus den Augen
kommt, haben sie Windspiele bey der Hand, die
ihn im Laufen fangen; und da er ihnen vielleicht
auch so noch entrinnen könnte, stellen sie überall, wohin er seinen Lauf nehmen könnte, Jagd-
netze auf, worein er sich verwickeln muß.« — Das
alles mag zur Hasenjagd sehr dienlich seyn, sagte
Theodota mit einem kleinen spöttischen Nase-
rümpfen; nur sehe ich nicht, welches von diesen
Mitteln *mir* dienen könnte um *Freunde* zu er-
jagen. — »Was meinst du, Theodota, wenn du
dir statt eines Spürhundes jemand anschaffen
könntest, der die Gabe hätte dir die reichen
Dilettanten auszuriechen und in deine Netze zu
jagen?« — In meine Netze? Was für Netze hätte
ich denn? — »Das fragst du, schöne Theodota?

Eines wenigstens gewiß, das auf alle Fälle schon
weit reicht, und von der Natur selbst gar zierlich
gestrickt wurde; und wie kannst du vergessen,
daß du in diesem schönen Leibe eine Seele hast,
die dich lehren könnte, wie du die Augen brauchen mußt, um die Männer durch deine Blicke
zu bezaubern; was du reden mußt, um sie auf-
geräumt und fröhlich zu machen; wie du den,
der dich ernstlich liebt, durch die Anmuth deines
Betragens fest halten, und den Lüstling, der nur
in deinen Reitzen schwelgen will, abschrecken
und entfernen sollst. Und hast du nicht auch ein
Gemüth, das dich an deinem Freunde Antheil
nehmen macht? Das dich antreibt die zärtlichste
Sorgfalt an ihn zu verschwenden wenn er krank
ist; ihm die lebhafteste Theilnehmung zu zeigen,
wenn er irgend etwas rühmliches gethan hat,
und mit ganzer Seele an ihm zu hangen, wenn
er dir Beweise giebt, daß auch *er* es recht herz-
lich mit dir meine? Ich zweifle nicht, du kannst
mehr als nur *liebkosen*, du kannst auch *lieben*;
und du machst dir ein Geschäft daraus, die Gewalt, die du über die Gemüther deiner Freunde
hast, dazu anzuwenden, sie zu den edelsten und
besten Menschen zu machen.« — Ich versichre
dich, (sagte Theodota, indem sie den Mund mehr
als nöthig war aufthat, um uns zwey Reihen der
schönsten Perlenzähne zu weisen) von dem allen
ist mir nie etwas in den Sinn gekommen. — »Das
ist mir leid für dich; denn es ist nichts weniger
als gleichgültig, ob man den Menschen gehörig

und seiner Natur gemäß behandelt, oder nicht. Mit Gewalt wirst du wahrlich keinen Freund weder bekommen noch behalten; das ist ein Wild, das sich nicht anders fangen und an die Krippe gewöhnen läßt, als daß man ihm wohl begegnet und Vergnügen macht. Das erste also, worauf du zu sehen hast, ist, daß du von deinen Liebhabern nichts verlangest als was sie dir leicht und mit dem wenigsten Aufwand gewähren können; das zweyte, daß du ihnen in eben dieser Art keine Gefälligkeit schuldig bleibest. Dieß ist ein unfehlbares Mittel, zu machen, daß sie dich immer lieber gewinnen, dich desto länger lieben und desto freygebiger gegen dich sind. Du weißt, warum es ihnen eigentlich bey dir zu thun ist; und es ist wohl nicht deine Meinung, die Tyrannin mit ihnen zu spielen. Das, wovor du dich hüten mußt, ist also bloß, vor lauter Gefälligkeit, dem Guten nicht zu viel zu thun. Du siehest, daß die leckerhaftesten Gerichte dem, der keine Lust zum Essen hat, nicht schmecken wollen, und dem Satten sogar Ekel erwecken: kannst du hingegen deinem Gaste Hunger machen, so wird ihm auch gemeine Kost willkommen seyn.« — Was müßt' ich denn thun, (sagte Theodota mit der schaafmäßigsten Miene in einem der schönsten Gesichter) um denen, die mich besuchen, Hunger zu machen? — »Vor allen Dingen dich wohl in Acht nehmen, ihnen wenn sie satt sind nichts weiter vorzusetzen, geschweige sie noch gar nöthigen zu wollen. Lässest du ihnen Zeit, so wird der

Appetit von selbst wiederkommen; wenn du aber siehest, daß dieß der Fall ist, so übereile dich ja nicht; locke sie durch die artigsten Manieren, die feinsten Liebkosungen: sey lebhaft, reitzend, sogar muthwillig; aber entschlüpfe ihnen immer wieder, wenn sie dich zu haben meinen, und ergieb dich nicht eher, bis du gewiß bist, daß sie den höchsten Werth auf deine Gefälligkeit legen.« — Diese Lehre schien der jungen Person einzuleuchten. Wenn nur du, sagte sie und lächelte den alten Herrn so holdselig an als ihr möglich war, wenn nur *du* mir Freunde jagen helfen wolltest? — »Warum nicht, wenn du mich dazu bereden kannst?« — Das möchte ich wohl gern, wenn du mir nur sagen wolltest, wie ich es machen muß. — »Das ist *deine* Sache; du mußt eine Seite ausfindig machen, wo du mir beykommen kannst.« — So besuche mich nur recht fleißig, lieber Sokrates! — »Ich habe nur nicht viel übrige Zeit, meine gute Theodota, erwiederte Sokrates, der des Scherzens mit der albernen Puppe überdrüßig zu werden anfing; meine häuslichen und öffentlichen Geschäfte lassen mir wenig müßige Augenblicke. Auch habe ich eine hübsche Anzahl guter Freundinnen, die mich Tag und Nacht nicht von sich lassen wollen, weil ich sie gar wirksame Liebestränke und Zauberlieder lehre.« — Ey, was du sagst! Verstehst du dich auch auf *solche* Dinge, Sokrates? — »Wie sollt' ich nicht? Meinst du, der Apollodor und der Antisthenes hier gehen mir um nichts und wieder

nichts nie von der Seite? Oder Cebes und Sim-
mias kommen ohne ihre guten Ursachen bloß
meinetwegen bis von Theben hergelaufen? Du
begreifst doch, daß so was nicht ohne Hexerey
und Liebestränke und Zauberschnüre möglich
ist.« — So sey so gut und leihe mir eine solche
Schnur, damit ich sie gleich auf dich werfen
kann. — »Ich *will* aber nicht zu dir gezogen seyn,
sagte Sokrates lächelnd, du sollst zu *mir* kommen.« — Von Herzen gern, wenn du mich nur
annehmen willst. — »Das will ich wohl, es wäre
denn, daß eben eine bey mir wäre die ich lieber
habe.« — Hier endigte sich dieser in seiner Art
einzige Sokratische Dialog;[1) wir empfahlen uns
und gingen lachend unsres Weges. [...]

Anmerkung.

1) Die Erzählung, welche Aristipp seiner Freundin von
dem Besuch des Sokrates bey der schönen Theodota
macht, stimmt in allem Wesentlichen genau mit der
Xenofontischen im eilften Kapitel des dritten Buchs der
Memorabilien überein; wenigstens ist der Unterschied
nicht größer als er gewöhnlich zu seyn pflegt, wenn eben
dieselbe Begebenheit von zwey verschiedenen Augen-
zeugen erzählt wird.

III.

XENOFONS
GASTMAHL.

VORBERICHT.

Xenofons Gastmahl oder Symposion[1]) kann, nach den verschiedenen Ansichten, die es uns aus verschiedenen Gesichtspunkten gewährt, mit Recht für eines der schätzbarsten Stücke des Griechischen Alterthums gelten.

Sein geringster Vorzug ist vielleicht, daß es nach dem einstimmigen Urtheil der Kenner, das zierlichste und anmuthigste unter den wenigen Werken des Attischen Witzes ist, welche ein wohlthätiger Zufall der zerstörenden Barbarey der *Theodosier* und ihres Gleichen aus den Zähnen gerissen und bis auf uns gebracht hat.

Wichtiger wird es, wenigstens in *meinen* Augen, dadurch, daß es uns den berühmtesten und gepriesensten, aber vielleicht am wenigsten gekann-

---

[1]) Δειπνον und Συμποσιον sind nicht ganz gleichbedeutende Wörter; jenes bezeichnet die eigentliche Mahlzeit, dieses die Zeit, während welcher die Gäste beysammen blieben, um sich mit *trinken* und muntern Unterhaltungen aller Art zu vergnügen.

ten Mann seiner und aller folgenden Zeiten, *Sokrates*, wahrer und lebendiger darstellt, folglich zuverlässiger kennen lehrt, als alle Dialogen Platons zusammengenommen. Es kommt freylich in Dingen dieser Art meistens auf ein gewisses Gefühl an, wovon man, weil es sich nicht mittheilen läßt, denen, die damit nicht begabt sind, wenig oder keine Rechenschaft geben kann. Indessen dünkt mich doch, jeder Leser, der dieses Symposion mit Aufmerksamkeit liest, müsse, so gut wie ich, fühlen, daß Xenofon wirklich den *Willen* gehabt habe, diesen Sokrates, (der auch in *seinem* Symposion, wie in dem *Platonischen*, nur ohne die mindeste Anmaßung, die *Hauptfigur* ist) unverfälscht und unverschönert, in seiner völligen eigenthümlichen Art und Weise, wie er leibte und lebte, so treulich abgeschildert oder abgeformt darzustellen, daß alle, die mit ihm in nähern Verhältnissen gelebt hatten, die Aehnlichkeit auf den ersten Blick erkennen mußten.

Vermuthlich ist die Bemerkung schon lange vor mir gemacht worden, daß in jedem wohlgetroffenen Bildniß ein besser zu fühlendes als zu beschreibendes Etwas ist, das uns, wiewohl wir die vorgestellte Person nie gesehen haben, keinen Augenblick ungewiß läßt, ob sie getroffen sey oder nicht. Ich müßte mich sehr täuschen, oder dieser Stempel der Wahrheit ist auch diesem Xenofontischen Bildniß des Sokrates auf die unverkennlichste Weise aufgedruckt.

Wenn es Xenofons *Hauptabsicht* bey dem vor uns liegenden Werke war, ein solches Bildniß von seinem geliebten Meister und Freund aufzustellen, so hätte er, wofern er sich in der Wahl der Nebenumstände auch bloß seiner freyen Einbildung hätte überlassen wollen, schwerlich eine zu seiner Absicht besser stimmende Scene *dichten* können als ein Gastmahl, einer auserlesenen Gesellschaft gebildeter und zum Theil durch Geburt und Vermögen ausgezeichneter Personen, von einem der vornehmsten und reichsten Bürger in Athen gegeben. Dem ungeachtet zweifle ich keinen Augenblick, daß es diejenigen getroffen haben, die das Xenofontische Symposion *für keine Dichtung* (was das *Platonische* augenscheinlich ist) halten, sondern für eine, den Hauptsachen nach, getreue historische Erzählung des Merkwürdigsten, was bey einem von *Kallias*, Hipponikus Sohn, wirklich unter den angeführten Umständen angestellten festlichen Gastmahl vorgefallen und verhandelt worden. Daß dem so sey, wird jedem aufmerksamen Leser aus einer Menge kleiner Züge einleuchten, auf welche der erfindungsreichste Dichter nicht aus sich selbst verfallen würde, bloß weil sie an sich zu unerheblich sind, um eher, als bis sie sich wirklich ereignen, als möglich gedacht zu werden. Alle von Xenofon bey diesem Mahl aufgeführte Gäste sind historisch, und sowohl was ihren Karakter als ihre Verhältnisse und Umstände betrifft, aus andern Urkunden dieser und der nächstfolgenden Zeiten, für das, wofür er sie uns giebt, bekannt.[2])

Daß also höchstwahrscheinlich dieser Erzählung eine wirkliche Thatsache zum Grunde liegt, hindert indessen nicht, daß das, was Künstler und Kunstrichter in Werken der nachahmenden und darstellenden Künste die *Komposizion* zu nennen pflegen, und was in unsrer Sprache nicht unschicklich durch *Zusammenfügung* gegeben werden kann, dem Xenofon eigenthümlich angehöre, und sein Gastmahl in dieser Hinsicht für ein schwer zu übertreffendes Muster einer *dialogierten dramatischen Erzählung* anzusehen sey; wie ich in einem besondern Versuch über den

---

[2]) Hr. A. G. *Becker*, Verf. einer 1795. zu Halle bey Hendel herausgekommenen Uebersetzung von Xenofons Gastmahl und Oekonomikus, hat in einer dem erstern vorgesetzten Einleitung, alle Nachrichten von den weniger bekannten Personen, welche bey diesem Gastmahl zugegen waren, zusammengetragen, die sich von ihnen auffinden ließen. Das nöthigste davon habe ich dem Verzeichniß der Personen beygefügt; das übrige ergiebt sich aus Xenofons Erzählung selbst. Nur wer *Hermogenes*, seinen häuslichen und bürgerlichen Verhältnissen nach, gewesen, bleibt ungewiß. In der Apologie nennt ihn Xenofon einen Sohn des *Hipponikus*; er müßte also ein Bruder des Kallias gewesen seyn; es findet sich aber davon keine Spur weder im Symposion noch sonst. *Diogenes Laertius* giebt dem Busenfreunde des Sokrates, *Kriton*, zwey Söhne, *Kritobulus* und *Hermogenes*, welche Kriton beyde der Bildung und Führung des Sokrates übergeben habe. Wenn dies ist, so müßte Hermogenes, nach dem Karakter, den er in diesem Gastmahl behauptet, wenigstens viel älter als Kritobul gewesen seyn; auch wär' es immer sonderbar, daß nicht das geringste vorkommt, woraus eine so nahe Verwandtschaft zwischen ihnen zu schließen wäre. Dieser Knoten mag also vor der Hand unaufgelößt bleiben. − Hr. Becker hat auch über die Zeit, da dieses Gastmahl vorgefallen, Untersuchungen angestellt, und herausgebracht, daß es nicht später als im ersten Jahr der 92sten und nicht früher als im zweyten der 89sten Olympiade Statt gefunden haben könne.

Plan des Werks und die in der Anordnung, Zusammenfügung und Ausführung desselben sich
beweisende Kunst, umständlich darzuthun hoffe.
Sehr richtig nennt ihn daher der scharfsinnige
und ächt klassische *Shaftesbury*, welchen *Herder*
in seiner *Adrastea* (I. B. 2. St. Nr. 13. und 14. der
Begeb. und *Karaktere des vor. Jahrh.*) so treffend
wahr, zart und billig gezeichnet und beurtheilt
hat, in seinem ADVICE TO AN AUTOR, den *filosofischen Menander der frühern Zeit.*[3]) Was hätte auch
wohl der Vater und größte Meister der *neuen*
griechischen *Komödie* unter allem, was ihm im
Jahrhundert des Sokrates vorgearbeitet worden
war, finden können, was geschickter gewesen
wäre ihn zur Idee der edlern Darstellung wahrer
Karaktere, Verhältnisse und Sitten des bürgerlichen und häuslichen Lebens zu erheben, als
Xenofons Symposion?
Es ist übrigens leicht vorher zu sehen, daß
Leser, welche, ohne selbst in näherer Bekanntschaft mit den Griechen jener Zeit zu stehen,
sich von der *Attischen Urbanität* überhaupt, und
von der so gepriesenen *Xenofontischen Grazie*
insonderheit, einen sehr hohen, aber mit einem
starken Zusatz von neuzeitiger Höflichkeit und
Artigkeit versetzten Begriff gemacht haben, sich
sehr leicht in ihrer überspannten Erwartung getäuscht finden, und im Speisesaal unsers edeln
Atheners nicht völlig in so guter Gesellschaft zu

---

[3]) v. CHARACTERISTICKS, Vol. I. p. 218.

seyn glauben könnten, als sie sich versprochen
hatten. Es möchte vielleicht bey solchen Lesern
von keiner großen Wirkung seyn, wenn wir ihnen
mit der derben Freymüthigkeit eines *Antisthenes*
beweisen wollten, daß der Fehler bloß *an ihnen*
liege, und daß es nicht Xenofons Schuld sey,
wenn es ihnen (mit dem vorangezogenen edeln
Britten zu reden) an Sinn fehle für »die *Göttlich-
keit* der schönen Einfalt des liebenswürdigsten
und Geist und Herz mehr als irgend ein anderer
erhebenden unter allen bloß menschlichen
Schriftstellern.« —⁴)

Doch auch solche, denen dieser Sinn nicht
ganz versagt ist, könnten, denke ich, ohne sich
einen gerechten Tadel zuzuziehen, an mehr als
einem Zug, der den starken Abstich der Sitten
der Griechen jener Zeit von den unsrigen gar zu
auffallend bezeichnet, einigen Anstoß nehmen,
und von dem, was man zu Athen in der *besten
Gesellschaft* sagen durfte, auf eine der letztern
nicht sehr schmeichelnde Art überrascht werden.
So wenig ihnen dieses zu verdenken wäre, so
wenig billig würde es gleichwohl von ihnen seyn,
wenn sie z. B. die keuschen Grazien Xenofons
zu Mitschuldigen der Cynischen Natürlichkeit
machen wollten, womit Antisthenes sich im 4ten
Abschnitt auf seine Genügsamkeit in Ansehung
gewisser Befriedigungen nicht wenig zu Gute
thut. Wir dürfen nie vergessen, daß Xenofon im

---

⁴) CHARACTERISTICKS, Vol. III. p. 205. der Turneisenschen Ausgabe.

Grunde hier doch nichts ist und seyn will, als bloßer Erzähler dessen, was bey diesem Gastmahl vorfiel, und was er selbst gesehen und gehört hatte.[5]) Indessen müßte ich mich sehr irren, wenn sich in seiner Darstellung nicht hier und da freylich sehr leise Spuren wahrnehmen ließen, daß er diese gute Gelegenheit mit Vergnügen ergriffen habe, an Antisthenes und Sokrates den Abstich eines plumpen geschmacklosen Nachbildes von einem unerreichbaren Urbild, durch bloßes Nebeneinanderstellen, fühlbar zu machen. Uebrigens bedarf es kaum der Erinnerung, daß der Ton bey fröhlichen Gastmählern und Trinkgelagen, wenn die Frauen gänzlich davon ausgeschlossen sind, unter allen Völkern, wie verfeinert sie auch immer seyn mochten, von jeher eben so frey und wenig zurückhaltend war, und noch itzt ist, als bey den Griechen, bey welchen nur *bezahlte* Frauenspersonen in vermischten Männergesellschaften erscheinen konnten. Aber eben darum muß ihnen, dünkt micht, Artigkeit, Zartgefühl und Zurückhaltung, falls man davon gleichwohl noch so viel als in diesem Xenofontischen Gastmahl bey ihnen findet, um

---

[5]) Die bloße Aeußerung (in den Worten οἷς δε παραγενομενος ταυτα γιγνωσκω, δηλῶσαι βουλομαι [Bei welch (diesbezüglicher) Gelegenheit ich zu dieser Erkenntnis gekommen bin, will ich (im folgenden) aufzeigen.]) daß er bey diesem Gastmahl zugegen gewesen (wiewohl er sich unter den Begleitern des Sokrates nicht nennt) würde diese Ueberzeugung nicht bey mir bewirken, wenn nicht so viele *innere* unverkennbare Merkmahle, die in der Erzählung selbst liegen, für die Aechtheit derselben zeugten.

soviel höher angerechnet werden, und es beweiset um so viel mehr für die Feinheit ihrer
Bildung und ihrer Sitten, weil Formeln und
Etikette noch so sehr wenig Antheil an ihrer
Urbanität hatten, und besonders zu Athen die
demokratische Freyheit und Gleichheit noch groß
genug war, daß ein Jeder, den nicht gänzlicher
Mangel an Erziehung oder notorische Verworfen-
heit des sittlichen Karakters von der guten Gesellschaft ausschloß, sich ohne Bedenken in seiner eigenthümlichen Gestalt und Laune zeigen,
und sich völlig soviel auch wohl ein wenig mehr
geltend machen durfte, als er werth zu seyn
glaubte.

———————

Ob Xenofon irgend eine besondere *Veranlassung*, dieses Werkchen auszuarbeiten, oder noch
eine andere Absicht, als die im Eingang von
ihm angegebene, dabey gehabt habe, scheint mir
eine unnöthige Frage, die nur durch schwache
Vermuthungen zu beantworten ist. Wahrscheinlich war es eine der ersten Früchte der glücklichen Muße, die er, nach Endigung seiner krie-
gerischen Laufbahn, und nachdem er von den
Athenern lebenslänglich aus ihrem Gebiet verwiesen worden war, zu Korinth auf seinem Land-
gute genoß; und wenn ich ja eine Vermuthung
wagen möchte, so wär' es, daß er durch das *erdichtete* Symposion des *Plato* veranlaßt worden
sey, die Erzählung eines *wirklichen* Gastmahls,

wobey Sokrates in seiner wahren Gestalt erscheint, aufzusetzen und bekannt zu machen.

Von meiner Uebersetzung habe ich, da sie für
sich selbst reden muß, wenig oder nichts zu
sagen. Sie ist seit sechs Jahren die *dritte*, die
sich an diese Unternehmung gewagt hat, welche
bey weitem so leicht nicht ist, als sie einem in
der Sprache des Originals geübten Leser auf den
ersten Anblick scheinen mag. Meine beyden gelehrten Vorgänger haben die Schwierigkeiten, mit
welchen sie zu kämpfen hatten, so treulich angegeben und zum Theil mit ihrem Beyspiel selbst
so gut bewiesen, daß es überflüssig wäre noch ein
Wort darüber zu verlieren. Wir haben, indem wir
ein unerreichbares Urbild in die Wette kopierten,
vermuthlich jeder sein Bestes gethan. Eben so
wohl ist zu vermuthen, daß noch mehr als Einer,
in der Meinung und Hoffnung es besser zu treffen als wir, sich künftig daran versuchen wird;
ja, so lange unsre Sprache eine der Lebenden
bleibt, wird eine neue Uebersetzung wenigstens
alle dreyßig oder vierzig Jahre sogar *nöthig* seyn.
Also

HANC VENIAM DAMUS PETIMUSQUE VICISSIM.
[geben und fordern wir die Freiheit dazu gegenseitig.
Horaz, Epistulae II,3,11 (Ars poetica)]

Oßmanstätt bey Weimar,
den 21. December 1801.

W.

VERZEICHNIS
der in diesem Gastmahl redenden
oder handelnden Personen.

Kallias, des *Hipponikus* Sohn, ein junger Athener
aus einem edeln Geschlecht, der seit kurzem
durch den Tod seines Vaters zum Besitz eines
sehr großen Vermögens gekommen war.

Autolykus, ein kaum aus dem Knabenalter ge-
tretener schöner Jüngling, welchem zu Ehren
das Gastmahl von Kallias, seinem erklärten
Liebhaber, angestellt war.

Lykon, ein bejahrter Athenischer Bürger, Vater
des Autolykus.

Niceratus, ein Sohn des durch seinen großen
Reichthum, und sein unglückliches Schicksal in
der Unternehmung gegen Sicilien, berühmten
Feldherrn *Nicias*.

Sokrates.

Antisthenes, einer der eifrigsten Freunde und
Anhänger des Sokrates und nachmahliger Vater
der *Cynischen* Sekte.

Hermogenes, ebenfalls einer von Sokrates stand-
haftesten Anhängern.

Charmides, ein Sohn Glaukons, eines Bruders von Periktione, Platons Mutter.

Kritobul, ein Sohn Kritons, des ältesten und wohlhabendsten unter den Freunden Sokrates.

Xenofon, war seiner Versicherung nach, zugegen, kommt aber unter den Sprechenden gar nicht zum Vorschein, es wäre denn, daß er (wie zu vermuthen) der zweymahl nur wenige Worte sagende *Ungenannte* ist.

Filippus, ein Lustigmacher von Profession, der sich ungebeten bey diesem Gastmahl einfand.

Eine *Flötenspielerin*, eine junge *Tänzerin* und ein *schöner Knabe*, der zur Cither singt und tanzt, und

Ein *Syrakuser*, dessen Eigenthum diese Kinder waren, und der mit ihren Talenten bey dergleichen Gelegenheiten Geld verdiente.

———

XENOFONS
GASTMAHL.

I.

*J*ch berge nicht, daß Männer, die durch
Naturgaben, Bildung und Sittlichkeit über
andere emporragen, bey Anlässen, wo sie
sich einer fröhlichen Stimmung und scherzhaften Laune überlassen, meines Bedünkens nicht
weniger merkwürdig sind, als bey ernsthaften
Gelegenheiten, wo alles, was sie reden und thun,
vorbedacht, abgewogen und mit Absicht gethan
und gesprochen ist. Wie ich zu dieser Meinung
gekommen bin, wird folgendes Beyspiel am besten zeigen. Als an den großen *Panathenäen*[1]) das
gewöhnliche Pferderennen vor sich ging, fand
sich auch *Kallias*, des Hipponikos Sohn, damals
der erklärte Liebhaber des schönen und noch
sehr jungen *Autolykus*, mit seinem Geliebten,
welcher im *Pankration* gesieget hatte, als Zu-

----

[1]) Das höchste Fest bey den
Athenern, welches alle fünf Jahre
gefeyert wurde. *S. Reisen des j.
Anacharsis*, 2. B. Die Zeit da
dieses Gastmahl vorfiel, näher zu
bezeichnen, scheint Xenofon unnöthig gefunden zu haben: es ergiebt sich aber aus dem Folgenden,
daß es an den nächsten großen
Panathenäen, welche auf die Vorstellung der *Wolken* des Aristophanes folgten, Statt gefunden habe.

schauer dabey ein. Wie das Wettrennen vorüber
war, begab er sich mit Autolykus und dessen
Vater, in Begleitung des *Niceratus*, nach seiner
Wohnung im Peiräon. Da er aber den *Sokrates* mit *Kritobulus, Hermogenes, Antisthenes* und
Charmides beysammen stehen sah, befahl er
einem Bedienten, den Autolykus und seine Begleiter nach seinem Hause zu führen, er selbst
aber ging auf Sokrates und seine Gesellschaft
zu, und sagte: das ist ja recht schön, daß ich euch
hier so beysammen antreffe! Ich bin im Begriff,
dem Autolykus und seinem Vater ein kleines Fest
zu geben, und wenn ich meinen Speisesaal mit
so schönen Geistern wie Ihr geschmückt sehen
könnte, würde ich ein glänzenderes Gastmahl
ausgerichtet zu haben glauben, als wenn ich die
ersten Staats- und Kriegsmänner der Republik zu
Gästen hätte.

Daß du es doch nicht lassen kannst dich immer
über uns lustig zu machen, versetzte ihm *Sokrates.* Aber freylich hast du auch Ursache, dir
auf deine von *Protagoras, Gorgias, Prodikus* und
wer weiß wie vielen andern ihres gleichen mit
schwerem Geld erhandelte Weisheit etwas zu
Gute zu thun, und mit Verachtung auf uns arme
Wichte herabzusehen, die sich mit einer eigen-
händig zusammengestümperten Hausfilosofie behelfen müssen.

Ich muß bekennen, erwiederte *Kallias*, daß ich
bisher mit meiner Gelehrsamkeit und Redekunst
ziemlich geheim gegen euch gethan habe; aber

heute, wenn ihr meine Gäste seyn wollt, will ich euch Beweise geben, daß ich in ganzem Ernst Ansprüche an euere Achtung mache.

Die Begleiter des Sokrates dankten ihm zwar, wie sichs gebührt, für die Einladung, zeigten jedoch anfangs wenig Lust seinem Schmause beyzuwohnen; als er sich aber merken ließ, daß er ihre Weigerung übel nehmen würde, entschlossen sie sich ihm zuzusagen; und da die einen durch Uebungen auf dem Fechtplatz, andere sogar durch ein Bad sich bereits zum Gastmahl angeschickt fanden, so begaben sie sich insgesammt mit ihm nach seiner Wohnung.

Bey Tische nahm *Autolykus* neben seinem Vater Platz; die übrigen setzten sich wie sichs schickte. Der erste Gedanke, welcher itzt in einem jeden der einen aufmerksamen Blick auf die Gesellschaft geworfen hätte, entstehen mußte, wäre gewesen, daß von Natur etwas Königliches in der Schönheit sey, zumal wenn ihr Besitzer sie mit so vieler Schamhaftigkeit und Bescheidenheit, wie der junge Autolykus, zu verbinden wisse. Denn wie ein im Dunkeln plötzlich erscheinender Glanz sogleich alle Augen aufschauen macht, so zog auch die Schönheit dieses Jünglings die Blicke aller Anwesenden auf ihn, und in kurzem war keiner, der ihre Macht nicht auf diese oder jene Art in seinem Gemüth empfunden hätte. Einige blieben wider ihre Gewohnheit stumm, andere verriethen sogar durch Mienen und Geberden was in ihrer Seele vorging.

Man kann überhaupt sagen, wer von irgend einem Gotte besessen werde, sey ein sehenswürdiger Gegenstand. Indessen glaubt man insgemein, daß die von den andern Göttern Besessenen, außerdem daß sie etwas gräßliches und fürchterliches im Blick und im Ton der Stimme haben, eine übernatürliche Heftigkeit in allen ihren Bewegungen äußern: an denen hingegen, von welchen eine keusche Liebe Besitz genommen hat, zeigen sich gerade die entgegengesetzten Erscheinungen. Ihre Blicke sind sittsamer, und sie bemühen sich ihre Stimme sanfter zu machen und allen ihren Geberden etwas edleres zu geben als gewöhnlich. Daß diese Kennzeichen der Liebe sich damals auch in *Kallias* beysammen fanden, blieb keinem, der in den Mysterien dieser Gottheit eingeweiht war, verborgen, und machte ihn zum Ziel ihrer unverwandten Aufmerksamkeit.

Es herrschte also während des Essens eine so allgemeine Stille unter den Gästen, als ob sie ihnen von einem Höhern geboten worden wäre. Indem wurde an die Thür geklopft, und der Thürhüter zeigte an: *Filippus*, der Lustigmacher, sey draußen, um der Gesellschaft seine Dienste anzubieten, und lasse ihr wissen, daß er mit allem reichlich versehen sey, was dazu gehöre um sich selbst bey einer wohlbesetzten Tafel zu Gaste zu

154

bitten. Auch der Knabe, den er bey sich habe, sey in sehr bedrängten Umständen, theils weil er zu leicht beladen sey, theils weil er heute noch nichts gegessen habe. — Bey dieser Bewandtniß, sagte Kallias, wär' es doch wohl nicht artig, meine Freunde, wenn wir ihm den Zutritt versagen wollten; er mag hereinkommen! Unter diesen Worten sah er zugleich den Autolykus an, um zu erforschen, wie er den Spaß des Lustigmachers gefunden habe.

Sobald dieser in den Saal getreten war, sagte er: daß ich meines Handwerks ein *Lachemacher*[2]) bin, ist den Herren allerseits bekannt; und ich komme von freyen Stücken, weil ich glaube es sey lächerlicher ungebeten bey einem Gastmahl zu erscheinen als eingeladen. Nimm also Platz, sagte *Kallias;* denn die Herren hier sind, wie du siehst, mit Ernsthaftigkeit so überladen, daß sie allerdings des Lachens desto mehr benöthiget sind.

Filippus zögerte nun nicht, während die andern speiseten, etwas Lächerliches auf die Bahn zu bringen, um seine Schuldigkeit zu thun, und der Absicht zu entsprechen, weswegen er zu dergleichen Gastmählern gerufen zu werden pflegte; und da niemand lachen wollte, ließ er

---

[2]) Ich glaube dieses neue Wort, welches das Griechische γελωτο-ποιος wörtlich ausdrückt, wagen zu können, weil das Substantivum *Lache* in unsrer Sprache vorhanden und dieses Wort also nach der Analogie aller mit *Macher* zusammengesetzten Nennwörter gebildet ist. Die Ursache, warum ich es nöthig zu haben glaubte, ergiebt sich aus dem folgenden von selbst.

sich ziemlich deutlich merken, daß es ihn ver-
drieße. Gleichwohl machte er bald darauf einen
zweyten Versuch; wie ihm aber auch dieser fehl
schlug, hörte er plötzlich auf zu essen, zog seinen
Mantel über den Kopf, und legte sich zurück.
Was soll das heißen? sagte *Kallias;* thut dir etwas
weh? — O gewiß, erwiederte er mit einem schwe-
ren Seufzer, und recht sehr weh, edler Kallias!
denn wenn die Leute nicht mehr lachen wollen,
so ists mit meinem Gewerb aus. Sonst wurde ich
ja bloß deswegen zu solchen Gastereyen geholt,
daß ich die Gesellschaft durch meine Späße zu
lachen machen und belustigen sollte: aber nun
möcht' ich wohl wissen, weßwegen mich jemand
ferner rufen lassen sollte? Denn ernsthaft zu
seyn, ist nun einmal so wenig in meiner Gewalt als unsterblich zu werden; und in Hoffnung
einer Gegeneinladung wird mich schwerlich Jemand bitten, da die ganze Stadt weiß, daß eine
Mahlzeit in meinem Hause eine Sache ohne Beyspiel ist. Indem er dieß sagte, machte er die
Geberdung und Stimme eines Menschen, der vor
Weinen und Schluchzen kaum reden kann, so
natürlich nach, daß die Anwesenden nicht umhin
konnten ihm Trost einzusprechen und ihr Wort zu
geben, daß sie wieder lachen wollten, während
Kritobulos bereits über seine Wehklage in ein
unbändiges Gelächter ausbrach. Dies that seine
Wirkung bey dem Spaßmacher. Sobald er lachen
hörte, deckte er sein Gesicht wieder auf, ermahnte seine Seele getrost und sicher zu seyn,

156

daß es nie an fröhlichen Gelagen fehlen werde, und ließ sichs wieder besser schmecken als jemals.

II.

Kaum waren die Tische weggenommen, das Trankopfer gebracht, und der gewöhnliche Lobgesang angestimmt, so meldete sich ein *Syrakuser*, der eine geschickte Flötenspielerin, eine von den Tänzerinnen, die sich mit wunderbaren Kunststücken sehen lassen, und einen sehr schönen Knaben, der ungemein artig auf der Cither spielte und tanzte, bey sich führte, mit deren Geschicklichkeiten er bey dergleichen Anlässen Geld zu verdienen pflegte.

Als sich das Mädchen auf der Flöte und der Knabe auf der Cither hatten hören lassen, und beide den Zuhörern großes Vergnügen gemacht zu haben schienen, sagte *Sokrates*: Man muß gestehen, Kallias, deine Bewirthung läßt nichts zu wünschen übrig; du begnügst dich nicht, durch ein untadeliches Gastmahl unserm Gaumen gütlich gethan zu haben, du verschaffst auch noch unsern Augen und Ohren die angenehmste Befriedigung. — Wie meinst du, versetzte *Kallias*, wenn uns Jemand noch Myron[3]) brächte, um

---

[3]) Das deutsche Wort *Salbe*, (zumal da man dabey sogleich an Pflaster denkt) drückt das gar nicht aus, was das Griechische *Myron*, welches eine gewisse Art von wohlriechender Essenz war, womit sich die Frauen, und zuletzt auch die Weichlinge unter den

auch unsern Nasen einen kleinen Schmaus zu geben? — Bey Leibe nicht, sagte Sokrates: lassen wir dieses den Frauen. So wie eine andere Kleidung dem Mann, eine andere dem Weibe ziemt; so ziemt auch dem Mann ein anderer Geruch als dem Weibe. Gewiß beduftet sich kein Mann um eines Mannes willen. Die Weiber, zumal wenn sie Bräute sind (wie *Niceratus* und *Kritobul* den ihrigen[4]) bezeugen werden) bedürfen allerdings der Spezereysalben; auch duften sie davon von weitem schon. Männern hingegen ist der Oelgeruch, den man durch fleißige Uebungen auf der Palästra erhält, angenehmer als Myron den Weibern, und wo er fehlt, kann man nicht umhin ihn zu vermissen. Mit Myron eingesalbt riecht der Freygeborne und der Sklave einer wie der andere; um hingegen den Wohlgeruch zu erhalten, welchen uns die den Freyen ausschließlich zustehende Leibesübungen verschaffen, werden viele Vorbereitungen und eine lange Zeit erfodert. — Das ist ganz gut für diese junge Männer hier, sagte *Lykon* (der Vater des schönen Autolykus) aber wir andern Alten, bey denen die Zeit der gymnastischen Uebungen vorüber ist, wonach sollen denn wir riechen? — Beym Jupiter! wonach sonst als nach *Kaloka-*

Männern zu beduften pflegten. Das ächte *Myron* war eine morgenländische Waare und hatte vielleicht von der Myrrhe, die ein Hauptbestandtheil desselben war, seinen allgemeinen Namen.

Denn es gab mehrere Arten von verschiedener Qualität und Benennung.

[4]) Es scheint daß diese beide noch sehr junge Männer damals neuverheirathet waren.

gathie?[5]) versetzte Sokrates. — Und wo ist dieses *Myron* zu bekommen? — Nun freylich nicht bey den Spezereykrämern, guter Lykon. — Wo also? Das hat uns *Theognis* schon gesagt:

Gutes kannst du von Guten nur lernen; doch
mengst du dich unter
Schlechte, so büßest du noch was du selbst
Gutes hast ein.

Hörst du das mein Sohn, sagte Lykon. — O gewiß, fiel Sokrates ein, und er befolgt es auch; und da er dereinst den höchsten Preis im *Pankration* davon zu tragen begehrt, so wird er (mit dem bereits erlernten noch nicht zufrieden) sich mit dir nach dem geschicktesten Meister in dieser Kunst umsehen, und wenn er gefunden ist, sich fleißig zu ihm halten.[6])

---

[5]) Ich beziehe mich wegen dieses unübersetzlichen Worts, auf das, was ich schon bey andern Gelegenheiten im Att. Mus. davon gesagt habe. S. II. Band, S. 20. u. III. B. S. 146.
[Im Text, auf den sich der erste Hinweis bezieht, heißt es S. 21: »...Die Bedeutung, die man dem καλος καγαθος [wörtl.: schön und gut] gewöhnlich beylegt, war, (wie ich vermuthe) dem *Sokrates* eigen, der sich ein Geschäft daraus machte, denen, die mit ihm umgingen, von allen solchen Wörtern und Redarten, mit welchen gewöhnlich nur sehr verworrene und unbestimmte sittliche Begriffe verbunden wurden, deutliche und wahre zu geben. Durch die Sokratische Schule wurde denn auch dieser edlere und höhere Sinn des Wortes *Kalokagathie* mehr in Umlauf gebracht; wahrscheinlich aber kam das Wort eben dadurch unvermerkt aus dem gemeinen Gebrauch; vermuthlich weil man es bequemer fand, blos ein καλος schlechtweg, als αγαθος dazu, zu seyn.«
— Zum zweiten Hinweis siehe die vorliegende Ausgabe S. 47 f.]
[6]) Autolykos hatte nämlich damals bey den gymnischen Spielen, welche zur Feyer der Panathenäen gehörten, den Sieg über Mitbewerber von seinem Alter erhalten, und dies war einem Jüngling

Hier ließen sich auf einmal mehrere Stimmen hören. Einer sagte: wo soll er diesen Meister finden? Ein anderer: das ist keine Sache die sich lehren läßt. Im Gegentheil, rief ein dritter, wenn sich irgend etwas lehren läßt, so ists dies. Weil es denn also, sagte Sokrates eine Frage ist, worüber lange hin und her gestritten werden könnte, so legen wir sie auf ein ander Mal bey Seite, und warten itzt das ab, was den nächsten Anspruch an unsre Aufmerksamkeit macht. Denn ich sehe daß die Tänzerin sich fertig macht, und daß Reife für sie herbeygebracht worden sind.

Die Flötenspielerin fieng nun an ihr vorzuspielen, und der Bursche mit den Reifen trat neben die Tänzerin, und reichte ihr deren wohl zwölf einen nach dem andern hin. Sie nahm sie, warf sie im Tanzen mit einem gewissen Schwung über sich, und wußte das Maaß, wie hoch sie die Reife werfen durfte, so richtig zu treffen, daß sie, ohne aus dem Takt zu kommen, alle zwölf im Fallen wieder in die Hand bekam.

Als sie diesem Spiel eine Weile zugesehen hatten, machte Sokrates die Bemerkung: es bewähre sich, wie durch so manches Andere, auch durch das, was dieses Mädchen leiste, daß die weibliche Natur an Fähigkeiten zu allem was *Kunst* heißt

---

von 15 oder 16 Jahren allerdings sehr rühmlich: aber von dem höchsten Ziel, so sich ein Pankratiast vorstecken mußte, nämlich in den *Olympischen* Wettkämpfen gekrönt zu werden, war er noch weit entfernt, und hatte dazu den geschicktesten Lehrmeister und sehr ernstliche Vorbereitungen vonnöthen.

der Männlichen nichts nachgebe, ob sie schon in Dingen, wozu körperliche und geistige *Stärke* nöthig ist, unsers Beystandes nicht wohl entbehren könne. Wer von uns also eine Frau hat, setzte er hinzu, mag sie immerhin alles lehren was er seines eignen Vortheils wegen wünschet daß sie verstehe, und kann sich des guten Erfolgs versichert halten.

Wenn du *dieser* Meinung bist, Sokrates, sagte *Antisthenes*, wie kommt es daß du die Probe nicht an deiner Xantippe machst, sondern dich mit einer Frau behilfst, die unter allen lebenden, ja, meines Bedünkens, unter allen die ehemals gelebt haben und künftig leben werden, die unerträglichste ist. Das geschieht aus der nämlichen Ursache, versetzte Sokrates, warum diejenigen, welche gute Reiter werden wollen, sich nicht die sanftesten und lenksamsten Pferde, sondern lieber wilde und unbändige anschaffen; denn sie denken, wenn sie diese im Zaum zu halten vermöchten, werde es ihnen ein leichtes seyn, mit allen andern fertig zu werden. Gerade so machte ichs auch, da ich die Kunst mit den Menschen umzugehen zu meinem Hauptgeschäfte machen wollte: ich legte mir diese Frau zu, weil ich gewiß war, wenn ich *Sie* ertragen könnte, würde ich mich leicht in alle andere Menschen finden können.

Nach dieser kleinen Unterbrechung (welche nicht zweckwidrig schien da sie den Zuhörern Vergnügen machte) ward ein großer ringsum mit emporstehenden Degenklingen besetzter Ring aufgesetzt, zwischen welchen und über welche die Tänzerin sich mit rückwärts zur Erde gebogenem Kopfe überwälzte, so daß sie wechselsweise erst wieder auf die Füße, dann wieder auf den Kopf zu stehen kam. Das Kunststück sah so gefährlich aus, daß den Zuschauern angst und bang für das Mädchen wurde; sie aber machte ihre Sachen mit der größten Dreistigkeit und Sicherheit.

Als auch dieses Schauspiel vorüber war, wandte sich Sokrates gegen Antisthenes und sagte: Nun wird mir doch, denke ich, Keiner, der dies mit angesehen hat, widersprechen, wenn ich behaupte, daß auch die Herzhaftigkeit *gelernt werden* könne, da dieses Mädchen, seinem Geschlechte zu Trotz, sich so verwegen in die Degenspitzen hineinstürzt. — Könnte dieser *Syrakuser*, versetzte *Antisthenes*, nicht auf einmal sein Glück machen, wenn er im Stande wäre, nachdem er diese Tänzerin in der Stadt sehen lassen, den Athenern zu versprechen, er wolle machen daß sie alle sich eben so herzhaft in die Spieße ihrer Feinde stürzen sollten? — Mir wenigstens sagte *Filippus*, sollt' es beym Jupiter! großen Spaß machen, den Volksredner *Pisander* Burzelbäume über Degenspitzen schießen zu sehen, der izt schlechterdings keinen Feldzug mit machen will, bloß weil er keinen gefällten Spieß vor Augen sehen kann.[7]

---

[7] Dieser *Pisander* ist ohne Zweifel der nämliche, der im 2. Jahre der 92. Olympiade (411 J. vor C. G.) mit Theramenes, Antifon und Frynichus die Demokratie zu Athen abschaffte und die in der

Indem sie dies sprachen, begann der *Knabe* seinen Tanz. Seht ihr nicht auch, sagte *Sokrates*, daß dieser Knabe, wie schön er auch ist, dennoch durch die Figuren und Bewegungen des Tanzes noch viel schöner erscheint, als wenn er sich ruhig hält? Du scheinst, sagte *Charmides*, mit dieser Bemerkung dem Tanzmeister, der ihn gelehrt hat, kein kleines Lob zu ertheilen, Sokrates. Das *ist* auch meine Meinung, erwiederte dieser, zumal da ich noch etwas anderes, das ihm Ehre macht, bemerkt habe; nämlich, daß bey diesem Tanz am ganzen Körper des Tänzers nichts müßig war, sondern Hals, Arme und Beine immer zugleich harmonisch bewegt wurden, wie man tanzen muß, um den Körper leicht und mit Anstand tragen zu lernen. Ich selbst, mein lieber Syrakuser, würde dieser Stellungen wegen mit Vergnügen dein Schüler werden. — Und wozu könnten sie dir helfen, sagte dieser. — Zum Jupiter, ich würde tanzen.

Diese Rede erregte ein allgemeines Gelächter. Lacht ihr über *mich*? sagte *Sokrates*, sein Gesicht in die ernsthaftesten Falten ziehend; etwa darüber, daß ich durch Leibesübung gesunder zu werden, und mit größerm Vergnügen zu essen und besser zu schlafen erwarte? Oder darüber,

---

Geschichte so übelberüchtigte, aber zum Glück nur wenige Monate daurende Oligarchie der sogenannten 400 Tyrannen errichtete. Die Geschichte giebt diesem Pisander einen unternehmenden Karakter, der von der Feigheit, die ihm Filippus vorwirft, ziemlich stark abzustechen scheint, aber sich dennoch sehr wohl mit ihr vereinigen läßt.

daß ich einer Art von Leibesübung den Vorzug
gebe, wobey ich nicht dickere Beine und schmä-
lere Schultern, wie die Wettläufer, oder brei-
tere Schultern und dünnere Beine wie die Faust-
kämpfer, sondern, weil ich mit dem ganzen
Körper gleich arbeite, den Vortheil gewinne daß
auch der ganze Körper durchaus gleichstark und
kräftig ist? Oder lacht ihr vielleicht darüber,
daß ich nicht nöthig haben werde, (was sich für
einen Mann von meinen Jahren auch nicht wohl
schicken will) einen Mitkämpfer zu suchen noch
mich vor einer Menge Zuschauer auszukleiden,
sondern daß ein Gemach, worin gerade sieben
Ruhebettchen stehen können, Raums genug für
meine Uebungen haben wird, wie dieser Knabe
Raums genug um sich in Schweiß zu tanzen, in
diesem Saale fand? Oder lacht ihr darüber, daß
ich mir dann des Winters auf meinem Zimmer,
und in der heißen Jahrszeit im Schatten, werde
Bewegung machen können? Oder findet ihr vielleicht lächerlich, wenn ich meinen Bauch, der
in der That einen etwas größern Umfang hat
als mir lieb ist, durch diese Art von Bewegung zu
einer mäßigern Periferie herabzubringen suche?
Und wißt ihr nicht, daß mich dieser Charmides
hier, erst kürzlich, schon in aller Frühe, bey einem
Solotanz überrascht hat? — Dem ist wirklich so,
sagte *Charmides*; auch stand ich anfangs ganz
verblüfft und besorgte du seyest wahnsinnig
geworden. Wie du mir aber ungefähr dasselbe
sagtest, was wir so eben gehört haben, war das

erste, was ich vornahm als ich nach Hause kam, daß ich — zwar nicht tanzte, denn das hab' ich nie gelernt, aber — mit den Armen und Händen gestikulierte; denn auf diese Kunst versteh ich mich so ziemlich. Das glaub' ich zum Jupiter! sagte *Filippus;* denn deine Beine scheinen mit deinen Schultern in einem so genauen Gleichgewichte zu stehen, daß du gewiß ungestraft davon kämest, wenn die Marktaufseher, wie sie bey den Brodten thun, den obern Theil an dir gegen den untern wägen wollten.[8]

Kallias sagte: wenn du noch tanzen lernen solltest, Sokrates, so will ich mich zu deinem Gegentänzer und Mitschüler angeboten haben. Wohlan, ihr Herren, rief der *Lustigmacher*, laßt mir Eins aufspielen; ich will euch zeigen, daß ich auch tanzen kann. Und hiemit stand er auf, und suchte den Tanz des Knaben und des Mädchens in seiner eigenen Manier nachzuäffen. Weil man den Knaben gelobt hatte, daß er durch seine Stellungen und Figuren noch schöner als zuvor geworden sey, so geberdete er sich hingegen so possierlich, daß jede Bewegung der einzelnen Theile seines Körpers das Ganze noch lächerlicher machte als es ohnehin war. Und da die Tänzerin durch Zurückbeugung ihres Körpers die Figur und Bewegung eines Rades nachgeahmt hatte, versuchte er dasselbe indem er, auf den Händen stehend, sich vorwärts überwälzte. End-

---

[8] Filippus scheint sich durch diesen Scherz über die Magerkeit des Charmides lustig zu machen.

lich weil der Knabe auch deswegen gerühmt
worden war, daß er in seinem Tanz alle Glieder
zugleich taktmäßig bewege, befahl er der Flötenspielerin in einen schnellern Takt überzugehen,
und arbeitete mit Kopf, Händen und Füßen auf
einmal so gewaltsam, bis er endlich vor Müdig-
keit nicht mehr konnte. Der beste Beweis, ihr
Herren, rief er sich auf ein Ruhebette werfend,
daß auch meine Manier zu tanzen eine trefliche
Mozion giebt, ist, daß ich dürste. Der Bediente
dort am Schenktisch soll mir den größten Pokal
voll gießen! Zum Jupiter! auch uns andern, sagte
Kallias, denn wir haben uns alle durstig über
dich gelacht.

Ich bin keineswegs gegen das Trinken, ihr
Männer, sagte *Sokrates*; im Gegentheil, der Wein
hat wirklich eine Kraft auch die Seele anzufeuch-
ten und wie durch die narkotische Kraft der
Mandragora, alle ihre Sorgen einzuschläfern, die
Fröhlichkeit hingegen, wie Oel die Flamme, zu
wecken und zu unterhalten. Indessen dünkt mich
es habe mit dem menschlichen Körper dieselbe
Bewandtniß wie mit den Pflanzen. Diese können, wenn der Himmel sie mit gar zu vollem
Maaße tränkt, nicht in die Höhe kommen und
von milden Lüften durchathmet werden: trinken
sie hingegen gerade nur soviel als ihnen genügt,
so wachsen sie fröhlich in die Höhe und blühen
und setzen reichliche Früchte an. Eben so geht
es auch uns. Gießen wir des Getränkes gar zu viel
in uns hinein, so fängt Leib und Gemüth gar

bald zu taumeln an, und anstatt etwas gescheides *reden* zu können, kommt es uns schon schwer an Athem zu holen: würden uns hingegen die Bedienten aus kleinen Becherchen desto fleißiger bethauen, (wenn mir anders erlaubt ist, dem *Gorgias* ein Wort abzuborgen) so werden wir, nicht überwältiget vom Wein, sondern bloß seiner angenehmen Verführung nachgebend, uns zu den Spielen einer frohen Laune desto aufgelegter fühlen.

Dieser Vorschlag fand allgemeinen Beyfall. Der Spaßmacher *Filippus* (um noch etwas von dem seinigen hinzuzusetzen) ermahnte die Schenken, nach der Weise geschickter Wagenlenker, die Becher fein hurtig um den Tisch herumzujagen, woran es dann diese auch nicht fehlen ließen.

III.

Inzwischen stimmte der Knabe seine Leier zur Flöte des Mädchens, und fieng hierauf an zu singen, sich selbst auf seinem Instrumente begleitend. Er erhielt abermals große Lobsprüche von allen Anwesenden, und *Charmides* sagte: Was Sokrates vorhin vom Wein anmerkte, scheint mir auch von der Mischung der Schönheit dieser Kinder mit ihren Talenten zu gelten; sie hat nicht weniger Macht die Sorgen zu beschwichtigen und die schlummernde Afrodite aufzuwecken. *Sokrates* versetzte hierauf: Daß diese Leutchen im Stande sind uns Vergnügen zu machen, hat sich deutlich genug gezeigt; gleichwohl bin ich gewiß, in unsern eigenen Augen sind wir bey weitem die bessern Menschen. Wär' es nun nicht schmählich, wenn eine Gesellschaft wie die unsrige, nicht wenigstens versuchte, etwas auf die Bahn zu bringen, wodurch auch wir einander nützlich seyn oder Vergnügen machen würden? Sogleich verlangten Mehrere, daß er den Stoff zu einer Unterhaltung angeben möchte, wodurch dieser Zweck am besten erreicht werden könnte.

Ich für meine Person, sagte *Sokrates*, wünschte mir izt keinen angenehmern Genuß, als das Versprechen, so uns Kallias that, erfüllt zu sehen. Wenn wir bey ihm speisen wollten, sagte er, so wolle er uns eine Probe hören lassen, was er bey seinen Meistern gewonnen habe. Das will ich auch, versetzte *Kallias*, wofern *Ihr* mir versprecht, uns ebenfalls was Jeder Gutes weiß zum Besten zu geben. Du siehst, erwiederte *Sokrates*, daß sich keiner von uns dessen weigert; im Gegentheil, jeder, denke ich, wird uns ohne Bedenken sagen, was, seinem Urtheil nach, das Schätzbarste ist, worauf er sich versteht. Ich also, fuhr *Kallias* fort, sage, das, worauf ich mir am meisten einbilde, ist, daß ich im Stande zu seyn glaube Menschen besser zu machen. Meinst du, fragte Antisthenes, indem du sie irgend eine mechanische Kunst oder die Kalokagathie lehrest? — Die Kalokagathie antwortete Kallias, oder sollte etwa Rechtschaffenheit und Kalokagathie nicht einerley seyn?[9]) Beym Jupiter, das sind sie, sagte *Antisthenes*, und so gewiß daß darüber gar kein Zweifel möglich ist. Denn es giebt Fälle, wo es scheint, daß andere Tugenden, als z. B. Herzhaftigkeit oder Klugheit unsern Freunden oder dem Gemeinwesen schädlich werden (folglich Unrecht thun) können; Rechtschaffenheit hingegen läßt in keinem Falle die mindeste Mischung mit Ungerechtigkeit zu. Sobald also, sagte *Kallias*, jeder von uns das nützlichste was er weiß und kann, angezeigt haben wird, werde ich ebenfalls keinen Anstand nehmen, die Kunst zu nennen, durch welche ich das bewirke, wessen ich mich so eben rühmte. Also, du *Niceratus*, sage, auf welche von deinen Kenntnissen du dir am meisten einbildest! Da es (erwiederte er) meinem Vater sehr am Herzen lag daß ein tüchtiger Mann aus mir werden möchte, zwang er mich Homers sämmtliche Werke auswendig zu lernen, und so bin ich nun im Stande die Ilias und die Odyssee von Anfang bis zu Ende aus dem Kopfe herzusagen. Sollte dir wohl unbekannt seyn, sagte

---

[9]) Daß die Antwort des Kallias, so wie sie gewöhnlich gelesen wird, nicht auf die Frage des Antisthenes paßt, ist handgreiflich. Lieset man mit *Joh. Ribit*, (dem Verfasser einer lateinischen Uebersetzung dieses Symposions) anstatt: ἡ καλοκαγαθια εστιν ἡ δικαιοσυνη [Kalokagathie ist die Gerechtigkeit], – »Καλοκαγαθιαν, εφη ὁ Καλλιας, αλλ᾿ ἦ καλοκαγαθια εστιν ἡ δικαιοσυνη;« [Die Kalokagathie, antwortete Kallias; aber unter Kalokagathie versteht man doch Gerechtigkeit, nicht wahr?] so kommt Sinn in die ganze Stelle, und alles hängt gehörig zusammen. Non male [nicht schlecht], sagt *Zeune*. Mich dünkt jene Verbesserung nothwendig, und ich sehe nicht wie man eine noch bessere finden, oder ohne sie dieser verdorbenen Stelle helfen könnte.

Antisthenes, daß kein Rhapsode ist, der diese Gedichte nicht ebenfalls auswendig wüßte? Wie könnte mir das unbekannt seyn, versetzte jener, da ich sie beynahe täglich hörte? — Kennst du ein alberneres Volk in der Welt als die *Rhapsoden*? — Nein, beym Jupiter, antwortete *Niceratus*, mir däucht es nicht so. Es ist wohl nicht zu läugnen, sagte *Sokrates*, daß sie den Sinn dessen, was sie uns vorsingen, nicht immer verstehen; allein was geht das dich an, der Männern wie Stesimbrotus und Anaximander und so vielen andern schweres Geld gegeben hat, damit dir nichts wissenswürdiges verborgen bleibe? — Aber lassen wir das ruhn! Du, *Kritobul*, worauf thust *Du* dir am meisten zu gut? — Auf meine Schönheit, erwiederte *Kritobul*. — Kannst du dich etwa auch rühmen, daß du mit deiner Schönheit im Stande seyest uns besser zu machen? — Wenn ich es *nicht* könnte, so ist offenbar, daß ich ein schlechter Mensch seyn müßte. — Aber du, *Antisthenes*, worauf bildest *Du* dir am meisten ein? — Auf meinen Reichthum. — Du hast wohl viel baares Geld im Kasten, sagte *Hermogenes*. — Jener verschwor sich, keinen Groschen. — So besitzest du also viel Landeigenthum? — Möglich, daß es just soviel ist, als Autolykus gebrauchen mag um sich zum Ringen einzustäuben. — Wir werden also hören, wie du deine Worte wahr machen wirst. Die Reihe ist nun an dir, *Charmides*, uns zu sagen worauf du stolz bist. — Auf meine *Armuth*. — Bey Gott, ein Ding, das seine Annehm-

170

lichkeiten hat! sagte Sokrates; denn nichts ist dem Neide weniger ausgesetzt und wird dem Besitzer weniger streitig gemacht; man braucht es nicht zu hüten, und es gedeihet desto besser je mehr man es verabsäumt. — Aber du selbst, sagte *Kallias*, worauf bist du stolz, *Sokrates?* — Dieser machte ein so langes Gesicht als er konnte, und antwortete im feierlichsten Ernst: auf meine *Kupplerkunst;* und wie sie alle in ein lautes Gelächter über diese Antwort ausbrachen, fuhr er fort: Ihr lacht; aber was ich sehr gut weiß, ist, daß ich ein reicher Mann seyn könnte, wenn ich von meinem Talent in dieser Kunst Gebrauch machen wollte. Dich, sagte *Lykon* auf den *Filippus* deutend, braucht man wohl nicht erst zu fragen, daß du auf deine Kunst lachen zu machen stolz bist? — Und das mit besserm Recht, sollt' ich meinen, als der Schauspieler *Kallipides*, dem es so übermäßig hoch angerechnet wird, daß er die Leute weinen machen kann. — Aber wolltest du, o *Lykon*, sagte *Antisthenes*, uns nicht auch vertrauen worauf du am stolzesten bist? — Als wüßtet Ihr nicht alle schon, daß ich es auf diesen meinen Sohn bin. — Und daß dein Sohn, sagte Jemand,[10]) es auf den Sieg ist, den er heut' erhalten hat, versteht sich auch von selbst. — O Nein, das bin ich wahrlich nicht, versetzte *Autolykus* erröthend. Das Vergnügen, den schö-

---

[10]) Vermuthlich *Xenofon* selbst, der aus Bescheidenheit sich nicht nennt, und bey der ganzen Unterhaltung einen bloßen Zuhörer abgegeben zu haben scheinen will.

nen Jüngling endlich einmal einen Laut von sich geben zu hören, wandte plötzlich wieder alle Augen auf ihn; und worauf bist du es denn, Autolykus, fragte ihn einer: auf meinen Vater, erwiederte er und beugte sich zugleich gegen den Alten hin. Als Kallias dies sah, sagte er: Weißt du auch, Lykon, daß du der reichste aller Menschen bist? — Beym Jupiter, das ist gerade was ich *nicht* weiß. — Du denkst also nicht daran, daß du deinen Sohn nicht gegen alle Schätze des Königs (von Persien) vertauschen würdest? — Da du mich so über der That ertappt hast, so werd' ich dir wohl alles gestehen müssen was du verlangst. — Endlich wurde auch *Hermogenes* gefragt, und seine Antwort war, das, worauf er sich am meisten zu Gute thue, sey die Vortrefflichkeit und Vielvermögenheit seiner Freunde, und daß sie mit so großen Vorzügen dennoch so vielen Antheil an ihm nähmen. Diese Rede richtete die allgemeine Aufmerksamkeit auf ihn, und er wurde von mehrern gefragt, ob er ihnen diese Freunde wohl nennen wollte? Ohne Bedenken, wenn euch ein Gefallen damit geschieht, war seine Antwort.

IV.

So wäre denn nichts übrig, sagte *Sokrates*, als daß ein Jeder uns nun auch zu überzeugen suchte, daß der Vorzug worauf er sich am meisten einbildet, wirklich von so großem Werthe sey. Hört

mich zuerst, rief *Kallias*. Während ihr andern
euch die Köpfe zerbrecht, was Recht sey, mache
ich rechtschaffnere Menschen. — Und *wie* machst
du das, mein Bester? — Ich gebe ihnen Geld. —
Bey diesem Worte, stand *Antisthenes* mit der
Miene eines Kämpfers, der den Gegner schon
zum Voraus unter seinen Füßen sieht, gegen
Kallias auf und fragte ihn: ob er glaube daß
diese Menschen die Rechtschaffenheit im Beutel
oder in der Seele trügen? — Doch wohl in der
Seele, sagte *Kallias*. — Und du machst ihre Seelen rechtschaffner, indem du Geld in ihren Beutel
wirfst? — Ganz gewiß! — Wie gienge das zu? —
Wenn sie sich im Besitz dessen sehen, womit sie
sich alles Benöthigte anschaffen können, werden
sie nicht auf ihre Gefahr Böses thun wollen. —
Geben sie dir aber wieder was sie von dir empfangen haben? — Nein beym Jupiter! — Was
kriegst du denn von ihnen für dein Geld? Doch
wenigstens Dank? — Auch den nicht! Manche
werden mir sogar noch aufsätziger als bevor sie
was von mir empfiengen. — Wunderbar, rief
Antisthenes, indem er ihm mit triumfierendem
Blick scharf in die Augen sah, daß du die Leute
gerecht gegen andere machen kannst, nur nicht
gegen dich selbst! — Und was ist daran wunderbares? sagte *Kallias*. Siehst du nicht Zimmerleute
und Baumeister in Menge, welche andern Leuten
Häuser bauen, wiewohl sie sich selbst keine
bauen können, sondern in gemietheten wohnen?
Nimm es nicht übel, Sofist, daß ich dich mit

deiner eigenen Münze bezahle. Das wird er auch
nicht, fiel *Sokrates* ein; sagt man doch auch von
den Wahrsagern, sie könnten andern Leuten
künftige Dinge vorhersagen, und sehen doch
nicht was ihnen selbst bevorsteht. Hiemit wurde
dieser kleine Zwist schlafen gelegt.

Niceratus nahm izt das Wort. Höret nun auch,
um was Ihr besser werden könnet, wenn Ihr euch
zu mir haltet. Ihr alle wisset ohne Zweifel, daß
Homer, der gelehrteste unter den Dichtern ist,
und daß seine Werke als ein Inbegriff aller
menschlichen Wissenschaft und Kunst betrachtet
werden können. Wer also unter Euch ein trefflicher Hauswirth, Staatsmann oder Kriegsbefehl-
haber, ein Achilles oder Ajax, oder Nestor oder
Odysseus zu werden wünschet, mag sich nur um
meine Gunst bewerben, denn das alles weiß ich
auf ein Haar. — So könntest du wohl auch einen
König vorstellen? fragte *Antisthenes*; da, wie du
weißt, Agamemnon als ein *trefflicher König und
tapfrer Streiter* von Homer[11]) gerühmt wird; —
O! Zum Jupiter, ich weiß wohl noch mehr; ich
weiß auch wie ein Wagenführer, wenn er sich der
Säule nähert, umlenken muß:

> Selber zugleich dann beug in dem schöngeflochtenen
> Sessel
> Sanft zur Linken dich hin, und das rechte Roß
> des Gespannes
> Treib mit Geißel und Ruf und laß ihm die Zügel
> ein wenig.[12])

---

[11]) Ilias III. 179.
[12]) Ilias XXIII. 335. u. f. nach der Vossischen Uebersetzung.

Aber ich weiß noch was anderes, wovon ihr sogleich die Probe machen könntet. Homer spricht
irgendwo von *trunkeinladenden Zwiebeln*;[13]) wenn
uns also jemand Zwiebeln verschaffen wollte,
könntet Ihr euch sogleich durch die Erfahrung
überzeugen, wie nützlich es ist im Homer bewan-
dert zu seyn; denn der Wein würde euch desto
besser schmecken. — Ihr merket doch, sagte
Charmides, warum Niceratus nach Zwiebeln riechen möchte wenn er zu Hause kommt? Es ist
bloß daß seine junge Frau glauben soll, es habe
niemand nur daran denken können ihm einen
Kuß zu geben. Dafür, sagte *Sokrates*, könnten
die Zwiebeln leicht uns Andere in einen lächerlichen Ruf bringen. Homer nennt, wie es scheint
die Zwiebel Opson [Würze], weil sie nicht nur
dem Wein sondern auch dem Brodt und andern
Speisen einen angenehmern Geschmack giebt.
Wenn wir nun auch nach der Mahlzeit Zwiebeln
nascheten, möchte man uns wohl gar nachsagen,
wir hätten es gethan, um uns wieder zum essen
zu reitzen, und wir seyen bloß zu Kallias gekommen um recht tüchtig zu schwelgen.[14]) Das
ist mit nichten zu besorgen, versetzte *Kallias*:
stecken doch auch viele Soldaten, bevor sie in ein

---

13) Il. XI. 630.

14) Es ist sonderbar daß es vor
Hn. P. *Mosche* niemanden aufge-
fallen ist, daß die Rede des Sokrates nach der gewöhnlichen Lese-
art geradezu abgeschmackt ist. Ich
zweifle nicht, dieser mein gelehr-
ter Vorgänger habe Recht, da er
glaubt, die Wörter σιτον [Speise]
und ποτον [Trank] seyen durch ein
Versehen der Abschreiber eins für
das andere gesetzt worden, so daß
man ποτον lesen müsse wo σιτον
und σιτον wo ποτον steht.

Treffen gehen, heimlich Zwiebeln in den Mund, aus der nämlichen Ursache, warum Einige den Kampfhähnen, bevor sie an einander gelassen werden, Knoblauch zu essen geben. Aber wir, scheint es, legen es mehr aufs küssen als aufs fechten an.

Da Niceratus keine Miene machte weiter etwas beyfügen zu wollen, sagte *Kritobul*: soll ich euch nun auch sagen, warum *ich* auf meine *Schönheit* stolz bin? — Rede, riefen Sie. Ich setze nämlich als ausgemacht voraus daß ich schön *bin*; denn falls ich es *nicht* wäre, so hättet ihr Alle von Rechtswegen die Strafe der Betrügerey verdient, da ihr mich unaufhörlich versichert daß ich schön sey, und sogar dazu schwört, wiewohl euch Niemand den Eid deswegen abfodert. Ich muß euch also glauben, da ich nicht anders weiß als daß Ihr biedere Männer seyd. Bin ich aber wirklich schön, und fühlt Ihr für *mich*, was *ich* für den, der *mir* schön vorkommt, fühle, so schwör' ich bey allen Göttern, ich wollte meine Schönheit nicht gegen das Reich des Königs[15]) tauschen. Denn ich gestehe, daß ich am Anschauen des Klinias[16]) mehr Vergnügen finde als an allem andern was die Menschen schön nennen, und

---

[15]) Des K. von Persien nämlich, sonst von den Griechen der *große* König genannt. In diesem Gastmahl wird er ein paar Mal schlechtweg der König genannt, als ob jenes Beywort überflüssig sey und es keinen andern der Rede werthen König gebe, als den Persischen.

[16]) Man sieht, daß Kritobul von seiner Leidenschaft für den schönen Klinias, den jüngern Bruder des Alcibiades, als von einer allen Anwesenden bekannten Sache spricht.

daß ich, wenn ich nur Ihn allein noch sehen könnte, mit Freuden für alles übrige blind seyn wollte. Ich zürne der Nacht und dem Schlaf weil sie mir seinen Anblick entziehen; dem Tag hingegen und der Sonne weiß ich für nichts so großen Dank, als daß sie mir den Klinias sichtbar machen. Noch ein Vorzug, worauf wir andere schöne Leute mit Recht stolz seyn können, ist dieser, daß, um sich geltend zu machen, der Starke arbeiten, der Beredte seine Lunge anstrengen, der Tapfre Leib und Leben wagen muß, der Schöne hingegen alles, was er will, ausrichtet, ohne daß er einen Finger zu rühren braucht. Indessen, ob ich schon den Werth des Reichthums nicht verkenne, wollt' ich doch lieber was ich habe dem Klinias geben, als alles übrige von einem andern empfangen, und lieber Sklav als frey seyn, wenn Klinias mein Herr seyn wollte; denn es würde mich leichter ankommen ihm zu arbeiten und die größten Gefahren für ihn zu laufen, als ohne ihn der Ruhe zu pflegen und in voller Sicherheit zu leben. Im übrigen, lieber Kallias, wenn du auf deine Gabe die Menschen rechtschaffner zu machen stolz bist, so behaupte ich, daß ich noch geschickter[17]) sey als du, sie zu jeder Tugend anzuspornen. Denn durch den

---

[17]) Das Wort δίκαιος [eigtl.: gerecht, berechtigt] kommt auch noch in den Sokratischen Denkwürdigkeiten B. IV. 4. in *dieser* Bedeutung vor und die von H. *Mosche* vorgeschlagene Veränderung des δικαιοτερος [fälschl. gedeutet als »geschickter«] in ἱκανωτερος [geschickter] dürfte daher unnöthig seyn.

Zauber, womit wir andern Schönen auf unsre Liebhaber wirken, machen wir sie uneigennütziger und freygebiger, ruhmbegieriger und thätiger, besonders auch enthaltsamer und schamhafter als sie sonst waren, da sie sich sogar ihr dringendstes Bedürfniß zu gestehen schämen. Daß man bey Erwählung der Kriegsbefehlshaber nicht vorzüglich auf die Schönheit sieht, ist sehr thöricht. Welche Wunder müßte ein Feldherr thun, der so viele Liebhaber als Soldaten hätte! Ich wenigstens würde mit Klinias durch Feuer und Flammen gehen und ich bin gewiß Ihr alle gienget mit. Du wirst also hoffentlich nicht länger zweifeln, Sokrates, daß meine Schönheit der Welt großes Heil bringen könnte. Uebrigens ist der Umstand, daß die Blütezeit der Schönheit von keiner langen Dauer ist, kein Grund warum sie weniger zu achten wäre; denn wer als Knabe schön war, wird auch als Jüngling, Mann und Greis noch schön bleiben. Ein Beweis hievon ist, daß zu den *Thalloforen* der Athene[18]) immer die schönsten Greise ausgewählt werden müssen; was die Meinung voraussetzt, daß die Schönheit ihren Besitzer durch alle Stufen des Alters begleite. Uebrigens und da du mir eingestehen wirst, daß es angenehm sey wenn uns Andere aus eigener Bewegung geben was wir wünschen, weiß ich gewiß, daß ich auf der Stelle und ohne

---

18) Bey dem feierlichen Aufzug an den Panathenäen giengen auch eine Anzahl alter Männer mit grünen Zweigen in den Händen, welche deswegen θαλλοφόροι [Zweigträger] hießen.

ein Wort zu sprechen diesen Knaben und dieses Mädchen leichter bereden wollte mir einen Kuß zu geben, als du, mein guter Sokrates, wenn du eine noch so lange und gelahrte Rede deswegen an sie hieltest.

Wie? Was soll das heißen? rief *Sokrates*: ich glaube gar du bildest dir ein daß du schöner seyst als ich?

Das sollt' ich meinen, beym Jupiter! oder ich müßte nur unter allen *Silenen* unsrer Satyrspiele der häßlichste seyn. — Er sagte dies, weil Sokrates wirklich eine auffallende Aehnlichkeit mit diesen Waldgöttern hatte.

Lassen wirs jetzt gut seyn, versetzte *Sokrates*; aber vergiß mir ja nicht, daß wir, sobald die übrigen ihre Beyträge zu der angefangenen Unterhaltung gegeben, unsere Fehde über die Schönheit auszufechten haben werden. Und da *Paris* der Sohn *Priamus* nicht hier ist den Streit zu entscheiden, so mögen eben diese, die dich (wie du dir schmeichelst) so gerne küssen möchten, unsre Richter seyn.

Du willst es also nicht auf den Ausspruch des Klinias ankommen lassen, Sokrates?

Kannst du denn gar nicht aufhören immer an Klinias zu denken? sagte dieser.

Und glaubst du, ich denke weniger an ihn wenn ich ihn nicht *nenne*? Weißt du nicht daß ich ein so getreues Bild von ihm in meiner Seele trage, daß wenn ich Bildner oder Mahler wäre, ich ihn bloß nach diesem Bild eben so vollkommen treffen wollte als ob er leibhaftig vor mir stände?

Wenn das ist, warum giebst du dir denn so viele unnöthige Mühe und treibst dich immer überall herum, um ihn zu Gesichte zu bekommen?

Das kann ich dir leicht erklären, lieber Sokrates. Die Ursache ist, weil es mir großes Vergnügen macht, ihn Selbst anzuschauen, das Anschauen des Bildes hingegen mir keinen Genuß giebt, sondern nur die Sehnsucht nach ihm rege macht.

Hier konnte *Hermogenes* nicht länger schweigen. Aber das kann ich unmöglich an dir gut heißen, Sokrates, sagte er, daß du dem Kritobul eine so übermäßige Leidenschaft nachsiehst.

Glaubst du denn, sagte *Sokrates*, daß er erst, seitdem er sich zu *mir* hält, damit behaftet sey? — Seit wann also? — Siehst du nicht daß diesem die Milchhaare noch an den Ohren hinkriechen, da sie hingegen beym Klinias schon aufwärts steigen? Kritobul gieng mit Klinias in eben dieselben Schulen; dies war der Zeitpunkt, wo er so gewaltig für ihn zu entbrennen begann. Sobald sein Vater es gewahr wurde, übergab er ihn mir, ob ich ihm etwa helfen könnte. Und wirklich steht es schon um vieles besser mit ihm. Denn vorher sah er immer, wie einer der die *Gorgonen* erblickt hat, so steinern auf Klinias hin, und stand auch so steinern da wenn er sich von ihm entfernen sollte; jetzt hingegen hab ich sogar schon gesehen, daß er nur nach ihm blinzelte. Und doch — so wahr mir die Götter gnädig seyen! dünkt mich (aber daß es unter uns bleibt!) er habe ihn wirklich schon einmal geküßt,[19]) was unstreitig der allergefährlichste Zunder der Liebe ist. Denn der Kuß ist etwas unersättliches, und erweckt immer gewisse süße Hoffnungen. Vielleicht trägt auch das etwas bey ihm einen höhern Werth zu geben, weil unter allen Werken der Liebe diese Lippenberührung allein mit dem was das eigenthümliche Werk der Seele ist, einerley Namen hat.[20]) Ich behaupte also, wer seiner Selbst immer mächtig zu bleiben wünscht, muß sich der Küsse schöner Personen enthalten.

Aber, sagte *Charmides*, wie kommt es doch, Sokrates, daß du uns, deine Freunde, mit solchen Schrecklarven von den Schönen wegzuscheuchen suchst, da ich doch, so wahr mir Apollo helfe, mit diesen meinen Augen gesehen habe, wie du Selbst, als Ihr beyde du und Kritobul in der Schule etwas in dem nämlichen Buche aufsuchtet,

---

[19]) Nämlich bevor er unter die Aufsicht des Sokrates gekommen war. Man könnte glauben, daß dies auf eine Stelle im 3. Kap. des 1sten Buchs der Sokrat. Denkw. zu beziehen sey, wo die Rede von einem Kuß ist, welchen Kritobul einem Sohne des Alcibiades gegeben, und daß der Klinias, für welchen Kritobul eine so schwärmerische Liebe gesteht, nicht der Bruder, sondern der Sohn des Alcibiades gewesen sey. Allein um die Zeit, in welche dieses Gastmahl fällt, konnte Alcibiades, der damals höchstens 32 Jahre alt war, noch keinen Sohn haben, an dem der Backenbart schon sichtbar wurde. Die in den Denkw. erwähnte Anekdote muß also um mehrere Jahre später seyn als der Kuß, von welchem hier die Rede ist.

[20]) Die Griechen gebrauchen das Wort φιλεῖν für lieben und küssen.

deinen Kopf an seinem Kopf und deine nackte
Schulter auf seiner nackten Schulter liegen hattest? — Leider! sagte Sokrates; dafür schmerzte
mich auch die Schulter über fünf Tage lang nicht
anders als ob ich von einem wilden Thiere gebissen worden wäre, und mich däuchte als ob
ich sogar im Herzen selbst ich weiß nicht was für
ein brennendes Jucken fühlte. Ich nehme also
alle diese Ehrenmänner zu Zeugen, Kritobul, daß
ich dir hiemit ein für allemal untersagt haben
will, mich nicht eher anzurühren, bis dein Kinn
so behaart seyn wird als dein Kopf.

In diesem Ton hatten sie eine Weile Scherz
und Ernst in einander gemischt, als *Kallias*, um
die Unterhaltung wieder ins Geleise zu bringen,
zu *Charmides* sagte: es ist nun an dir, Charmides,
uns zu eröffnen, warum du auf deine Armuth
stolz bist.

Charmides fieng also an: Ich setze als etwas
allgemein anerkanntes voraus, daß es besser ist
gutes Muths zu seyn als zu zittern; daß ein freyer
Mann besser daran ist als ein Knecht; daß jedermann sich lieber aufwarten läßt als selbst auf-
wartet, und daß in seinem Vaterland etwas zu
bedeuten besser ist als das Gegentheil. Welches
von beyden, in Athen wenigstens, das Loos der
Reichen oder der Armen sey, davon kann ich
ein Wort aus Erfahrung sprechen. So lange ich
reich war, schwebte ich immer in Furcht, daß mir
Jemand in mein Haus einbrechen, und mich be-
stehlen oder gar persönlich mißhandeln möchte.

Den Sykofanten[21]) machte ich fleißig die Aufwar-
tung, weil ich nur zu gut wußte, daß sie mir mehr
Böses zufügen konnten als ich ihnen. Ueberdies
wurde mir (von Obrigkeits wegen) alle Augenblicke irgend ein Befehl zugeschickt, bald diese
bald jene Ausgabe für die Republik zu machen;
und aus der Stadt mich nach Belieben zu entfernen, war mir keineswegs erlaubt. Itzt hingegen,
da ich meine Güter im Auslande verloren habe,
aus denen, die ich noch in Attika besitze, keinen
Nutzen ziehe, und alles, was ich im Hause hatte,
verkauft ist, seitdem kann ich der Länge nach
ausgestreckt ruhig bis an den hellen Morgen
schlafen, gelte in der Republik für einen wohlgesinnten Bürger,[22]) und brauche mich vor Niemand zu fürchten, sondern bin vielmehr Andern
furchtbar. Ob ich in der Stadt bleiben oder außer
Landes gehen will, steht bey mir; ja ich hab' es
schon so weit gebracht, daß die Reichen vor
mir aufstehen, um mir ihre Sitze im Theater
anzubieten, und mir weichen, wenn wir uns auf

---

21) Die Sykofanten machten
eine zahlreiche, gefährliche und
verhaßte Klasse von Menschen zu
Athen aus, welche vorzüglich den
vornehmen und reichen Bürgern
auf den Dienst lauerten. Ur-
sprünglich waren sie mit den
Delatoren unter den alten Rö-
mischen Kaisern und mit den
MOUCHES, der Polizey in Paris
von einerley Handwerk und Karakter: in der Folge erweiterte sich
die Bedeutung dieses Wortes, und
wurde mit CHICANEUR, Rabulist
und Schurke ziemlich gleichbedeutend.

22) In der damaligen höchst verdorbenen Demokratie von Athen
waren die Eupatriden und Be-
güterten, als geborne Freunde der
Aristokratie, übler Gesinnungen
gegen den Staat, d. i. gegen die
Volksregierung verdächtig; aus
gleichem Grunde galten die armen
Bürger, als geborne Feinde der
Reichen, für die Wohlgesinnten.

der Straße begegnen. Ich bin also dermalen wie
ein kleiner Fürst in Vergleichung mit meiner
vorigen knechtischen Lage. Damals mußt' ich
der Republik Steuern und Abgaben bezahlen, izt
ist sie *mir* zinsbar, weil sie mich nähren muß.
Wie ich noch reich war, wurde mir mein Umgang
mit Sokrates zum Vorwurf gemacht; izt, da ich
arm bin, kümmert sich Niemand mehr darum.
Als ich noch viel hatte, nahm bald der Staat bald
der Zufall immer etwas davon weg; izt hab' ich
nichts mehr zu verlieren, aber dafür die Hoffnung immer etwas zu bekommen.

Bey dieser Bewandtniß, sagte Kallias, betest
du ohne Zweifel täglich, ja nicht wieder reich
zu werden, und wenn dir etwa von einem un-
verhofften Glücksfall träumt, opferst du sogleich
den Nothhelfern,[23] um die böse Vorbedeutung
abzuwenden? Das thue ich nun wohl eben nicht,
versetzte Charmides, im Gegentheil ich laß es
auf die Gefahr ankommen, wenn ich irgendwo
etwas zu erhaschen Hoffnung sehe.

Nun wurde auch *Antisthenes* vom Sokrates auf-
gefodert, der Gesellschaft zu entdecken, wie er,
in so knappen Umständen als er bekanntermaßen
war, auf seinen Reichthum stolz sey. — Das
kommt daher, ihr Männer, sagte er, weil ich der
Meinung bin, Reichthum und Armuth liege nicht

[23] In dem Katholischen Deutschland sind 14 Heilige unter dem Namen der Vierzehn *Nothhelfer* bekannt. Die Griechen hatten auch ihre Nothhelfer, die man unter dem Namen Αποτροπαιοι, *Abwender* (des Bösen nämlich) anzurufen pflegte.

in unsern Häusern, sondern in unsern Seelen. Denn ich sehe eine Menge ungebildeter Leute, die bey vielem Geld und Gut sich dennoch so arm dünken, daß keine Arbeit noch Gefahr ist, der sie sich nicht unterziehen um mehr zu erlangen. Ich kenne Brüder, von denen, wiewohl ihre Erbtheile gleich waren, der eine genug und mehr hat als er braucht, der andere hingegen nie ausreichen kann und an allem Mangel hat. Ich sehe auch Tyrannen, deren Heißhunger nach Gold so heftig ist, daß sie seinetwegen größere Abscheulichkeiten begehen, als die Unglücklichen, die der Mangel zur Verzweiflung treibt. Denn daß es Menschen giebt, welche Diebstahl, gewaltsame Einbrüche oder Menschenraub begehen, geschieht doch nur aus Dürftigkeit: hingegen giebt es Tyrannen, die, bloß um Geld auf Geld zu häufen, ganze Familien zu Grunde richten, Menschen schaarenweise morden, ja oft die Einwohner ganzer Städte zu Sklaven verkaufen lassen. Ich gestehe daß mich diese Leute nicht wenig jammern, da ich sie mit einer Krankheit behaftet sehe, die von einerley Art mit derjenigen ist, wo der Kranke immer essen muß und doch nie satt wird. Ich für meinen Theil würde in der That Mühe haben zu finden was ich habe; gleichwohl bleibt mir, wenn ich esse bis mich nicht mehr hungert, und trinke bis mich nicht mehr dürstet, immer noch was übrig; und gekleidet bin ich so gut, daß ich außer dem Hause gewiß nicht mehr friere als dieser unser Freund Kallias, der einer der reichsten Männer in Athen ist. Bin ich aber zu Hause, so dünken mich meine vier Wände eine sehr warme Kleidung und das Sparrwerk meines Daches ein sehr dicker Ueberrock; und mit meinem Lager bin ich so wohl zufrieden, daß es mir nicht wenig Mühe kostet wenn ich einmal liege wieder aufzustehn.[24]) Kommt mich zu Zeiten etwa noch ein anderes natürliches Bedürfniß an, so bin ich auch in diesem Punkt so genügsam, daß diejenigen, an die ich mich wende, mir ganz erstaunlich schön thun, weil kein Andrer in der Welt etwas mit ihnen zu schaffen haben möchte. Alle diese Dinge dünken mich im Genuß so angenehm, daß ich, weit entfernt zu wünschen sie möchten es noch mehr seyn, vielmehr einige von ihnen bereits reizender finde als dienlich ist.[25]) Das Schätzbarste an

---

[24]) Etwa darum, weil er auf dem ebnen Boden schlief.

[25]) Auch hier folge ich der Vermuthung des Hn. Pr. *Mosche*, daß statt der gewöhnlichen Lesart, ἥττον δε, οὕτω μοι δοκει ενια κ.τ.λ. [eher weniger, so sehr scheint mir einiges usw.] zu lesen sey. Hn. Pr. *Zeunes* Vorschlag, statt ἥττον [weniger], ἥττονι [näml.: τουτων μοι δοκει; angebl.: beim Genuß dieser Dinge] zu lesen, weil ἥττον τουτων hier füglich heißen könne, HIS REBUS FRUENS [beim Genuß der Dinge], oder UBI ILLIS INDULGERE COEPI [sowie ich mich aber diesen immer mehr ergab], scheint mir nur dann vorzuziehen, wenn Antisthenes hätte sagen wollen, wenn ich mich von ihnen zum Uebermaß hinreißen lasse; welches aber, seinen Grundmaximen zu Folge, bey ihm nie der Fall war. Wofern er es aber hätte sagen *wollen*, so ließe sich diese Bedeutung aus andern Stellen, in Xenofon und Platon rechtfertigen; da mir hingegen kein Beyspiel bekannt worden ist, wo ἥττον τουτων HIS REBUS *FRUENS* hieße. Eher möchte ἥττονι angehen, wenn man annähme, es sey soviel als, HIS REBUS (den APHRODISIIS) NATURAE STIMULO COACTUS SUCCUMBENS [diesen Dingen (der Lust) unter dem Druck des natürlichen Triebs erliegend], — was denn auch wohl die Meinung des Antisthenes gewesen seyn mag.

meinem Reichthum ist indessen, daß wofern
mir Jemand alles was ich izt besitze nähme, ich
keine Arbeit kenne, die mir nicht, wie schlecht
sie auch bezahlt würde, soviel eintragen sollte als
ich brauche. Will ich mir zuweilen recht gütlich
thun, so — kaufe ich mir freylich nicht das Beste
was auf dem Markte zu haben ist, denn das ist für
mich zu theuer, sondern ich mache meine Laune
zu meiner Schaffnerin und das Gemeinste verwandelt sich in meiner Einbildung in das Köstlichste. Auch ist jeder Genuß, für den ich den
Augenblick des Bedürfnisses erwarte, ungleich
angenehmer als das Köstlichste ohne Bedürfniß —
wie z. B., der Fall mit diesem Wein von Thasos
ist, den ich, weil ich zufälliger Weise an ihn gerathen bin, ohne Durst trinke. Uebrigens ist ganz
natürlich, daß diejenigen immer die rechtschaff-
nern seyn werden, die sich mit einer geringern
und wohlfeilern Lebensweise behelfen, als die für
ihre vielen Bedürfnisse viel Geld nöthig haben.
Wem das erste, was er vorfindet, genügt, der
wird sich nicht leicht fremdes Eigenthum ge-
lüsten lassen. Aber auch das verdient bemerkt
zu werden, wie edel und freygebig diese Art von
Reichthum seine Besitzer macht. Dieser Sokrates
hier, von welchem ich ihn bekam, hat ihn mir
weder zugezählt noch zugewogen, sondern soviel
ich davon tragen konnte, soviel gab er mir. Auch
halte ich nun mit dem Meinigen eben so wenig
zurück; vielmehr mach' ich mir ein Vergnügen
daraus, meinen Freunden zu zeigen wie reich ich

bin, und theile die Schätze in meiner Seele mit Jedem der Lust dazu hat. Endlich verläßt mich auch das köstlichste aller Güter, die Muße, nie, wie Ihr sehet; ich habe ihrer immer soviel, als ich brauche um alles Sehenswürdige zu sehen, alles Hörenswürdige zu hören, und was mir über alles geht, ganze Tage mit Sokrates zuzubringen. Auch er schätzt die Menschen nicht nach dem Golde das sie zu zählen haben, sondern giebt sich bloß mit denen, die ihm gefallen, ab.

Als Antisthenes zu reden aufgehört hatte, sagte *Kallias:* Bey der großen Götterkönigin, ich finde deinen Reichthum zwar auch in allem übrigen beneidenswürdig, aber besonders zweyer Stücke wegen: Erstens, daß die Republik dir keine Befehle zuschickt, denen du wie ein Sklave gern oder ungern gehorchen mußt; und dann, daß die Leute nicht böse auf dich werden, wenn du ihnen kein Geld borgst. Des letztern wegen brauchst du ihn eben nicht länger zu beneiden, sagte *Niceratus,* denn ich gedenke ihm nächstens vors Haus zu rücken und ihm seine Kunst nichts zu bedürfen, abzuborgen. Denn seitdem mich Homer rechnen gelehrt hat,*)

> Zehen Talente Goldes, dazu dreyfüßiger Kessel
> Sieben, vom Feuer noch rein, und zwanzig
>   schimmernde Becken,
> Auch zwölf mächtige Rosse —

---

*) Ilias IX. 122 f.

Seitdem hab' ich nie aufgehört, mir recht viel Reichthum, von dem nämlich der sich wägen und zählen läßt, zu wünschen; und daher kann es leicht seyn, daß ich manchen etwas zu habsüchtig vorkomme. Hier lachten alle laut auf, daß er die Wahrheit, wie sie glaubten, so offenherzig gesagt habe.

Nun ist es an dir, *Hermogenes*, sagte einer, uns die Freunde zu nennen, deren du dich rühmtest, damit man sehen kann, ob sie wirklich so vielvermögend, als du vorgabst, sind, und soviel Antheil an dir nehmen, daß du Ursache hast, stolz auf sie zu seyn. Er ließ sich also folgender Maßen vernehmen.

Bekanntlich kommen Griechen und Barbaren in dem Glauben überein, daß die Götter alles Gegenwärtige und Zukünftige wissen. Daher pflegen denn auch alle Staaten und Völkerschaften die Götter durch die Wahrsagerkunst zu befragen, was sie (in zweifelhaften Fällen) thun oder lassen sollen. Ueberdies halten wir uns hoffentlich alle überzeugt, daß es in ihrer Macht stehe, uns sowohl Gutes als Böses zu thun; und so beten wir denn auch alle zu den Göttern, das Böse von uns zu entfernen, und Gutes uns zuzuwenden. Diese alles wissende und alles vermögende Götter sind mir so sehr gewogen, daß sie Tag und Nacht, überall wo ich gehe und stehe, und bey allem, was ich beginne, für mich sorgen und Acht auf mich haben. Da sie nun von allem was geschieht die Folgen voraussehen, so geben sie mir auch immer durch ihre Boten, Orakel, Träume und andere Zeichen, zu erkennen, was ich thun oder lassen soll. Auch hab' ich, wenn ich ihnen gehorchte, nie Ursache gefunden es mich reuen zu lassen, wohl aber bin ich, so oft ich ihnen nicht glaubte, allemal dafür gezüchtigt worden.

An allem diesem, sagte *Sokrates,* ist nichts unglaubliches; aber wohl möcht' ich gerne von dir hören, durch welche Dienste du Sie so sehr zu deinen Freunden machst. Die Wahrheit zu sagen, erwiederte *Hermogenes,* ich komme sehr wohlfeil dazu. Ich lobe und preise sie, was mich nichts kostet, und von allem, was Sie mir geben, geb' ich Ihnen etwas wieder; auch laß' ich, soviel mir möglich ist, kein Wort von böser Bedeutung über meine Zunge gehen, und wo ich Sie zu Zeugen anrufe, rede ich wissentlich nie eine Unwahrheit. — Beym Jupiter, sagte *Sokrates,* wenn du dir die Götter *dadurch* zu Freunden machen kannst, so müssen auch Sie, scheint es, an der *Kalokagathie* Gefallen tragen.

Der ernsthafte Ton, worein man durch die Rede des Hermogenes gerathen war, machte bald wieder einem aufgewecktern Platz, da die Reihe an *Filippus* kam, und er gefragt wurde, was er denn an seinem Lustigmacher-Handwerk so großes sehe, um sich viel darauf einzubilden? — Wie? rief er, will es etwa nichts sagen, daß, da ich allgemein für einen Spaßvogel bekannt bin, die Leute bey allen fröhlichen Gelegenheiten mich von freyen Stücken rufen lassen; wenn ihnen hingegen was Böses zustößt, so eilig vor mir laufen, daß sie sich nicht getrauen umzuschauen, so groß ist ihre Furcht sie möchten wider ihren Willen lachen müssen? — Beym Jupiter, sagte *Niceratus,* darauf hast du alle Ursache dir was einzubilden. Mir begegnet gerade das Gegentheil. Diejenigen unter meinen Verwandten, denen es glücklich geht, weichen mir schon von Ferne aus; die hingegen mit denen es schlecht steht, beweisen mir mit dem Stammbaum in der Hand daß sie meine Vettern sind, und ich kann sie gar nicht wieder los werden.

Das mag gut seyn, sagte *Charmides.* Aber du, Syrakusier, worauf thust *du* dir wohl am Meisten zu Gut? Vermuthlich auf deinen schönen Knaben hier? — Nein, bey Gott nicht! war seine Antwort; ich bin vielmehr seinetwegen immer in großen Aengsten; denn ich habe bereits ihrer Mehrere ausgespürt, die ihm nachstellen und ihn zu Grunde richten möchten.

Großer Gott! sagte *Sokrates,* der dies gehört hatte, was für eine schwere Beleidigung können sie von dem Knaben erlitten haben, daß sie ihn umbringen wollen?

Sie wollen ihn auch nicht umbringen, sie wollen ihn nur verführen bey ihnen zu schlafen.

Und du glaubst, wenn dies geschähe, würd' es ihn zu Grunde richten?

Beym Jupiter ganz und gar!

Du selbst schläfst also nicht bey ihm?

Ja wohl, zum Jupiter! alle Nächte, ohne daß er je von meiner Seite kommt.

Da hast du wahrlich dich eines besondern Vorzugs zu rühmen, wenn deine Haut die Eigenschaft hat, daß du allein deinem Schlafgesellen keinen Schaden zufügst! Wenn auch auf nichts anders, kannst du wenigstens auf ein solches Fell stolz seyn.

Das ist es aber ganz und gar nicht, worauf ich stolz bin.

Nun worauf denn?

Zum Jupiter, auf die Narren, die mir Geld dafür geben, daß ich ihnen meine Gauckeleyen zeige. — *Das* war es also, sagte *Filippus*, warum ich dich neulich die Götter bitten hörte, sie möchten geben, daß überall, wo du hinkämest großer Ueberfluß an Lebensmitteln und großer Mangel an Menschenverstand herrschen möge?

Auch gut, sagte *Kallias*. Nun wäre also nichts übrig, als wie uns *Sokrates* beweisen will, daß es seiner würdig sey, auf eine so unrühmliche Kunst, als er uns vorhin nannte, stolz zu seyn.

Vor allen Dingen, versetzte *Sokrates*, muß zwischen uns ausgemacht werden, worin die Verrichtungen eines Kupplers bestehen. Ihr werdet Euch also gefallen lassen, die Fragen, die ich an Euch thun werde, zu beantworten, damit wir sehen, wiefern wir hierin zusammentreffen. Ist Euch das recht?

Allerdings, sagten sie; und eben so lauteten alle ihre folgenden Antworten.

Dünkt Euch nicht auch, es liege einem tüchtigen Kuppler ob, daß er den oder die, so er an den Mann bringen möchte, in den Stand setze, den Personen, mit welchen sie Umgang pflegen sollen, zu gefallen? — Allerdings, sagten sie. Gehört unter die Dinge, wodurch man gefällt, nicht auch ein wohlgehaltnes oder zierlich geflochtenes Haar und eine nette Kleidung? — Allerdings.

Auch wissen wir, daß man einen mit eben denselben Augen freundlich oder feindselig ansehen kann. — Allerdings.

Und daß der nämlichen Stimme ein sanfter und sittsamer, oder ein greller trotziger Ton gegeben werden kann. — Allerdings.

Ingleichen daß es gewisse Redensarten und Ausdrücke giebt, welche Widerwillen, und wieder andere, welche Zuneigung einflößen? — Allerdings.

Wird also ein guter Kuppler seine Zöglinge nicht in allen diesen Stücken so abrichten und zustutzen, daß sie gefallen müssen? — Allerdings.

Welcher aber würde der Bessere seyn, wer sie nur einem Einzigen, oder wer sie Vielen angenehm zu machen wüßte? — Hier theilten sich die Stimmen: einige sagten, offenbar der letztere; andere platzten mechanisch mit ihrem gewohnten Allerdings heraus.

Wir sind also, wie ich sehe, hierin Eines Sinnes, fuhr Sokrates fort: wer seine Zöglinge so zu bilden wüßte, daß sie der ganzen Stadt gefielen, würde der nicht unstreitig ein vortrefflicher Kuppler seyn? — Unstreitig, beym Jupiter! riefen sie alle.

Wenn also Einer seine Untergebnen zu solchen allgemein gefallenden Menschen machen könnte, hätte der nicht Ursache auf seine Kunst stolz zu seyn, und könnt' er nicht mit Recht einen ansehnlichen Lohn dafür nehmen? Wie sich nun Alle auch hierin beyfällig erklärten, fuhr er fort: So einer dünkt mich — *dieser Antisthenes* hier zu seyn. — Mir, Sokrates! rief dieser aus, mir legst du diese Kunst bey? —

O gewiß! Seh' ich doch, daß du dich auch mit ihrer Kammerzofe sehr stark abgiebst! — Und wer wäre diese? — Die Gelegenheitsmacherey.[26] Wie? was? schrie *Antisthenes*, äußerst über diese (vermeinte) Beschuldigung aufgebracht; wo hast du mich jemals so etwas verüben sehen? — Ich weiß z. B. (versetzte *Sokrates* ganz gelassen) daß du diesen Kallias hier dem weisen Prodikus zugeführt hast, weil du sahest, daß jener ein leidenschaftlicher Liebhaber der Filosofie war, und dieser Geld brauchte. Auch weiß ich daß du ihn dem Hippias von Elea zugeführt hast, von welchem er unter andern die Gedächtnißkunst gelernt hat, durch die er noch verliebter als zuvor geworden ist, weil er seitdem keinen Schönen, der ihm vor die Augen kommt, wieder aus dem

---

[26] Ich konnte kein besseres Wort für προαγωγεια finden, wiewohl es die Bedeutung desselben nicht ganz ausdruckt. Das griechische Wort heißt eigentlich *das Vorführen*, und bedarf übrigens keiner Erklärung.

Kopfe kriegen kann. Ja es ist noch nicht lange, daß du mich mit dem Fremden von Heraklea[27]) zusammengekuppelt hast, nachdem du mir soviel Gutes von ihm gesagt hattest, daß ich begierig wurde mit ihm selbst Bekanntschaft zu machen. Auch weiß ich dir Dank dafür; denn er scheint mir ein durchaus liebenswürdiger, biederer Mann zu seyn. Und ist es nicht zwischen mir und Aeschylus, dem Fliasier, dadurch daß du nicht aufhörtest ihn bey mir und mich bey ihm herauszustreichen, so weit gekommen, daß wir auf deine bloßen Reden hin verliebt in einander wurden, und einander durch alle Straßen von Athen ausschnuppern und nachlaufen?[28]) Wahrlich, da ich solche Proben von dir habe, kann ich nicht anders als dich für einen trefflichen Gelegenheitsmacher halten. Denn wer im Stand ist diejenigen, die ihm nützlich seyn können, zu unterscheiden, und dann machen kann, daß sie Lust zu einander bekommen, der scheint mir auch der Mann dazu, ganze Städte einander zu Freunden zu machen, glückliche Ehen zu stiften, und überhaupt seinen Freunden, sowohl als seiner Vaterstadt und ihren Verbündeten sehr viel werth zu seyn. Und du hast dich gar über mich erzürnt, als ob ich dir wer weiß was Arges nach-

---

[27]) Man vermuthet daß der Mahler *Zeuxippus* gemeint sey, dessen auch Plato im Protagoras rühmliche Erwähnung thut, wiewohl er sich unter den berühmten Mahlern keinen Platz erworben hat.

[28]) Die Vergleichung ist nicht die edelste, aber keinem sehr auffallend, der sich in die Zeit, das Vaterland und die mit unter etwas *Silenenhafte* Laune des Sokrates hineindenken kann.

redete, da ich dich für einen guten Gelegenheitsmacher ausgab. — Nun, da ich weiß wie es gemeint ist, nicht länger, sagte *Antisthenes*. Denn
wenn ich das vermöchte, würde für meinen
Reichthum kaum Raum genug — in meiner Seele
seyn.

Und hiemit hatte diese improvisierte Redeübung ihre Endschaft erreicht.

———————

V.

Kallias wandte sich nunmehr gegen *Kritobul*.
Nun, wie ists, Kritobul? wirst du itzt nicht her-
vortreten um deinen Streit über die Schönheit
mit Sokrates auszumachen? — Er wird schwerlich
große Lust dazu haben, sagte Sokrates; er mag
wohl merken, daß der Kuppler etwas bey den
Richtern gilt. — Demungeachtet weiche ich dem
Kampf nicht aus, entgegnete Kritobul, sondern
will mich gern belehren lassen, wenn deine
Filosofie so weit reicht, die Behauptung, daß du
schöner seyest als ich, gut zu machen.

So rücke nur jemand den Leuchter näher
heran, sagte *Sokrates*.

Kritobul. Ich fordre dich vor allen Dingen auf,
den Punkt, worauf es bey unserm Streit eigentlich
ankommt, gehörig zu bestimmen.

Sokrates. Gut! So antworte mir.

Kritobul. Frage!

Sokrates. Denkst du das Schöne sey etwas, das dem Menschen ausschließlich zukomme, oder das sich auch an andern Dingen finde?

Kritobul. Es versteht sich, sollt' ich bey Jupitern! meinen, daß es auch schöne Pferde, schöne Ochsen und mancherley andre zum Theil leblose Dinge giebt, denen dieses Beywort zukommt.

Sokrates. Aber wie können so verschiedene und einander so wenig ähnliche Dinge Alle schön seyn?

Kritobul. Das können sie allerdings. Wenn jedes zu dem Zweck, wozu wir es gebrauchen — oder uns angeschafft haben, von der Natur gegliedert oder von der Kunst gearbeitet worden ist, so sind sie schön.

Sokrates. Die Augen also, z. B. wozu bedürfen wir ihrer?

Kritobul. Ohne Zweifel, zum Sehen.

Sokrates. Wenn das ist, Kritobul, so dürften wohl gleich *meine* Augen schöner seyn als die Deinige.

Kritobul. Wie so?

Sokrates. Weil die Deinige nur gerade vor sich hin sehen können, meine hingegen, da sie so weit hervorstehen, auch seitwärts.

Kritobul. Diesem nach hätte unter allen Lebendigen der Krebs die schönsten Augen?

Sokrates. Allerdings, und um so mehr, da sie ihrer Härte wegen besser auf die Dauer gemacht sind als andre.

Kritobul. Das laß ich gelten! Aber die *Nasen?* welche von beyden wäre wohl die schönere, die deine oder die meine?

Sokrates. Die meinige, sollt ich denken, wenn anders die Götter uns des Riechens wegen mit Nasen beschenkt haben. Deine Nüstern sehen niederwärts zur Erde, die meine hingegen stehen weit offen, so daß sie die Gerüche von allen Seiten einziehen können.

Kritobul. Aber wie sollte eine eingedrückte Nase schöner seyn als eine erhabene?

Sokrates. Weil sie den Augen nicht im Wege steht, sondern sie straks alles was sie wollen ungehindert sehen läßt; da hingegen eine erhabene Nase, den Augen gleichsam zum Trotz dasteht und eine Scheidewand zwischen ihnen aufführt.

Kritobul. Was den *Mund* betrift, Sokrates, da geb' ich dir voraus gewonnen; denn wenn der Mund des Beißens wegen da ist, so ist augenscheinlich daß du ganz andre Stücke auf einmal herunter beißen kannst als ich.

Sokrates. Und weil meine Lippen dicker sind, meinst du nicht, daß auch mein Kuß weicher seyn werde?

Kritobul. Das muß wohl so seyn; deinem Grundsatz zu Folge hätte sogar der Esel hierin viel vor mir voraus.

Sokrates. Und mußt du es nicht überdies noch für keinen schwachen Beweis, wie viel schöner ich bin als du, gelten lassen, daß die *Silenen,* denen ich unläugbar viel ähnlicher bin als du, von den *Najaden* geboren werden und also Göttersöhne sind?

Kritobul. Ich gestehe daß ich dir nichts mehr entgegen zu setzen habe. Laßt also den Richtern die Steine zum stimmen austheilen, damit ich je bälder je lieber erfahre, zu welcher Leibesstrafe oder Geldbuße sie mich verurtheilen werden.

Sokrates. Ich habe nichts entgegen; nur sollen sie ihre Stimmen heimlich geben; denn ich habe sehr zu fürchten, gegen so reiche Gegner wie du und Antisthenes zu kurz zu kommen.

Das Mädchen und der Knabe gaben also ihre Stimmen heimlich, nachdem Sokrates den Leuchter ganz nahe vor Kritobul rücken lassen, damit die Richter nicht getäuscht werden könnten; auch wirkte er aus, daß dem Sieger, statt des gewöhnlichen Kranzes, *Küsse* von den Richtern gegeben werden sollten. Als nun die Steine aus der Urne heraus fielen und sichs zeigte daß Kritobul den Handel mit allen Stimmen gewonnen hätte, sagte *Sokrates*: Ey, ey, Freund Kritobul, *dein* Geld scheint von einer ganz andern Art zu seyn als des Kallias seines: denn dieses macht (wie er sagt) die Leute ehrlicher; das deinige hingegen ist, wie meistens der Fall seyn mag, fähig, Parthey und Richter zugleich zu bestechen.

VI.

Die Gesellschaft wurde itzt ziemlich lebhaft. Die Einen ermahnten den Kritobul, seine Sieges-küsse einzufodern; Andere meinten er sollte den Herrn der beyden Kinder zu gewinnen suchen, wieder andere trieben andere Scherze. *Hermo-genes* war der einzige, der keinen Laut von sich gab. *Sokrates* rief ihn deßwegen bey seinem Namen auf: Kannst du mir, sprach er, nicht sagen, Hermogenes, was *Parönie* für ein Ding ist?[29]) Wenn du mich fragst was es *ist,* erwiederte *Hermogenes,* so weiß ich nichts zu antworten; aber was *ich* mir dabey *denke,* will ich dir wohl sagen. — Das ists eben was ich meine, sagte Jener. — Die Fröhlichkeit seiner Freunde beym Weine stören, ist, meines Bedünkens, *Parönie.* —

Sokrates. Weißt du wohl, Hermogenes, daß gerade du unsre Freude durch dein Schweigen störest?

Hermogenes. Auch wenn *Ihr* redet?

Sokrates. Dann nicht, aber da wir wieder auf-hörten.

Hermogenes. Wie? Solltest du nicht bemerkt haben, daß ihr diese Zeit her so redselig gewesen seyd, daß man nicht ein Haar, geschweige denn ein Wort zwischen euere Reden hätte schieben

---

[29]) Das griechische Wort mußte hier beybehalten werden 1) weil kein gleichbedeutendes deutsches vorhanden ist; 2) weil sich kein neues machen ließ, das in diesen Zusammenhang gehörig gepaßt hätte.

können? Kallias, rief *Sokrates*, hast du nichts,
womit du einem armen zum Schweigen gebrach-
ten Mann aus der Noth helfen kannst? O ja, versetzte *Kallias*, sobald sich die Flöte hören läßt,
schweigen wir alle mit einander.

Ihr wollt also, sagte *Hermogenes*, daß ich, wie
Nikostratus neulich seine achtfüßigen Jamben zur
Flöte hersagte,[30]) unter Begleitung der Flöte mit
euch sprechen soll? —

Sokrates. O, ich bitte dich, das thue, lieber
Hermogenes; denn ich denke wirklich, wie der
Gesang durch die Flöte um so viel angenehmer
wird, so würden auch deine Reden durch ihre
Begleitung in etwas anmuthiger werden, zumal
wenn du, wie diese Flötenspielerin, auch noch
gefällige Gesichter dazu schneiden[31]) wolltest.
Wenn aber, sagte *Kallias*, dieser Antisthenes hier
Jemanden in die Schule nähme und zum Verstummen brächte, was für eine Begleitung müßte
die Flöte dazu machen?[32]) Wer zum Verstummen
gebracht ist, verdient, dächt' ich, nichts bessers
als ausgepfiffen zu werden, sagte *Antisthenes*.

Wie der *Syrakuser* sah, daß die Gesellschaft, an
der Unterhaltung, die sie sich selbst verschaffte,

---

30) Offenbar bezieht sich dies
auf etwas vor kurzem geschehenes
und allen Anwesenden bekanntes.
Nikostratus scheint ein tragischer
Schauspieler gewesen zu seyn;
etwas näheres läßt sich schwerlich
vermuthen.

31) Diesen komischen Ausdruck
schien mir das im Text gebrauchte

Wort μορφαζειν [gestalten, mit
Gebärdenspiel begleiten] zu verlangen.

32) Ein feiner Stich (wenn ich
nicht irre) auf die etwas derbe
cynische Manier, wie Antisthenes seine Gegner einzutreiben
pflegte.

so viel Vergnügen fand, daß sie wenig auf die seinige achtete, ward er über *Sokrates* (den er für die Ursache davon hielt) mißmüthig, und sagte zu ihm: Bist du nicht etwa derselbe Sokrates, der den Spitznamen *Vernünftler* (Frontist) bekommen hat?

Sokrates. Klingt es nicht immer besser als wenn man mich den *Unvernünftler* (Afrontistos) nennte?

Syrakuser. Das möchte wohl seyn, wenn man nicht glaubte, du vernünftelst über gar zu *hohe* Dinge.

Sokrates. Kennst du was *höheres* als die Götter?

Syrakuser. Aber, zum Jupiter! Man sagt nicht, daß du dich um diese bekümmerst, sondern um die unnützesten Dinge von der Welt.[33] — Aber sey es darum! Sage mir lieber, wie viele Füße ein Floh über mich wegspringen kann?[34] Denn

---

[33] Der Syrakuser braucht hier das Wort ἀνωφελεστατα (unnützeste) und Sokrates antwortet ihm durch ein unübersetzbares Wortspiel (woran meine beyden Vorgänger verunglückt sind), dessen Frostigkeit Sokrates selbst bekennt und mit der Zudringlichkeit des Syrakusers entschuldiget. Was schlechterdings nicht in eine andre Sprache übergetragen werden kann (und bey Wortspielen ist dies meistens der Fall) das muß man auch nicht übersetzen wollen. Und was verliert denn der Leser an einem Paar abgeschmackter Zeilen?

[34] Die Worte der Urschrift, ποσους ψυλλα ποδας εμου απεχει haben einen meiner Vorgänger verleitet zu übersetzen: wie viel Fuß ein Floh von mir *entfernt* ist? Ich gestehe daß mir diese Frage gar zu platt vorkommt, und ich kann um so weniger glauben, daß Xenofon απεχει [entfernt ist] geschrieben habe, da diese Frage sich auf eine bekannte Stelle in den *Wolken* des Aristofanes bezieht. Ich habe daher übersetzt als ob X. ἀλλεται [springt] oder ἀναπηδα [hochhüpft] geschrieben hätte.

mit solchen geometrischen Aufgaben, sagt man, gebest du dich ab.

Hier sagte *Antisthenes* zum *Filippus*: Du bist bekanntlich ein großer Meister in Vergleichungen; dünkt dich nicht *dieser* Bursche *hier* gleiche einem Grobian, der den Leuten unangenehme Dinge sagen will?[35]) O Ja, entgegnete der Spaßmacher; ich wüßte ihn auch noch mit vielen andern Dingen zu vergleichen. — Vergleich ihn lieber mit Niemand, sagte Sokrates; du möchtest leicht selbst darüber Gefahr laufen für seines gleichen angesehen zu werden.

Filippus. Wenn ich ihn nun aber mit hübschen Leuten, ja sogar mit den Vorzüglichsten vergleiche, sollte man mich nicht von Rechtswegen eher mit einem der ihn loben als der ihn schimpfen wolle vergleichen?

Sokrates. Du beschimpfst ihn schon dadurch, wenn du alles an ihm lobst.

Filippus. Sähest du etwa lieber wenn ich ihn mit den Schlechtesten verglichе?

Sokrates. Auch mit diesen nicht.

---

[35]) Αοιδοϱεισθαι βουλομενος und λοιδοϱουμενος kann, der gewöhnlichen Bedeutung des Worts λοιδοϱεισθαι (*schmähen, schimpfen*) gemäß, allenfalls zu deutsch ein Mensch, der den Leuten Grobheiten sagen will, heißen: aber wie Herr M. es durch *Spötter* übersetzen konnte, wird nur durch den Irrthum begreifflich, daß Antisthenes bey dem Worte: *dieser hier* auf den *Sokrates* gedeutet habe, der freylich für einen ειϱων [Ironiker], aber wahrlich für keinen λοιδοϱουμενος [Lästerer] bekannt war. Uebrigens ist nicht zu läugnen daß Antisthenes durch diese Anrede an den Spaßmacher unglücklicher Weise zu einer Reihe von Einfällen Anlaß gegeben, die mit etwas *dummem* Attischen Salz gewürzt sind.

Filippus. Mit wem dann also?

Sokrates. Mit Niemand; du sollst ihn gar nicht vergleichen.

Filippus. So muß ich nur schweigen, und was für eine alberne Rolle werd' ich da bey diesem Gastmahl spielen!

Sokrates. Ist es denn so schwer lieber zu schweigen als etwas unschickliches zu reden? — Und hiemit endigte sich die kurze Störung des angenehmen Tons, der bisher in dieser Tischgesellschaft geherrschet hatte.

VII.

Indessen veranlaßte doch der Einfall des Antisthenes, den Spaßmacher zu einer Vergleichung aufzufodern, einen kleinen Aufruhr, indem Einige verlangten, daß Filippus (der sich viel auf sein Talent in dieser Art von Witzspielen einzubilden schien) Vergleichungen machen sollte, Andre hingegen was anders wollten. *Sokrates* trat hier abermals ins Mittel. Da uns doch, sagte er, die Lust angekommen ist alle zugleich zu reden, wär' es nicht eben so gut, wenn wir alle zusammen *sängen?* Und damit stimmte er sogleich ein bekanntes Trinklied an. Als sie ausgesungen hatten, wurde eine Töpferscheibe für die Tänzerin hereingebracht, auf welcher sie allerley Wunderdinge bewerkstelligen sollte. Da wandte sich *Sokrates* zu dem Syrakuser und sagte: mein Freund,

ich besorge bald selbst, daß ich wirklich noch
ein Vernünftler, wie du mich vorhin nanntest,
werden könnte. Denn ich zerbreche mir in diesem Augenblick den Kopf darüber, wie dieser
dein Knabe und das Mädchen auf eine Art beschäftigt werden könnten, die ihnen selbst nicht
so mühsam wäre, und uns Zuschauern doch das
größte Vergnügen machen würde. Mir scheint
das Ueberwälzen zwischen Degenspitzen eine Art
von Belustigung zu seyn, die wegen des gefährlichen Ansehens, das dieses Kunststück hat, nicht
sonderlich zu einem fröhlichen Gastmahl paßt.
Auch das Andere, während man auf einer Töpferscheibe herumgedreht wird, zu lesen und zu
schreiben, ist zwar eine Art von Wunder, was es
aber für einen Genuß geben könne, seh' ich nicht.
Denn es ist keineswegs angenehmer, schöne
wohlgebildete Körper auf eine seltsame Weise
verrenkt oder in Gestalt eines Rades zusammen-
gebogen, als in natürlichen ruhigen Stellungen
zu sehen. Zudem sind wunderbare Dinge, sofern
hier Jemand gelüstig darnach seyn sollte, keine
große Seltenheit, und man braucht nicht weit zu
gehen, um sich z. B. zu verwundern, wie es zu-
gehe, daß die glänzende Flamme, die in dieser
Lampe brennt, den ganzen Saal erleuchtet, der (an
ihr befestigte) metallene Spiegel hingegen, wiewohl er auch glänzt, kein Licht von sich wirft und
doch andre Körper auf seiner Fläche erscheinen
läßt: oder warum das Oel, wiewohl es naß ist,
die Flamme nährt, das Wasser hingegen, weil es

naß ist, sie auslöscht. Doch, auch solche Fragen taugen nicht zum Wein. Ich denke also, wenn du deine Kinder hier in einem Kostum und in Stellungen, wie die *Grazien*, *Horen* und *Nymfen* gemahlt werden, tanzen ließest, so würde es sie viel leichter ankommen, und diese Trinkgesellschaft würde nicht wenig an Vergnügen gewinnen.

Da sprichst du, bey Gott! ein gescheides Wort, Sokrates, versetzte der *Syrakuser*, ich hoffe Euch ein Schauspiel zu geben, woran Ihr euere Freude sehen sollt.

VIII.

Der Syrakuser entfernte sich also unter allgemeinem Beyfallklatschen aus dem Saal, und (während er seine Anstalten machte) brachte *Sokrates* ein neues Gespräch auf die Bahn. Nun, ihr Männer, sagte er, weil doch ein so großer Dämon, der dem Daseyn nach den ewiglebenden Göttern gleichzeitig, wiewohl an Gestalt der jüngste ist, durch seine Größe alles umfaßt und doch dem Gemüthe nach dem Menschen gleicht, mit Einem Worte, da *Amor* mitten unter uns ist, würd' es uns übel geziemen seiner zu vergessen, zumal da wir alle in die Brüderschaft[36)] dieses Gottes eingeschrieben sind. Ich für meinen Theil

---

[36)] Ich konnte kein schicklicheres Wort für θίασος [eigtl.: Gefolge] finden als dieses Wort, womit bey den Katholischen gewisse, zu besondern Andachtsübungen und andern frommen Worten verbundene Gesellschaften bezeichnet werden.

wüßte keine Zeit zu nennen, da ich nicht in Jemand verliebt gewesen wäre. Von *Charmides* weiß ich daß er immer viele Liebhaber hatte, auch kenne ich mehr als einen, der von ihm leidenschaftlich geliebt wird. *Kritobul*, wiewohl er selbst noch einen erklärten Liebhaber hat, fängt auch schon an andern nachzugehen, und *Niceratus* liebt, wie ich höre, sogar seine Frau und wird von ihr wiedergeliebt. Und wer unter uns weiß nicht, daß *Hermogenes* für die *Kalokagathie*, was sie auch seyn mag, in Liebe entbrannt ist? Seht ihr nicht den Ernst seiner Augenbrauen, und die Ruhe seines Blicks, nicht, wie gemessen alles was er spricht, wie sanft der Ton seiner Stimme, wie stillheiter sein ganzes Wesen ist? und wie er, wiewohl die ehrwürdigsten Götter seine Freunde sind, dennoch keineswegs über uns andere, die wir nur Menschen sind, hinwegsieht? — Und du, *Antisthenes*, solltest du der einzige seyn, der in Niemand verliebt wäre? — O, gewiß bey allen Göttern, sagte dieser, und gar sehr — in dich.

Auf diese Liebeserklärung versetzte *Sokrates*, indem er zum Scherz das Gezier einer sich spröde stellenden Hetäre nachmachte:

Dringe nur wenigstens itzt nicht so auf mich ein; du siehst ja daß ich was anderes zu thun habe. — Daß du es doch nicht lassen kannst den Kuppler mit dir selbst zu machen, erwiederte *Antisthenes*; immer hast du eine Ausrede, dich nicht mit mir abzugeben. Bald soll es dein Dämonion nicht zulassen, bald wird sonst was vorgeschützt. – *Sokrates.* Um's Himmelswillen, Antisthenes, mach es gnädig mit mir! Deine andern bösen Launen hab' ich immer freundschaftlich getragen und will sie auch noch ferner tragen; aber deine Liebe wünschte ich geheim zu halten, weil ich doch wohl weiß, daß du nicht in meine Seele, sondern in meine Schönheit verliebt bist. – Daß du, *Kallias*, den Autolykus liebst, ist stadtkundig und sogar die Fremden sprechen davon; was denn auch ganz natürlich ist, da ihr beyde von angesehenen Vätern stammt, und überdies durch euere persönlichen Vorzüge alle Augen auf euch zieht. Ich habe immer eine große Meinung von deiner Sinnesart gehabt, aber itzt mehr als jemals, da ich sehe daß du dir nicht einen weichlichen, schlaffen, in Ueppigkeit aufgelösten Zärtling, sondern einen Jüngling, der bereits öffentliche Proben seiner Stärke, Duldsamkeit und Selbstbeherrschung abgelegt hat, zu deinem Liebling erwählt hast. An einen solchen sein Herz zu hängen, beweiset daß der Liebende gleichfalls von edler Art ist.

Ob es übrigens nur Eine *Afrodite* giebt, oder ob ihrer Zwey sind, die durch die Namen, *Urania* und *Pandemos* unterschieden werden, kann ich nicht sagen: das aber weiß ich daß jede ihre eigenen Tempel und Altäre hat, und daß der Pandemos geringere, Uranien hingegen reinere Opfer gebracht werden. Auch ließe sich vermuthen, Pandemos schicke uns die Liebe zu schönen Körpern, Uriana hingegen die Liebe für schöne Seelen, Freundschaft und edle Handlungen zu. Diese letztere ist es, lieber Kallias, von welcher du mir begeistert zu seyn scheinst. Ich schließe dies sowohl aus der tugendhaften Sinnesart deines Geliebten, als daraus, daß du, wie ich sehe, auch seinen Vater zu euern Zusammenkünften nimmst; denn ein edelgesinnter Liebhaber hat nichts was er vor dem Vater verheimlichen müßte. Bey *Here!* fiel *Hermogenes* hier ein, wie gewohnt ich auch bin dich zu bewundern, Sokrates, so finde ich doch die Wendung bewundernswerth, dem Kallias, indem du ihm bloß etwas angenehmes zu sagen scheinst, eine gute Lehre zu geben, was ihm zu seyn *gebühre.* – Meinst du? sagte *Sokrates:* nun dann also, um ihm noch mehr Freude zu machen, will ich ihm zeigen, wie völlig ich über den Vorzug der Seelenliebe vor der Liebe des Körpers seiner Meinung bin.

Daß ohne Freundschaft keine persönliche Verbindung der Rede werth sey, wissen wir alle. Nun fühlen wir uns zwar auch *genöthigt,* Personen deren sittlichen Karakter wir hochschätzen, *zu lieben*; aber es ist eine Art von Nothwendigkeit, wobey wir aus selbst eigener Bewegung mit unserm guten Willen und mit voller Selbstbilligung zu solchen Personen gezogen werden.[37]

---

[37] Ich weiß nicht, ob die Schuld bloß an mir liegt, daß mir diese Stelle im Original so dunkel vorkommt; aber mich dünkt wenigstens, Xenofon selbst sey auch ein wenig Schuld daran. Denn die

Bey der Körperliebe hingegen findet sich gerade das Gegentheil; denn da begegnet es häufig, daß man jemand, an dessen Sitten man das größte Mißfallen hat, *wider Willen* lieben muß, und also in der That die geliebte Person zu gleicher Zeit haßt und liebt.

Wenn aber auch Liebhaber von der letztern Art die stärkste Liebe zu einander trügen, so ist doch die Blütenzeit der Schönheit von kurzer Dauer, und wie diese vergeht, muß nothwendig auch die Liebe dahinwelken: die Seele hingegen deren Vollkommenheit mit der Zeit fortschreitet, wird desto liebenswürdiger, je älter sie wird. Ueberdies findet auch im Genuß der Schönheit, wie im Genuß der Speisen, eine gewisse Sättigung statt, und in beyden thut Ueberladung einerley Wirkung; die Liebe der Seele hingegen ist desto unersättlicher je reiner sie ist, ohne darum, wie mancher vielleicht denken möchte, weniger reitzend zu seyn; vielmehr wird an ihr das Gebet erfüllt, worin wir die Göttin bitten unsern Worten und Werken Liebreitz mitzutheilen. Daß eine Seele, die in der Blüte des

Schwierigkeit liegt darin, daß er (nach *wörtlicher* Uebersetzung) sagt: »Die Liebe zu denen, deren sittlichen Karakter wir hochschätzen, *wird eigene Nothwendigkeit und freye Selbstbestimmung genennt;* (von wem?) unter denen aber, deren Begierden auf den Körper gerichtet sind, giebt es viele, denen die Sitten mißfällig sind und die den Geliebten hassen.« — Jeder Leser, denke ich, muß zwar merken, was Xenofon damit *sagen wollte;* aber zugleich fühlen, daß er sich weder klar noch richtig ausgedrückt hat. Der Sinn dieser Stelle scheint mir indessen doch kein anderer seyn zu können, als den ich ihr durch meine erklärende Umschreibung gegeben habe.

Lebens mit einer edeln Gestalt große Gesinnungen und reine Sitten vereinigt, und durch diese mit Anmuth und Leutseligkeit gemilderten Vorzüge unter allen gleiches Alters immer die Anführerin ist, daß eine solche für den Geliebten Hochachtung und Freundschaft fühlen wird, bedarf wohl keines Beweises; ich begnüge mich also zu zeigen, wie ein so beschaffner Liebhaber sich natürlicher Weise auch Gegenliebe versprechen dürfe. Denn wie sollte der Geliebte den hassen können, von welchem er sich mit der Achtung, die man den Edeln und Guten schuldig ist, behandelt sieht; wenn er sieht, daß es seinem Liebhaber wahrer Ernst ist, das, was ihm (dem Geliebten) anständig und rühmlich ist, seinem eignen Vergnügen vorzuziehen. Und wenn er überdies glauben darf, falls er auch irgend etwas menschliches begienge, oder eine Krankheit ihm seine Schönheit raubte, werde er darum nicht weniger geliebt werden? Wo aber auf beyden Seiten Liebe ist, wie könnt' es den Liebenden an Vergnügen fehlen? Wie könnten sie einander ohne Wohlgefallen anschauen, und wie sollte die Wohlmeinung und das wechselseitige Vertrauen, womit sie sich einander mittheilen, die Fürsorge die einer dem andern beweist, die gemeinsame Freude an allem was jeder schönes und preiswürdiges thut, der gemeinsame Schmerz wenn einem von ihnen irgend ein Unfall zustößt, und daß sie ihre gesunden Tage fröhlich mit einander verleben, in kranken hingegen sich

um so öfter und mit desto größerer Theilnahme
sehen, und wenn einer abwesend ist noch mehr
für ihn gesorgt wird als wenn er gegenwärtig
wäre: Warum sollten die mit diesem allem
verbundenen angenehmen Gefühle nicht den
Namen wahrer *Liebesfreuden* verdienen?[38]) Und
so ist es dann ganz natürlich, daß unter solchen
gegenseitigen Liebeserweisungen ihre Freundschaft immer warm erhalten wird, und durch den
Genuß ungeschwächt bis ins hohe Alter dauern
kann.

Der hingegen, der am Körper des Geliebten
hängt, warum sollt' er von diesem wieder geliebt
werden? Etwa darum, weil Jener sich selbst Befriedigungen herausnimmt, die diesem zum größten Vorwurf gereichen? Oder vielleicht darum,
weil der Liebhaber, um das was er sucht bey
ihm zu erlangen, seine Verwandten und Hausgenossen so viel möglich von ihm entfernen muß?
Und wahrlich, daß er seinen Zweck anstatt mit
Gewalt durch Ueberredung zu erhalten sucht,
macht ihn nur desto hassenswürdiger. Denn wer
Gewalt brauchen will, wird eben dadurch, daß er
sich offenbar als ein schlechter Mensch zeigt,
weniger gefährlich: wer hingegen Ueberredungs-
künste gebraucht, verderbt die Seele des Ver-
führten. Auch der, der seine Jugendblüte für Geld
verhandelt, warum sollt' er seinen Käufer mehr

---

[38]) Ich konnte kein schicklicheres Wort finden, um das griechische
ἐπαφρόδιτα [eigtl.: liebreizend, voller Liebreiz] nicht ganz unausgedruckt zu lassen.

lieben, als man einen liebt, der uns unsre Waare auf öffentlichem Markte abkauft? Doch wahrlich nicht deswegen, weil er, blühend, sich einem Abgeblühten, schön, einem der es nicht mehr ist, und, selbst ohne Genuß, den Begierden eines Andern Preis giebt?[39]) Kein Wunder also, wenn Verachtung des Liebhabers die natürliche Frucht einer solchen Gefälligkeit des Geliebten ist.

Wer sich nur ein wenig umsehen will, wird überdies finden, daß eine auf reine Sitten gegründete Liebe noch nie Unheil angerichtet hat, da hingegen aus ungebührlichem Umgang schon viele schändliche und ungeheure Verbrechen entsprungen sind. Auch kann ich nicht unbemerkt lassen, daß in einer Verbindung, die sich mehr auf Liebe des Körpers als der Seele bezieht, etwas mit dem Karakter eines freygebornen Mannes unverträgliches ist. Wer seinen Geliebten, wie Chiron und Fönix den Achilles, reden und handeln lehrt wie sichs gebührt, wird billig auch von ihm, wie Jene vom Achilles hochgeschätzt; wer hingegen nach körperlichem Genuß lüstert, drängt sich, wie ein beschwerlicher Bettler, immer an die Fersen des Geliebten an, und hat immer bald dies bald das, was er bedarf, zu

---

[39]) Da die Linie dessen was sich mit Anständigkeit sagen läßt, für uns Neuere enger gezogen ist als für die Alten, so glaube ich entschuldigt zu seyn, daß ich hier die ganze Periode, οὐδὲ γὰϱ ὁ παῖς τῷ ανδϱι ὥσπεϱ γυνη etc. [Denn der Knabe teilt ja nicht mit dem Mann — wie die Frau — (die Freuden der Liebe, sondern betrachtet nüchtern einen von der Liebe Berauschten)] in die drey Worte *»selbst ohne Genuß«* zusammengezogen habe.

betteln, bald einen Kuß, bald irgend eine andere Gunst.

Laßt euchs nicht wundern wenn ich geschwätziger bin als ich vielleicht sollte; denn außer dem, daß mich auch der Wein erhitzt, spornt mich mein alter Hausfreund, der bessere Amor, an, nachdrücklich und ohne Schonung gegen seinen erklärten Widersacher zu reden. Mich dünkt, wer sein Herz an die Gestalt hängt, gleiche einem Manne, der ein Feld zur Miethe baut; denn der bekümmert sich (wie jener) wenig darum den Werth des Grundstücks steigen zu machen, sondern denkt immer nur wie er soviel Früchte als möglich darauf erzielen könne; wem es hingegen um Freundschaft zu thun ist, der ist wie der Besitzer eines eigenthümlichen Gutes; denn er wendet alles mögliche an, den innern Werth des Geliebten zu erhöhen.

Auch ein Knabe, wenn er merkt daß er, um einen Liebhaber ganz in seine Gewalt zu bekommen, weiter nichts nöthig hat, als ihm seine Schönheit Preis zu geben, wird sich in andern Stücken vernachläßigen; weiß er hingegen, daß er sich ohne Tugend und Verdienste in der Zuneigung seines Liebhabers nicht erhalten kann, so ist natürlich daß er diese Vorzüge zu erwerben trachten wird. Der wichtigste Vortheil aber für den, der sich aus seinem Geliebten einen tauglichen Freund erziehen will, ist, daß er selbst etwas taugen muß; denn es ist nicht zu erwarten, daß er, sich selbst schlecht aufführend, seinen jungen Freund zu einem edeln Menschen bilden, und indem er ihm ein Beyspiel von Schamlosigkeit und Unenthaltsamkeit giebt, ihn züchtig und enthaltsam machen werde.

Ich hätte nun große Lust, lieber Kallias, dir auch aus unsern alten *Mythen* zu zeigen, daß nicht bloß Menschen, sondern auch Götter und Heroen die Liebe der Seele viel höher schätzen als körperlichen Genuß. Jupiter z. B. ließ alle die sterblichen Frauen und Jungfrauen, die er ihrer Schönheit wegen liebte und besuchte, sterblich bleiben; denen hingegen, deren Seelen er liebte, schenkte er die Unsterblichkeit, z. B. dem Herkules, den Dioskuren, und andern mehr. Ich meines Orts behaupte sogar, daß *Ganymedes* nicht seiner Gestalt sondern seiner Seele wegen von Jupiter in den Olymp aufgenommen worden sey.[40]) Dieß bezeugt auch schon sein bloßer Name, der aus γανυμαι (ich erfreue mich) und μηδος (Klugheit) zusammengesetzt ist. Denn so steht irgendwo im Homer,

— γανυται δε τ'ἀκουων (er freute sich da er es hörte)

und an einem andern Orte

— πυκινα φρεσι μηδεα ειδως

[wörtl.: kluge Gedanken in seinem Sinne tragend],[41])

---

[40]) *Homer* war nicht dieses Glaubens, denn er sagt (Il[ias]. XX. V. 235.) mit dürren Worten, Ganymedes sey »*wegen der schö-*nen *Gestalt* den Göttern zugesellet worden«.

[41]) Sokrates führt diese Halbverse aus dem Gedächtnis an; der

welches soviel sagen will als σοφα βουλευματα
ειδως, kluge Rathschläge zu geben geschickt. Die
Zusammensetzung seines Namens aus diesen beiden Worten beweiset also,[42]) daß Ganymed nicht
seines Körpers sondern seines Verstandes wegen
von den Göttern in so hohen Ehren gehalten
werde. Auch ist dir, Niceratus, aus deinem Homer
bekannt, daß Achilles in der Ilias des erschlage-
nen Patroklus wegen nicht weil er sein Liebling,
sondern weil er sein Freund und Waffenbruder
war, eine so überschwänkliche Rache nimmt. So
werden auch Orestes und Pylades, Theseus und
Peirithous, und viele andere, die unter den Halb-
göttern für die vorzüglichsten gelten, nicht darum
in Hymnen besungen, weil sie bey einander
geschlafen, sondern weil sie aus gegenseitiger
Großachtung die herrlichsten Thaten gemeinschaftlich verrichtet haben. Doch wozu diese alte
Beyspiele? Sehen wir nicht daß alle schönen
Thaten, die in unsern Zeiten geschehen, nicht
von Leuten, welche die Wollust einem guten Ruf
vorziehen, sondern von Männern, die aus Ruhm-
begier jeder Arbeit und Gefahr freudig entgegen
gehen, verrichtet werden? Pausanias zwar, der
Liebhaber des Dichters Agathon, ist nicht dieser

erste ist gar nicht im Homer zu finden, der andere aus zwey verschiedenen Versen im 17sten u. 24sten
Gesang zusammengeschmelzt.

[42]) Daß *Markland* diesen Beweis, der des Sokrates der Aristofanischen Wolken würdig ist, mit
Recht lächerlich finde, springt

wohl jedem in die Augen: aber wie
der wahre Sokrates oder wie Xenofon dazu kamen, ein so kindisches
Wortspiel für einen stattlichen Beweis zu geben, möchte nur mit
Hülfe der Homerischen *Ate, die
alle bethöret*, (Il[ias]. XIX. 91. f.) zu
erklären seyn.

Meinung, da er, in seiner Schutzrede für die unenthaltsamen Liebhaber,[43]) behauptet, ein aus lauter Liebhabern und Geliebten dieses Schlags zusammengesetztes Kriegsheer würde unüberwindlich seyn. Wunderbar genug, wenn Menschen, die sich nichts aus öffentlichem Tadel machen, und sich einer vor dem andern nicht zu schämen gewohnt sind, nur in diesem Falle sich schämen sollten etwas Schimpfliches zu thun! Er beruft sich zwar auf die Thebaner und Eleer, bey welchen etwas dergleichen gesetzmäßig sey; diejenigen nämlich, die beysammen schliefen, würden auch im Treffen zusammengestellt. Allein dieses Beyspiel paßt eben darum nicht auf uns, weil bey jenen das Gesetz erlaubt was bey uns schimpflich ist. Mir scheint es, eben das Zusammenstellen zeige einen für diese Liebende nicht sehr ehrenvollen Zweifel an, als möchten sie sich nicht wie brave Männer halten, wenn sie besonders gestellt würden. Die Lacedämonier hingegen, bey denen es etwas ausgemachtes ist, daß aus einem Liebhaber dieses Gelichters nie ein tauglicher Mann werden könne, machen aus ihren Geliebten so brave Leute, daß sie auch neben Ausländern, ja sogar wenn sie für eine andere Stadt als die ihrige, ohne ihre Liebhaber fechten, sich doch nicht weniger

---

[43]) Die eignen Worte des Sokrates ὑπὲρ τῶν ακρασια συγκυλινδουμενων [zugunsten deren, die sich in ihrer Ausschweifung wälzen] drückten zwar seine Verachtung dieser *Gräulichen* sehr kräftig aus, sind aber zu stark für unsre Sprache und für unsre züchtigen — Ohren.

schämen irgend einen Mitstreiter im Stich zu
lassen. Denn ihnen ist die Scham eine Göttin
nicht die Unverschämtheit.[44])

Uebrigens denke ich, wir werden über diesen
Punkt alle Einer Meinung seyn, wenn wir uns
selbst fragen, welchem von zweyen auf diese
oder auf jene Weise geliebten Jünglingen wir
unser Geld oder unsre Kinder lieber anvertrauen,
oder Gefälligkeiten, wofür wir Dank erwarten,
erweisen wollten. Ich wenigstens bin der Meinung, daß sogar Einer, der kein Bedenken trägt
die Schönheit seines Geliebten zu mißbrauchen,
in allen diesen Fällen mehr Vertrauen in den,
der nur seiner Seele wegen liebenswürdig ist,
setzen werde.

Du aber, Kallias, hast meines Erachtens hohe
Ursache es den Göttern Dank zu wissen, daß
sie dir die Liebe des schönen Autolykus ins Herz
gegeben haben.[45]) Denn daß ein Jüngling Ehrlie-
bend seyn muß, der, um als Sieger im Pankration
ausgerufen zu werden, sich eine strenge Lebensordnung und die mühsamsten und schmerz-

---

[44]) Ein Stich (wie es scheint)
auf seine Athener, die der Unverschämtheit auf Anrathen des
Sehers *Epimenides* einen Tempel
erbauten; was ihnen Cicero (de
Legg. [De Legibus: Über die Ge-
setze] II. c. 11.) sehr übel nimmt,
wiewohl es in der That nicht so
böse gemeint war als es tönt.

[45]) Diese Stelle ist merkwürdig,
da sie uns vollends auf den rechten
Punkt stellt, woraus diese ganze,
uns so sonderbar auffallende Rede
über die Knabenliebe beurtheilt
werden muß. Sokrates mischt sogar die Religion ins Spiel, um
dem Kallias die tugendhafte Liebe,
welcher er diese Lobrede gehalten, zu einer desto heiligern Pflicht
zu machen, denn daß Sokrates
diesen ganzen Diskurs bloß deswegen auf die Bahn gebracht habe,
muß nun jedem Leser in die Augen
fallen.

haftesten Uebungen gefallen läßt, ist wohl außer allem Zweifel. Wem aber seine Absicht ist, nicht bloß sich selbst und seinem Vater Ehre zu machen, sondern durch Tapferkeit und Biedersinn auch seinen Freunden und seinem Vaterlande dereinst gute Dienste zu leisten, Siegesmähler von den Feinden desselben zu errichten, und durch alles das ein viel genannter und alle Augen auf sich ziehender Mann zu werden, wie könntest du zweifeln, ob er *den* in hohen Ehren halten werde, mit dessen Beystand er ein so schönes Ziel zu erreichen hoffen dürfte? Wenn du ihm also zu gefallen wünschest, so erkundige dich durch welche Kenntnisse und Fertigkeiten *Themistokles* geschickt wurde Griechenland zu befreyen und wieviel *Perikles* wissen mußte, um für den besten Rathgeber seines Vaterlandes gehalten zu werden; forsche nach, durch was für eine Filosofie *Solon* fähig wurde, der Stadt die trefflichsten Gesetze zu geben, und ruhe nicht bis du herausgebracht hast, durch welche Uebungen die Lacedämonier in den Ruf gekommen sind, die besten Soldaten in der Welt zu seyn. An Gelegenheit zum letztern kann es dir nicht fehlen, da die Männer vom ersten Rang in dieser Republik, welche von Zeit zu Zeit in öffentlichen Geschäften an die unsrige abgeschickt werden gewöhnlich bey dir abzusteigen pflegen.[46])

---

[46]) Aus Ermanglung eines dem griechischen *Proxenos* völlig zusagenden Wortes, sah ich mich zu dieser nicht völlig passenden Redensart genöthigt. Auswärtige Gesandte wurden zu Athen gewöhn-

Daß die Stadt sich in kurzem, wenn du anders selbst dazu geneigt bist, deiner Führung anvertrauen werde, kann dir nicht verborgen seyn. Du hast dazu alle mögliche Vortheile in der Hand. Du bist ein *Eupatride*,[47]) Priester der Erechteischen Götter,[48]) welche dem *Jacchus* gegen den Barbaren (den König Xerxes) streiten halfen.[49])

---

lich im Namen der Republik von einem der vornehmsten und reichsten Bürger, der vom Senat dazu ernannt wurde, in seinem Hause bedient und bewirthet. Dies hies *Proxenia*, und der Name *Proxenos* war den Fremden und ihrem Bewirther gemein. Noch eine andere Bedeutung des letztern Wortes scheint nicht hieher zu gehören.

[47]) D. i. ein Abkömmling eines alten, edeln, durch großes Vermögen, und die ersten Staatswürden von langem her ausgezeichneten Hauses, also, was im alten Rom ein *Patricius* hieß.

[48]) Wenn (wie es scheint) unter diesen *Göttern vom Erechteus* (θεοις απ' Ερεχθεως) »die Götter, die in den Eleusinischen Mysterien vermöge der Anordnung des *Erechteus* (eines Attischen Königs aus der fabelhaften Zeit) verehrt wurden,« zu verstehen sind, also *Ceres und Proserpina*, deren Name doch wahrlich kein Geheimniß war, ob gleich ihre Mysterien geheim gehalten wurden, so ist nicht wohl abzusehen, warum Sokrates sie hier auf eine so ungewöhnliche Art bezeichnet. Die Würde eines Δαδουχος oder *Fackelträgers* bey dem feyerlichen nächtlichen Aufzug von Athen nach Eleusin, welcher jedesmal an den *Eleusinien*

Statt hatte, war ansehnlich und priesterlich, und scheint in der Familie des Kallias soviel als erblich gewesen zu seyn.

[49]) Jacchus, ein Sohn Jupiters von der Ceres, und also mit dem Bacchus, der ein Sohn Jupiters von der Semele war, nicht eben derselbe, hatte einen Tempel zu Athen, aus welchem sein Bild am sechsten Tage des Eleusinischen Festes in einem feyerlichen Zug und unter immerwährenden Schreyen, *Jacche, o Jacche!* nach Eleusin geführt wurde. Das Volksmährchen worauf Sokrates hier deutet, wird von *Herodot* B. VIII. 65. und von *Plutarch* im Themistokles mehr und weniger umständlich erzählt. Während des (über Griechenland entscheidenden) Seetreffens bey Salamin (sagt Plutarch) soll in der Thriasischen Ebene zwischen Athen und Salamin ein großes von Eleusis herströmendes Licht gesehen und ein gewaltiges Getöse und Geschrey gehört worden seyn, demjenigen gleich welches die Volksmenge erhebt, die den mystischen Jacchus nach Eleusis begleitet; und zugleich soll sich eine Staubwolke, wie unter den Füßen eines unsichtbaren Kriegsheers, erhoben und gegen die Schiffe hin gezogen haben. Hero-

Auch an dem Feste, so wir itzt feyern, erklärt dich die öffentliche Meinung unter allen deinen Vorfahren und unter den vorzüglichsten Männern unsrer Stadt, für den, der den edelsten Anstand und das ganze Ansehen hat, auch den schwersten Arbeiten gewachsen zu seyn. – Laßt euch's nicht befremden, wenn euch dünkt ich habe mit mehr Eifer gesprochen als sichs zwischen vollen Bechern ziemt; denn ich bin von jeher, der allgemeine Stadtnebenbuhler aller Menschen von schöner Anlage und innerm Drang sich durch Verdienste auszuzeichnen, gewesen, und werd' es wohl so lange ich lebe bleiben.

Hier hörte Sokrates auf zu reden, und die andern schwatzten unter einander über das Gesagte hin und her. Autolykus aber heftete die Augen mit besonderer Aufmerksamkeit auf Kallias, der mit einem Seitenblick nach ihm, zu Sokrates sagte: Wie wenn du eine Probe deiner Kunst an mir ablegtest, ob du mich mit der Stadt zusammenkuppeln, und mich ihre Geschäfte zu machen und ihr immer zu gefallen lehren könntest? Das kann dir nicht fehlen, versetzte Jener,

---

dot nennt sogar zwey glaubhafte Männer, deren einer, ein Athener Namens Dikäus, dies gesehen und gehört zu haben bezeugte. Ein Staub, wie von 30000 Mann habe sich von Eleusis her gegen Salamin gezogen, und wie sie sich umgesehen von wem ein solcher Staub gemacht werden könne, hätten sie ein Geschrey gehört, und da sey es ihm, dem Dikäus, vorgekommen, er höre den *mystischen Jacchus*. – So groß, so unwahrscheinlich und den guten Athenern selbst unbegreiflich waren die Siege bey Marathon und Salamin, daß sie übernatürliche Mitwirkungen zu Hülfe nehmen mußten, um sie sich als möglich zu denken!

sobald sie sehen, daß es dir nicht bloß um den Schein sondern um wahres Verdienst zu thun ist. Denn eine falsche öffentliche Meinung wird gar bald durch die Erfahrung widerlegt: Wahre Tugend hingegen bewährt sich durch Handeln, und ihr Ruf wird immer glänzender weil er auf Thaten gegründet ist.

Hiemit hatte dann auch dieser Diskurs ein Ende.

IX.

Autolykus, dessen Stunde indessen gekommen war,[50]) stand nun auf um sich durch Gehen Bewegung zu machen, und *Lykon,* sein Vater, der ihm folgte, wandte sich im Hinausgehen gegen *Sokrates* und sagte: beym großen Gott! nun bin ich gewiß daß du ein edeldenkender und rechtschaffener Mann bist!

Bald darauf wurde ein Armsessel hereingebracht und aufgestellt, und nun trat auch der *Syrakuser* wieder herein und sagte: Ihr Herren, *Ariadne* ist im Begriff sich in ihr und Dionysens Brautgemach zu begeben; gleich darauf wird Dionysus, mit einem kleinen Räuschgen von der Göttertafel kommend, zu ihr eingehen, und dann werden sie mit einander scherzen.

---

[50]) Die *Pankratiasten* waren an die Beobachtung einer sehr genauen und strengen Vorschrift in Essen, Trinken, Schlafen und Bewegung machen, gebunden; und so war ihnen auch vorgeschrieben, wie bald und wie lange sie nach Tische zu Beförderung der Verdauung sich Bewegung machen mußten.

Diesem nach erschien dann *Ariadne* zuerst in völligem Brautschmuck, und setzte sich in den Sessel; nicht lange so kündigte die Flöte im Bacchischen Ton und Zeitmaß den kommenden Weingott an. Jtzt bekamen die Zuschauer alle Ursache, sich von der Geschicklichkeit des Lehrmeisters der in diesem Tanzspiel auftretenden Kinder einen großen Begriff zu machen. Denn kaum hörte *Ariadne* das Getön, so lauschte sie ihm mit einer Miene entgegen, woraus jedermann merken konnte sie höre es mit Vergnügen; zwar gieng sie nicht auf den Kommenden zu, stand auch nicht auf, aber dennoch sah man, daß sie sich Gewalt anthun mußte um ruhig zu bleiben. Dionysus hingegen sobald er sie erblickte, tanzte mit dem lebhaftesten Ausdruck des verliebten Entzückens auf sie zu, setzte sich auf ihre Kniee, wand seine Arme um ihren Leib und küßte die verschämte Braut, die sich seinen Küssen einen Augenblick entziehen zu wollen schien, aber dem ungeachtet seine Umarmung mit traulicher Freundlichkeit erwiederte; während die Zuschauer ihr Wohlgefallen durch die lebhaftesten Zeichen zu erkennen gaben. Wie aber Dionysus wieder aufstand und zugleich Ariadnen mit sich aufhub, und nun beyde das Schauspiel eines sich küssenden Brautpaars mit vielerley Veränderungen und Gruppierungen darstellten; und die Zuschauer, selbst von der ausnehmenden Schönheit Dionysens und Ariadnens entzückt, immer deutlicher sahen, daß die bey-

den Liebenden sich nicht nur so stellten, sondern sich wirklich in ganzem Ernst Küsse gaben,
geriethen sie dermaßen außer sich, daß sie sich
kaum länger halten konnten; zumal wie sie den
Bräutigam seine Braut fragen hörten, ob sie ihn
liebe, und diese es ihm mit solcher Innigkeit
zuschwor, daß nicht nur er, sondern alle Anwesenden mitgeschworen hätten, der Knabe und
das Mädchen seyen wirklich in einander verliebt,
so ganz und gar sah es nicht aus, als ob sie alle
diese Stellungen und Geberden bloß gelehrt worden wären, sondern als ob sie in vollem Ernst
etwas, wornach sie sich schon lange gesehnt, zu
thun im Sinn hätten. Wie es dann endlich so weit
kam, daß sie Arm in Arm, als ob sie nun zu Bette
gehen wollten, hinwegtanzten: da schworen die
Unverheiratheten daß sie unverzüglich heirathen
würden; die bereits Vermählten aber schwangen
sich auf ihre Pferde und ritten in vollem Galopp
zu ihren Frauen nach Haus. Sokrates aber und
die Zurückgebliebenen machten sich mit Kallias
auf, den alten Lykon und seinen Sohn aufzu-
suchen und einen Spatziergang mit ihnen zu
machen; und so endigte sich dieses Symposion.

———————

IV.

Versuch über das
XENOFONTISCHE
GASTMAHL
als Muster
einer dialogisirten
dramatischen
Erzählung betrachtet.

———

nter den verschiedenen Gesichtspunkten, woraus Xenofons Gastmahl gesehen und beurtheilt werden kann, scheinen mir folgende drey vorzüglich geschickt zu seyn, uns die richtigste und vortheilhafteste Ansicht des Ganzen zu verschaffen.

Es kann nämlich betrachtet werden

1) als eine historisch wahre Erzählung dessen, was bey einem wirklichen Gastmahl, welches einer vermischten Gesellschaft liebenswürdiger Jünglinge und verdienstvoller Männer von einem durch Geburt, Reichthum und vorzügliche Geistesbildung ausgezeichneten Attischen Eupatriden gegeben wurde, unter den von Xenofon angeführten Umständen gesprochen und verhandelt worden, wobey sich der Verfasser keinen andern, als den von ihm selbst im Eingang angezeigten Zweck vorgestellt hätte; oder

2) als eine, wo nicht dem materiellen Inhalt, doch der *Form* nach, von ihm selbst erdichtete Komposizion, wobey, neben andern Zwecken, sein hauptsächlichstes Augenmerk darauf gerichtet gewesen wäre, ein treugezeichnetes Bild des

Sokrates aufzustellen, so wie sich dieser, im Umgang mit seinen Mitbürgern und Freunden, bey Gelegenheiten zeigte, wo edle und gute Menschen dem Geist geselliger Fröhlichkeit und der Stimmung, welche Zeit, Ort und Augenblick natürlicher Weise hervorbringen, sich ohne Zwang und zurückhaltende Aufmerksamkeit auf sich selbst, zu überlassen pflegen.

Endlich könnte uns auch 3) die Vergleichung des Xenofontischen Symposions mit dem Platonischen auf den Gedanken bringen, Jenes als ein absichtliches *Gegenstück* des Letztern anzusehen, wobey Xenofon es ausdrücklich darauf angelegt hätte, theils durch den auffallenden Kontrast zwischen seinem nach dem Leben geschilderten Sokrates und Platons sofistisiertem, schwärmerischem und auf Aristofanischen Wolken in übersinnlichen Welten herumschwebendem *Sokratiskus*, theils durch den gewaltigen Abstich der Art und Weise, wie in beyden Symposien von der *Liebe* gehandelt wird, das öffentliche Urtheil über das Platonische zu berichtigen; von dessen blendenden Schönheiten seine Zeitgenossenschaft vermuthlich eben so sehr, und vielleicht noch mehr als die Nachwelt bis auf diesen Tag, bestochen und getäuscht worden seyn mag.

Aus welchem von diesen drey Gesichtspunkten wir indessen Xenofons Gastmahl betrachten wollen, immer werden sie uns eben dasselbe letzte Resultat geben, nämlich die Ueberzeugung, daß es in jeder Ansicht für ein schwer zu übertreffendes Muster einer dialogierten dramatischen Erzählung gelten könne.

Wüßten wir mit diplomatischer Gewißheit, daß Xenofon sein Symposion *nach* dem Platonischen geschrieben habe, so würde der dritte Gesichtspunkt unstreitig der richtigste seyn und unsre vorzüglichste Aufmerksamkeit verdienen. Aber diese Gewißheit fehlt uns; und, wiewohl jene Meynung Scheinbarkeit hat, so bleibt sie doch immer eine Hypothese: Es mag daher zu meiner Absicht genug seyn, einen allgemeinen Ueberblick auf beyde Symposien, als dramatische Dialogen betrachtet, zu werfen, um zu bemerken, wie sehr die Vergleichung zum Vortheil des Xenofontischen ausfalle.

Ich glaube dies, in Rücksicht auf Platon, nicht besser bewerkstelligen zu können, als mit den Worten meines *Aristipps*, zu Anfang des Briefes, worin er seinem Freund Eurybates von einem bey der schönen Lais vorgefallenen symposischen Gespräch über das Platonische Gastmahl Nachricht giebt.*) — »Platons Symposion (sagt er) ist ein poetisches *Prachtwerk*, wozu alle Musen beygetragen haben,**) und worin er die ganze Fülle seiner Fantasie, seines Witzes und Attischen Salzes, seiner Wohlredenheit und Darstellungs-

---

*) S. *Aristipp und einige seiner Zeitgenossen*, z. B. S. 168, u. f. [3. Buch, 12. Brief; die Seitenangabe für das (ungenaue) Zitat bezieht sich auf die Ausgabe in Kleinoktav (C²); siehe unten S. 255.]

**) Was *Horaz* NOVEM MUSIS COELATUM OPUS nennt [ein Werk, (gleichsam) von allen neun Musen ziseliert. Epistulae II, 2, 92]

kunst, wie aus Amaltheens unerschöpflichem
Zauberhorn, auf seine Leser herabschüttet; ein
bey nächtlicher Lampe mit größtem Fleiß aus-
gemeißeltes, poliertes und vollendetes Werk,
womit er uns zeigen wollte, daß es nur auf ihn
ankomme, ob er unter den Rednern oder Dichtern, Sofisten oder Sehern seiner Zeit der erste
seyn wolle.« — Von Xenofons Gastmahl hingegen
gilt größtentheils, was eben dieser Aristipp von
dem symposischen Gespräche an der Tafel der
Lais sagt, welches er seinem Freunde mitzutheilen im Begriff ist. — Es ist, oder scheint wenigstens blos ein *zufälliges* Tischgespräch unter einigen guten Freunden zu seyn, denen es bloß um
eine angenehme Unterhaltung, und auch dann,
wo das Gespräch eine ernsthaftere Wendung
nimmt, nicht um Offenbarungen aus der Geister-
und Götterwelt, sondern um schlichte, nackte,
menschliche Wahrheit zu thun ist. Wenn auch
der eine oder andere (wie z. B. Kallias und
Antisthenes) nicht ohne allen Anspruch ist, so
kommt doch nicht mehr davon zum Vorschein,
als nöthig ist damit jeder seine eigene Rolle
spiele, d. i. sich so zwanglos, als die symposische
Freyheit gestattet, in seiner eignen Gestalt zeige,
ohne darüber die gehörige Rücksicht auf andere zu vergessen, welche die *Urbanität* gebilde-
ten Personen auch bey den fröhlichsten gesellschaftlichen Unterhaltungen, zur unnachläßlichen
Pflicht macht; und wofern es ja begegnet, daß
einer über die feine Linie des Schicklichen

hinausgeräth (wie z. B. *Antisthenes* bey etlichen Gelegenheiten*) so läßt er sich doch bald und leicht wieder in den Ton der guten Gesellschaft zurückstimmen. Auch in *Xenofons* Gastmahl werden Reden gehalten; aber als bloßes Uebungsspiel, ohne allen Anspruch auf Schönrednerey, ohne Sucht einander zu überschimmern; keine künstlich ausgearbeitete und gleichsam um einen Kampfpreis mit einander ringende Deklamationen (wie in Platons Symposion) sondern wahre Reden *aus dem Stegreif* (λογοι αὐτοσχεδιοι), worin es meistens bloß um scherzhafte Behauptung eines paradoxen oder paradox scheinenden Satzes zu thun ist. Kurz, in der ganzen Schrift findet sich nichts, das in einer *solchen* Gesellschaft, bey einer *solchen* Gelegenheit und auf *solche* Veranlassungen nicht ganz natürlich und füglich hätte gethan und gesprochen werden können; und der Erzähler, um selbst die Möglichkeit eines Verdachts, als ob er uns mit einem Symposion von seiner eigenen Erfindung unterhalten wolle, zu vermeiden, begnügt sich nicht an den kleinen Unterbrechungen und zufälligen Uebergängen von einem Gegenstande des Gesprächs zu einem andern, die jeder freyen gesellschaftlichen Unterhaltung natürlich sind, sondern treibt sogar die Behutsamkeit so weit, daß er durch eine eigene Formel**)

*) Man sehe Seite 100 und 101. ingl. Seite 121 und 129. meiner Uebersetzung des Xenof. Gastmahls im 1. Heft des 4. B. dieses Att. Museums [vorliegende Ausgabe Seite 173, 194 und 203].

**) Z. B. Seite 101. »Hiemit wurde dieser kleine Zwist schlafen

zu verstehen giebt, er habe sich nicht einmal erlauben wollen, der Koncinnität und zierlichern Abrundung des Ganzen zu lieb, die kleinen Lücken auszufüllen, welche durch jene zufällige Pausen oder Uebergänge in seiner Erzählung entstehen mußten.

Diese bloße Nebeneinanderstellung könnte schon hinlänglich seyn, unser Urtheil über die Frage zu bestimmen, welches von den beyden Symposien vorzüglich zu einem *Kanon* der ästhetischen Schönheit eines Dialogs geeigenschaftet sey. Aber ein noch helleres Licht wird sich über diesen Gegenstand verbreiten, wenn ich die beyden andern Gesichtspunkte unter einen einzigen höhern zu bringen versucht haben werde.

So wie die Komödie und Tragödie, wiewohl die Erfindung dieser Arten von öffentlicher Volksunterhaltung in gewissem Sinn etwas Zufälliges gewesen zu seyn scheint, nur in dem alten Griechenlande zu jener Stufe von Vollkommenheit emporsteigen konnte, worauf die Werke einiger ihrer großen Meister in Ansicht des *Wesentlichen* derselben, bis auf diesen Tag als Modelle des höchsten in der dramatischen Kunst vor uns stehen: So läßt sich von dem *Dialog* vorzugsweise behaupten, er habe nur unter dem griechischen Himmel, nur unter einem zugleich

---

gelegt.« — S. 123. »Und hiemit hatte diese improvisirte Redeübung ihre Endschaft erreicht.« — S. 130. »Und hiemit endigte sich die kurze Störung u. s. w.« —

S. 146. »Hiemit hatte denn auch dieser Diskurs ein Ende.« [Vorliegende Ausgabe S. 174, 196, 204 und 222].

eben so *freyen* als lebhaften und geistreichen
Volke, wie die Hellenen waren, entstehen können. Despotisch, nach morgenländischer Weise,
beherrschte Völker kennen weder Freyheit des
Gedankens noch der Rede. Was könnten Sklaven
einander mitzutheilen haben, als Klagen? und
auch *dazu* haben sie weder Erlaubniß noch Muth.
Die Sprache ist daher unter solchen Menschen,
eben so wie unter ganz rohen Wilden, auf das un-
entbehrlichste Bedürfniß eingeschränkt. In den
meisten Ländern Asiens lebt Jedermann, so lang
er kann, für sich, in sein Haus eingeschlossen,
wo auch *er* den Despoten spielt und in allen
seinen Hausgenossen nur Sklaven sieht. Sogar
in den öffentlichen Häusern, wo sich in großen Städten die Männer zusammen finden, um
einige Stunden in Gesellschaft — lange Weile zu
haben, herrscht entweder wildes Getümmel, oder
todtes Schweigen; und einem Mährchenerzähler
zuzuhören ist beynahe die einzige gesellige Unterhaltung an solchen Orten. Freye Mittheilung
und wechselseitiger Umtausch unsrer Gedanken
und Gesinnungen, zwanglose Darstellung unsrer
eigenthümlichen Art zu seyn, zu sehen, zu urtheilen, besonders unsrer momentanen Stimmung
und Laune, verbunden mit der schuldigen Achtung für unsre gleiches Recht besitzende Gesellschafter und mit feinem Gefühl des Anständigen
und Gehörigen, findet nur in einer *bürgerlich
freyen* Gesellschaft Statt, und der *Dialog,* der
alles dies in sich vereiniget, konnte also nur unter

den Griechen erfunden werden; dem einzigen
Volke der alten Welt, welches, schon von der
Natur selbst vorzüglich begünstiget, bey einem
hohen Grade von Bildung, Geschmack und
Humanität im Besitz der größten bürgerlichen
Freyheit war.

Es würde mich zu weit führen, wenn ich hier
alle die verschiedenen Ursachen und Umstände
aufzählen wollte, welche sich vorzüglich bey den
Griechen des *Jonischen* Stammes, und noch besonders bey den *Athenern* zusammen fanden,
um sie zu dem mittheilsamsten und redseligsten
aller Völker, die je gewesen sind und vielleicht
je seyn werden, zu machen: und da ich dies
als eine allen Lesern dieses Museums bekannte
Sache voraussetzen darf, so mag es genug seyn,
sie hier nur zu erinnern, daß gerade die Zeit des
Perikles und *Alcibiades*, die Zeit der *Peloponnesischen Fehden* und der darauf erfolgten, sehr
uneigentlich mit dem Namen des Friedens ge-
schmückten, kurzen Waffenstillstände, d. i. die
Lebenszeit des *Sokrates*, *Sofokles*, *Euripides*, *Aristofanes*, *Platon*, *Xenofon*, u.s.w. diejenige war,
worin der *Dialog* unversehens in die Reihe der
Literarischen Kunstwerke trat, und, da die ersten
Meister sogleich eine Menge Mitbewerber und
Nachahmer fanden, eine geraume Zeit — nämlich
bis *Aristoteles* die *monologische* Manier, durch
Abhandlungen in wissenschaftlicher Form zu
unterrichten, gemeiner machte — beynahe die
einzige, und, aus einem leicht in die Augen fal-

lenden Grunde, die beliebteste Art, mit seinen
wißbegierigen und Geschäftlosen Mitbürgern zu
filosofieren, war.

Ich setze noch als einen Umstand, der hier
vorzüglich bemerkenswerth ist, hinzu: daß zu
eben dieser Zeit auch die *Demokratie* zu Athen
ihre höchste Stufe erreicht hatte, und daher die
Kunst öffentlich gut zu reden beynahe der einzige
Weg war, in der Republik zu Ansehen, Ehren-
stellen und Einfluß empor zu steigen.

Als Sokrates sich selbst die Bestimmung gab,
den leidenschaftlichen Hang seiner großen Theils
wenig beschäftigten Mitbürger — *selbst* zu reden
und *andere* reden zu *hören*, unvermerkt und auf
die anspruchloseste Art zu einem Mittel ihrer
sittlichen Verbesserung zu machen, und vorzüglich ihre edlern Jünglinge durch den anziehen-
den Reitz seines Umgangs zu bessern Menschen
und brauchbarern Bürgern zu bilden, hatten die
Athener durch die berühmten *Sofisten* Anaxagoras, Protagoras, Gorgias, Prodikus, Hippias,
u. a. eine Art von Kultur und Verfeinerung erhalten, wodurch sie in mehr als einer Rücksicht
zu derjenigen vorbereitet wurden, welche sie
von Sokrates und den Sokratikern erhielten oder
wenigstens hätten erhalten können, wenn sie die
Gelegenheit zu benutzen geneigt gewesen wären.

Alle diese zusammentreffenden Umstände hatten schon den *natürlichen* oder *autoschediastischen Dialog*, der dem *künstlichen* zum Grunde
lag, unter den Athenern zu einer Art von Voll-

kommenheit gebracht, wovon wir Neuern uns
schwerlich einen Begriff machen können, wofern
wir nicht Einbildungskraft und Divinazionsgabe
genug besitzen, uns, mit Hülfe der übrig ge-
bliebenen *Dramatischen Werke* jener Zeit und der
Dialogen Platons, Xenofons und anderer Sokratiker, so lebhaft als uns möglich seyn will, in das
damalige Athen hinein zu träumen.

Natürlicher Weise mußten unter dem gebildet-
sten Theil des Attischen Volkes nicht nur die
Unterhaltungen in den öffentlichen Hallen, Un-
terredungssälen (λεσχαι) und Spaziergängen sondern selbst die Tischgespräche (wobey ehemals
wohl meistens nur Komus und Bacchus den Ton
angegeben hatten) sowohl in Ansehung des Stoffs
als der Form durch die vorerwähnten Umstände
eine ganz andere Beschaffenheit erhalten. Anstatt
daß man sich ehemals bloß mit politischen Vor-
fallenheiten, neuen Gesetzen, Rechtshändeln,
Wahl- und Parthey-Intrigen, auswärtigen Neuig-
keiten, Krieg und Frieden, oder mit häuslichen
und Landwirtschaftlichen Dingen, dem Markt-
preise der Lebensmittel, dem Gerathen oder
Mißrathen des Oels und der Feigen, und dergl.
oder auch mit Verläumdung und ärgerlichen
Taggeschichtchen, oder mit Rennpferden und
Jagdhunden, den Wachteln des Kallias und dem
schwanzlosen Hunde des Alcibiades, unterhielt,
war itzt in der guten Gesellschaft, (wenigstens
viel häufiger als in vorigen Zeiten) die Rede
von Filosofie, Litteratur und Kunst; und da die

Sofisten das Reden *für und wider* eine Sache, und eine sinnreiche, spitzfündige, öfters auch wohl bloß scherzhafte Behauptung unerhörter oder widersinnisch klingender Sätze zur Mode gemacht hatten: so läßt sich leicht erachten, was für eine Wendung die gesellschaftliche Unterhaltung unter so geistvollen und genialischen, aber auch so eiteln, flatterhaften, streitlustigen und brausenden Menschenkindern, wie wir die Athener kennen, durch *diesen* Umstand habe erhalten müssen.

Besonders und ganz vorzüglich aber konnt' es nicht fehlen, daß ein Mann wie *Sokrates* (mit dessen wahrem Karakter ich meine Leser im *Aristipp* bekannter zu machen gesucht habe) in dem Kreise seiner Freunde, worin er natürlicher Weise immer die Hauptperson war, einen ganz neuen und in mehrern Ansichten schönern und bessern Ton angab, als jemals in Athen gehört worden war.

Aus diesem Allen muß uns nun, denke ich, sehr begreifflich seyn, wie Platons schöpferischer Genius auf den Gedanken habe kommen können, den *Dialog* zu einem Kunstwerk zu erheben; und wir werden uns um so weniger wundern, wie ein solcher Geist, da er solche Modelle in einer bereits so ausgebildeten und verschönerten Natur vor Augen hatte, die Kunst des Dialogs (als eine der Schönen Redekünste) ohne daß sie, wie andere, allmählich von Stufe zu Stufe hätte emporsteigen müssen, auf einmal und beynahe auf den

ersten Versuch zu dem hohen Grade der Vollkommenheit bringen konnte, den die Liebhaber
und Kenner des Schönen von jeher an seinem
Fädon, Kriton, Fädrus, Alcibiades, Symposion,
u. a. bewundert haben.

Indessen, wiewohl man gestehen muß, daß er,
da wo er, in Rücksicht auf die Kunst des Dialogs,
ganz vortrefflich ist, — z. B. im letzten Akt des
Fädon, und im Symposion von da an, wo der
halbtrunkene Alcibiades, mit seinen schwärmen-
den Zechgesellen und einer Flötenspielerin an
der Spitze, in den Speisesaal hereingestürmt
kommt, — schwerlich übertroffen werden könne:
so ist doch eben so wenig zu läugnen, daß sein
Genius selbst (dieses wunderbare Zwitterwesen
von Dichter und Vernünftler) ihm dabey gewisser
Maßen im Lichte stand, und daß er für den
größtentheils metafysischen oder transcenden-
talen Inhalt seiner Werke schwerlich eine un-
bequemere Art des Unterrichts, als durch Fragen
und Antworten, hätte wählen können; kurz daß
sowohl im Stoff als im Zweck seiner Dialogen ein
unübersteigliches Hinderniß lag, warum er ihnen,
als Dialogen betrachtet, die musterhafte Vollkommenheit nicht geben *konnte*, und vermuthlich
auch nicht geben *wollte*, wozu er, mehr als irgend
ein Anderer, die Fähigkeit gehabt hätte.

Gewiß war es in jedem Betracht ein herrlicher
Gedanke, den *Sokrates* zur beständigen Hauptperson in seinen Dialogen zu machen: aber es
mußte der wahre Sokrates seyn, nicht der immer

spitzfündige Grübler und Haarspalter, nicht der
immer streitsüchtige dialektische Kampfhahn,
nicht der meteorische Schwärmer, der mitten
im Lager einen ganzen langen Tag von Sonnen-
aufgang bis zur einbrechenden Nacht, in mysti-
sche Betrachtung versunken, unbeweglich wie ein
Steinbild auf der nämlichen Stelle stehen bleibt,
nicht der alle Wolken und Himmel übersteigende
Idealist, der nicht von den gemeinsten Dingen
sprechen kann, ohne seine übersinnlichen οντως
οντα [wesenhaft seiende Dinge, Ideen] darein
zu mengen: kurz, es mußte kein Sokrates seyn,
der dem *Aristofanischen* ähnlicher sieht als dem
Sohne des Sofroniskus, welcher von allem diesem
gerade das Gegentheil war.

Daß Plato durch diese Umgestaltung des wirklichen Sokrates in einen von ihm selbst geschaf-
fenen gegen ein Grundgesetz des Dialogs an-
stoße, konnte ihm nicht verborgen seyn: aber
zu seinen eignen Absichten fand er diese Paranomie bequem, und beruhigte sich vermuthlich
mit der Freyheit *alles zu wagen,* die man den
Malern und Dichtern von jeher zugestanden
hat; wiewohl ich sehr zweifle, daß es einem
Dichter oder dichtenden Filosofen je erlaubt seyn
könne, den Wassertrinker Diogenes zu einem
Trunkenbold, oder die Pythagorische *Theano* zu
einer *Leontium* zu machen. Wenn es auch dem
Genius, der sich nicht gern fesseln oder in
Schranken zwängen läßt, erlaubt ist, über die
Natur hinauszuschweifen, der *Kunst* ist es nicht

erlaubt; Auswahl, Sonderung und Reinigung des einzelnen Schönen, wovon ihr die Natur die Exemplare vorhält, zu dem besondern Zweck, den sie sich vorgesetzt hat, vorzunehmen, ist ihr nicht nur erlaubt, sondern zur *Pflicht* gemacht: aber wenn sie glücklich genug ist, in der Natur selbst ein so vollkommenes Modell zu finden, daß sie, mit Recht, alle Anmaßung etwas schöneres zu erfinden aufgiebt, *dann* bleibt ihr nichts übrig, als ihr Nachbild dem Urbilde so ähnlich zu machen als sie vermag: und so scheint mir eine treue Darstellung des Gesehenen und Gehörten Alles zu seyn, was von dem Erzähler eines solchen Symposions, wie das von Xenofon beschriebene, gefodert werden kann.

In der That hätte sich wohl zu Athen selbst, wo damals der Sitz der schönsten Bildung und der feinsten Urbanität war, schwerlich eine edlere, schönere, auserlesenere, und doch zugleich stärker und angenehmer kontrastierende Tischgesellschaft zusammenfinden können, als sich uns in Xenofons Symposion zeigt; und da *Sokrates* (unstreitig der merkwürdigste und eminenteste Karakter seiner Zeit) die Seele dieser Gesellschaft war, wie könnte ein Dialogenmacher ein vollkommneres Muster einer angenehmen, geistreichen, edler und freygesitteter Männer würdigen Unterhaltung verlangen? Oder wo sollte er es hernehmen? Es bedarf für einen Leser, der in dem alten Griechenland kein völliger Fremdling ist, kaum etwas mehr, als die Namen der Personen, die in diesem symposischen Drama spielen, anzusehen, um sich zu überzeugen, daß Xenofon, welcher selbst dabey zugegen war, keinen andern Willen haben konnte, als es uns mit aller Treue darzustellen, deren sein Gedächtniß, nach einer Zwischenzeit von mehrern, mit wichtigen Begebenheiten und Thaten ausgefüllten Jahren, nur immer fähig war. Kleine Auslassungen unerheblicher episodischer Umständchen oder Zwischenreden scheinen wirklich alles gewesen zu seyn, was er sich dabey erlaubte, da er (wie oben schon bemerkt wurde) sogar Bedenken trug, bey einigen raschern Wendungen der Unterhaltung, die Lücken, die sich vermuthlich in seinem Gedächtniß fanden, durch etwas anders als eine ziemlich hölzerne Formel auszufüllen.

Zufälliger Weise vereinigten sich bey diesem Gastmahl alle Umstände um es (was die wesentlichste Eigenschaft eines vollkommenen Musters ist) zu einem *schönen Ganzen* zu machen.

Kallias, ein reicher und durch persönliche Vorzüge ausgezeichneter Attischer Eupatride, ist im Begriff, an einem Tage der großen Panathenäen, dem Siege den sein Liebling, der schöne und junge Autolykus, im Pankration erhalten hat, zu Ehren, ein festliches Mahl in seinem Hause anzustellen. Wie er, nach Endigung der öffentlichen Uebungsspiele, wobey alle Athener entweder Kämpfer oder Zuschauer waren, seine Gäste nach seinem Hause führen will, erblickt er den

Sokrates, der mit seinen damals gewöhnlichsten Gesellschaftern, Antisthenes, Hermogenes, Charmides, Kritobul und Xenofon, sich ebenfalls wieder wegzubegeben begriffen war. Wiewohl nun zwischen ihm und Sokrates kein näheres Verhältniß vorwaltete, als zu Athen unter allen Bürgern, die in die Klasse der Kalokagathen (GENTLEMENS) gehörten, gewöhnlich Statt fand, so brauchte er doch nichts als dieses zufällige Zusammentreffen, um ihn anzureden und mit seinen Begleitern zu seinem Feste einzuladen. Er thut dies mit einem so schmeichelhaften Kompliment, daß Sokrates es, seiner Weise nach, nicht wohl anders als mit einem fein ironischen Gegenkompliment erwiedern kann. Kallias setzt den Scherz mit gleicher Feinheit fort, und, um Männern wie Sokrates und seine Freunde desto eher Lust zu machen die Einladung anzunehmen, verspricht er, wenn sie seine Gäste seyn wollten, ihnen Beweise zu geben, daß er wirklich einigen Anspruch an ihre Achtung zu machen berechtigt sey. Er giebt ihnen dadurch zu verstehen, es sollte bey seinem Feste so artig zugehen, daß so weise und nüchterne Männer, wie sie, keine Ursache finden würden, sich ihre Gefälligkeit gereuen zu lassen. Kurz, er drang so ernstlich in sie, daß sie sich anständiger Weise der Einladung nicht entziehen konnten.

Es fand sich also in dem Tafelzimmer des Kallias eine auserlesene Gesellschaft von Männern und Jünglingen zusammen, von welchen die

meisten durch Geburt und Vermögen ausgezeichnet, und Sokrates, Antisthenes und Xenofon die
einzigen waren, denen bloß ihre persönliche
Eigenschaften das Recht gaben, nicht nur in den
vornehmsten Gesellschaften ihren Platz zu behaupten, sondern diesen durch ihre Gegenwart
noch Ehre zu erweisen. Die eigentliche Zierde
des Festes war indessen derjenige, welchem zu
Ehren es gegeben wurde. Xenofon (selbst ein
ELEGANS FORMARUM SPECTATOR [kultivierter Mann
mit geschmackvollem Urteil über körperliche
Schönheit. Terenz, Eunuch III,5,18]) scheint
sowohl das sittsame, jungfräulich schamhafte
Wesen und Benehmen des jungen Autolykus, als
die Wirkung seiner Schönheit auf die sämmtlichen Gäste, mit einer ihm nicht gewöhnlichen
Wärme und recht eigentlich CON AMORE zu
schildern. Auffallen muß es freylich Lesern und
Leserinnen, die mit den Sitten der Griechen nicht
wenigstens aus *Barthelemys Anacharsis* vertrauter
worden sind, daß alles, was Xenofon von diesem
schönen Mittelding von Knabe und Jüngling und
von dem Verhältniß zwischen ihm und seinem
erklärten Liebhaber sagt, von Wort zu Wort auf
ein wohlerzogenes unschuldiges Mädchen von
vierzehn Jahren und einen von ihren Eltern
genehmigten und begünstigten Liebhaber passen würde. Mir, ich gesteh' es ohne Bedenken,
zeigt sich nicht nur eine ästhetische, sondern
selbst eine moralische Grazie in dieser Stelle, die
mich völlig mit jener uns so anstößigen Sitte der

243

Athener aussöhnen könnte, wenn alle Liebende
unter ihnen so edel und anständig wie Kallias,
und alle Geliebte so züchtig und tugendlich, wie
der schöne Autolykus hier erscheint, gewesen
wären. Ein Hauptumstand war indessen, daß der
alte *Lykon*, der Vater des schönen Knaben, nicht
nur selbst zugegen war, sondern (wie es scheint)
ihn, als sein natürlicher Aufseher und Pädagog,
überall begleitete und immer unter den Augen
hatte. Das Schönste bey dem Allen ist indeß,
die Art, womit der Sohn seine ungeheuchelt
zärtliche Anhänglichkeit an seinen Vater zu erkennen giebt, und dieser hinwieder nicht verbergen kann noch will, wie glücklich er sich
fühle einen solchen Sohn zu haben.*) Auch hierin
ist das, was der edle *Shaftesbury* unter seinen
MORAL GRACES versteht, — was überhaupt wie
ein leiser lieblicher Blüthenduft über den ganzen
Dialog ausgegossen und der allgemeine Ton des
Gemäldes ist, — so vorzüglich fühlbar und anschaulich gemacht, daß ich beynahe versucht
werden könnte zu glauben, Xenofon habe sich,
bey aller seiner vorsetzlichen Treue, dennoch
nicht enthalten können *diese beiden* Figuren zu
verschönern, und bis zu seinem Ideal sittlicher
Liebenswürdigkeit (wovon auch in der *Cyropädie*
einige Beyspiele von der höchsten Schönheit vorkommen) zu erheben; wiewohl im Grunde nichts
natürlicher ist, als daß ein so liebenswürdiger

---

*) S. 99. 100. meiner Uebersetzung, im 1. Heft des IV. B. [vorliegende
Ausgabe S. 171].

Sohn einen so zärtlichen Vater, und ein solcher Vater einen so guten Sohn habe.

Ein festliches Gastmahl zu Athen konnte nicht ohne einen bezahlten Spaßmacher von Profession (γελωτοποιος) und ohne eine oder mehrere Cither- oder Flötenspielerinnen und Tänzerinnen bestehen; das war nun einmal Landessitte von uralten Zeiten her. Und so stellte sich dann auch ziemlich bald ein gewisser Filippus — ein getreuer Repräsentant aller armen Teufel, die, um nicht zu verhungern, den Witzling machen müssen — und eine Weile darauf ein herumziehender Syrakuser ein, als Mäkler (προαγωγος) von einem Paar reitzender junger Mädchen und einem schönen Knaben, deren Talente in der Musik und Tanzkunst ihm bey solchen Gelegenheiten Geld verdienen mußten. So weit sah das Gastmahl des Kallias allen andern, die von Seinesgleichen gegeben wurden, ziemlich gleich, und würde ohne den Sokrates wahrscheinlich auch den nämlichen Gang genommen haben. Aber wo dieser zugegen war, da hatte sich gleichsam ein höherer, wiewohl milder und menschenfreundlicher Genius zu den Erdekindern gesellt, dessen wohlthätige Gegenwart nicht lange unbezeugt bleiben konnte. Sokrates, eben darum, weil seine Weisheit von der ächtesten Art, d. i. in die reinste Humanität — wenn ich so sagen kann — eingekörpert war, hatte Sinn für alles Schöne, und war nichts weniger als ein Feind und Störer geselliger Ergötzlichkeiten, die mit Geschmack und

Anständigkeit nicht unverträglich sind; und auch dann, wenn er an gewissen Arten von Belustigungen kein sonderliches Wohlgefallen finden konnte,*) wußte er immer eine solche Wendung zu nehmen, daß seine Mißbilligung nichts herbes oder beleidigendes hatte, sondern daß auch die übrigen Anwesenden unvermerkt seiner Meinung wurden und sich geneigt zeigten, ein weniger edles Vergnügen gegen ein besseres zu vertauschen. Ueberhaupt zeigt sich der sanfte Zauber seiner Macht über die Gemüther während des ganzen Gastmahls in dem mannigfaltigsten und gefälligsten Lichte. Wiewohl er, natürlicher Weise durch seine unverläugbare Größe über alle hervorragt, und auch hier (wie in jeder seiner würdigen Gesellschaft) die Hauptfigur ist, so kann man doch von aller Anmaßung und Vordringlichkeit nicht entfernter seyn als er. Anstatt immer das Wort zu führen und die übrigen um sich her verdunkeln zu wollen, sehen wir ihn vielmehr immer darauf bedacht, wie er ihnen Gelegenheit machen könne sich zu ihrem Vortheil zu zeigen. Indessen ist es doch immer Sokrates, der die Unterhaltung nie sinken läßt, und an jedem Ding immer die beste Seite bemerken macht: immer Er, der seine Mitgäste bey guter Laune zu erhalten, und, so wie sie in einen

---

*) Wie dies z. B. der Fall bey den gauklerischen unnatürlichen Verdrehungen und dem gefährlichen Schwerdtertanz des jungen Mädchens war, deren Geschicklichkeit er gleichwohl die verdiente Gerechtigkeit wiederfahren läßt.

falschen Ton gerathen wollen, sogleich wieder
zurückzustimmen weiß; immer Er, der jedem
Anlaß zur Störung der geselligen Harmonie mit
der besten Manier in den Weg tritt; immer Er,
der die sinnlichen Ergötzungen, womit Kallias
seine Gäste überhäuft, zu reinigen und zu ver-
edeln, da, wo es nur auf angenehme Gefühle
abgesehen war, Gedanken zu erwecken, und
überall auf die ungezwungenste Weise die wahre
Lebensfilosofie mit ins Spiel zu ziehen weiß,
ohne jemals (wie dem Platonischen After-Sokrates so häufig begegnet) den Pedanten und Schul-
meister zu machen, oder sich mit seiner ganzen
Schwere auf einen Gegenstand zu legen, um ihn
so lange zu drücken, bis er den letzten Tropfen
Saft herausgepreßt hat.

Um meine Leser (bey denen ich voraussetze,
daß sie Xenofons Gastmahl selbst gelesen haben)
nur auf einige Beyspiele des Gesagten aufmerk-
sam zu machen, — wie schön ist nicht die Bemerkung, die er, aus Gelegenheit der außer-
ordentlichen Künste der jungen Tänzerin, über
die dem männlichen Geschlechte nichts nach-
gebende Kunstfähigkeit und Bildsamkeit des
weiblichen macht, und die Antwort, die er dem
plumpen Antisthenes auf seinen unzeitigen und
in der That höchst unartigen Ausfall auf seine
Gattin Xantippe thut? — Wie fein und bedeutend,
was er über den Tanz des schönen Knaben sagt?
Wie artig die Wendung, die er gebraucht um
kleine Becher herbeyzuschaffen, als Kallias auf

Veranlassung des Spaßmachers Miene macht, seine Gäste mit großen Bechern bedienen zu lassen? Und da Charmides, durch seine Anmerkung über die sanftberauschende und die schlummernde Afrodite weckende Wirkung der Schönheit, wenn sie durch Musik und Tanz belebt wird, (S. 167) einen Funken unter die Gesellschaft wirft, der bey den anwesenden ziemlich zunderartigen jungen Männern leicht mehr Feuer hätte fassen können, als (zumal in Gegenwart des jungen noch ganz unverderbten Autolykus) gut und schicklich war, — wie fein lenkt er sogleich, durch leise Berührung einer Springfeder die bey allen Menschen immer ihre Wirkung thut, die Aufmerksamkeit auf etwas anders, nämlich auf den Gedanken, daß es Leuten wie *sie* wohl anstehen würde, anstatt sich bloß durch die Gaukelkünste der Kinder des Syrakusers belustigen zu lassen, selbst etwas zu einer edlern Art von Unterhaltung vorzunehmen? Wie geschickt weiß er, indem er den Kallias seines ihm gegebenen Versprechens erinnert, das sinnreiche Redespiel herbeyzuführen, das den größten Theil des Symposions ausfüllt? und wie artig erhascht er, um das Einförmige desselben durch ein unversehenes Zwischenspiel zu unterbrechen, die Gelegenheit zu dem scherzhaften Wettstreit mit dem schönen Kritobulus, (wer von ihnen beiden der Schönste sey) der, meinem Gefühl nach, eines der schönsten Beyspiele von humoristisch witziger Schäckerey und einer Art von *Ironie* ist, worin Sokrates

unübertrefflich war. Schwerlich kann einem aufmerksamen Leser die gute Art, womit er der
beleidigenden Zudringlichkeit des Syrakusers
(S. 202) ausbeugt, und die feine Wendung unbemerkt bleiben, womit er dem Hermogenes
(dem einzigen, der durch unzeitigen Ernst und
Untheilnehmung an der allgemeinen Fröhlichkeit den angenehmen Ton der Gesellschaft zu
stören scheint) ohne Verletzung seiner Eigenliebe
die Unschicklichkeit seines Benehmens (S. 200)
fühlbar zu machen sucht. — Doch ich würde ein
zweymal so starkes Buch schreiben müssen als
das Xenofontische Werkchen selbst ist, wenn ich
alles ausheben wollte, was an der Rolle, welche
Sokrates in diesem improvisierten Drama spielt,
bemerkenswürdig ist.*)

Ich setze also nur noch dieses hinzu. Ungeachtet von Anfang bis zu Ende alles, was bey diesem
Gastmahl vorfällt und gesprochen wird, theils
aus der Natur der Sache und dem Karakter der
Personen zu entspringen, theils vom Zufall und
der Laune des Augenblicks, ohne alle Vorbereitung, auf eine gänzlich autoschediastische Weise
veranlaßt zu werden scheint: so webt doch durch
das Ganze ein gewisser bindender Geist, der

---

*) Auch der Vorschlag, welchen
Sokrates dem Syrakusier thut, den
Anwesenden, statt der gauklerischen Kunststücke die er bisher
durch seine jungen Leute hatte
ausführen lassen, ein anmuthi-
geres Mimisches Schauspiel zum
Besten zu geben, hätte hier erwähnt werden müssen, wenn die
Sache mir nicht wichtig genug
schien, um eine nähere Beleuchtung zu verdienen, die ich mir auf
eine andre Zeit vorbehalte.

alle Theile zu einem schönen Körper organisirt,
und dadurch die Vermuthung begründen könnte,
daß dieses Symposion, wo nicht durchaus von
Xenofon erdichtet, doch, der Anordnung und
Zusammenfügung nach, ein eigentliches *Kunstwerk* sey. Indessen sehe ich nicht, daß wir zu
dieser Vermuthung, die so viele durch das Ganze
verstreute kleine Züge gegen sich hat, schlechterdings genöthigt seyn sollten. Jener bindende
Geist ist, meines Erachtens, kein anderer als der
Geist des Sokrates selbst, dieser immer heitere,
besonnene, wohlwollende, und das Ziel seiner
Thätigkeit nie aus den Augen verlierende Geist,
der nicht nur selbst nichts unschickliches und
zweckloses that, sondern auch überall, wo er gegenwärtig war, sich durch eine stille geheime
Obermacht der Andern bemeisterte, sie anzog
und unvermerkt gleichsam um sich her bewegte,
und dadurch Ordnung, Harmonie, und Einheit
hervorbrachte, wo sonst nur lose zufällige Verhältnisse, Verwirrung, Mißklang und Zwecklosig-
keit geherrscht hätte.

Sokrates brauchte nur einen Ueberblick, um
zu sehen, was sich aus der Tischgesellschaft des
Kallias machen lasse. Besonders scheint mir der
Umstand, daß der junge Mann das Fest seinem
Liebling zu Ehren gab, und die Rücksicht auf den
Sohn seines alten Freundes Kriton, den Kritobulus (der kein Bedenken trug, wiewohl er ein
neuverheuratheter Ehemann war, seine schwärmerische Leidenschaft für den schönen Klinias

in den stärksten Ausdrücken zu erklären) ihn
zu der einzigen, durchaus ernsthaften Rede über
den unendlichen Vorzug der Seelenliebe vor der
Körperliebe veranlaßt zu haben, welcher er, um
seinen Zweck desto weniger zu verfehlen, den
Schein einer Lobrede auf den Kallias giebt,
indem er als etwas nicht zu bezweifelndes an-
nimmt, daß dessen Liebe zu dem schönen Autolykus von der reinsten und tugendhaftesten Art
sey; wiewohl er vielleicht bloß das Gewissen
des jungen Mannes mit ins Spiel ziehen und
ihn in Geheim nöthigen wollte, seine wahren
Gesinnungen mit denen, die er haben *sollte*,
zu vergleichen. Diesen, eines Sokrates so würdigen Zweck scheint auch der Vater des schönen
Jünglings sehr wohl erkannt zu haben, da er,
nachdem jener zu reden aufgehört hatte, im
Weggehen sich mit aller Wärme eines für die
Unschuld und den guten Ruf seines Sohnes zärt-
lich besorgten Vaters an Sokrates wendet und zu
ihm sagt: Nun bin ich gewiß daß du ein edeldenkender und rechtschaffner Mann bist!*)

---

*) Diese Rede scheint anzuzei-
gen, daß Sokrates dem alten Lykon
bisher mehr durch seinen Ruf als
aus näherem Umgang bekannt gewesen war, und daß er, wie viele
andere, auch in den höhern Klassen zu Athen, Vorurtheile gegen
ihn gehegt, und ihn vielleicht,
auf Treu und Glauben der *Wolken*
des Aristofanes, für einen der Jugend gefährlichen Mann gehalten
hatte. Die wenigen aber aus inni-
ger Ueberzeugung entsprungnen
und mit naiver Herzlichkeit aus-
gesprochnen Worte, die er ihm
hier sagt, beweisen, wie froh er
war einen so edeln und guten
Mann an ihm gefunden zu haben,
und vollenden zugleich, mit Einem
Zug, den Karakter eines biedern
und ehrwürdigen alten Mannes,
unter welchem der Vater des Autolykus sich uns schon aus dem Vorhergehenden dargestellt hat.

Welche von den beiden Ansichten aber auch die historisch wahre seyn mag, das Hauptresultat, das aus der einen und der andern entspringt, ist ebendasselbe. Ist das Xenofontische Gastmahl eine bloße getreue Erzählung dessen was Xenofon damals im Speisesaal des Kallias sah und hörte, so muß man gestehen, daß es in allen Stücken dazu geeigenschaftet ist, den Begriff eines vollkommnen dramatischen Dialogs darzustellen, und jedem Dialogendichter, als ein Exemplar der schönsten Natur zum Modell zu dienen. Sollte es von dem Verfasser selbst erfunden seyn, so wird schwerlich jemals etwas vollkommneres in seiner Gattung geschaffen werden. Auf jeden Fall bleibt es das schönste Vorbild und *Studium* für jeden, der sich in diesem Fache versuchen will: so wie es, in andrer Rücksicht von allen Ueberbleibseln des Griechischen Alterthums dasjenige ist, woraus wir uns den richtigsten Begriff machen können, was man zu Ciceros und Horazens Zeiten *attisches Salz* und attische *Urbanität* nannte, was die Καλοι και Αγαθοι zu Athen, und Sokrates, der erste unter ihnen allen, im gesellschaftlichen Umgang für ein Schlag von Menschen waren, und wie weit wir (mit Erlaubniß zu sagen) bey allen unsern wirklichen und eingebildeten Vorzügen, in diesem Stücke wenigstens, nach mehr als Zweytausend Jahren, noch hinter ihnen zurück sind.

———————

Editorischer Anhang
von Hans Radspieler.

TEXTVORLAGEN
und TEXTGESTALTUNG.

Um die Wende vom 18. zum 19. Jahrhundert, also vor ziemlich genau zweihundert Jahren, verfaßte Christoph Martin Wieland (1733 bis 1813) eine Reihe von Werken, die man seine »Sokratischen Altersschriften« nennen könnte. Dazu zählt neben dem großen Briefroman *Aristipp und einige seiner Zeitgenossen* auch eine Reihe kleinerer Schriften wie die Übersetzungen von Xenophons *Apomnemoneumata* (im Deutschen wiedergegeben mit *Memorabilien, Memoiren, Erinnerungen, Denkwürdigkeiten* und ähnlich) und *Symposion* (*Gastmahl*) sowie der Aufsatz über das *Gastmahl*.

Der vorliegende Band vereinigt diese drei kleineren Arbeiten, die seit 1912 nicht mehr gesammelt erschienen sind, und ergänzt sie durch zwei sokratische Dialoge aus dem Aristipp-Roman, die Wieland nicht in die Übersetzung aufgenommen hat.*)

---

*) Das 1754 entstandene *Gespräch des Socrates mit Timoclea, von der scheinbaren und wahren Schönheit* (leicht überarbeitet unter dem Titel *Timoklea* in *Sämmtliche Werke*, Supplementband 4, 1798, und in späteren Gesamtausgaben) gehört nur scheinbar in

Von diesen Texten existieren folgende Drucke:

I.
SOKRATISCHE GESPRÄCHE
AUS XENOFONS DENKWÜRDIGEN
NACHRICHTEN VON SOKRATES.

Erstdruck:
In: *Attisches Museum herausgegeben von C. M. Wieland.*
Bd. III, 1. Heft. Lucern, bey Geßner, Usteri und Wolf.
1799, S. 101–168 (1.–4. Gespräch) und 2. Heft. Lucern
und Leipzig, bey Geßner, Usteri und Wolf. 1800, S. 296
bis 336 (5.–7. Gespräch).

Wielands Übersetzung umfaßt gut ein Fünftel von Xenophons *Memorabilien*, und zwar, nach der darin üblichen
Zählung, folgende Teile:

1. Sokrates, Aristippos	II,1,1–34
2. Sokrates und Antifon	I,6,2–15
3. Sokrates, Lamprokles, sein Sohn	II,2,1–14
4. Sokrates, Chärekrates	II,3,1–19
5. Sokrates, Perikles der Jüngere	III,5,1–28
6. Sokrates und Glaukon	III,6,1–18
7. Sokrates und Charmides	III,7,1–9

Spätere Drucke:

In: *Sämmtliche Werke.* 60. Bd. (= *Übersetzungen*, 15. Bd.). Wien (Anton
Doll) 1813. – Enthält auch die Texte III und IV.

*Xenophon. Schriften über Sokrates. Nach der Übersetzung von C. M. Wie-
land neu herausgegeben.* München und Leipzig (Georg Müller) 1912
(Klassiker des Altertums. 1. Reihe, 16. Bd. Ausgewählt und herausgegeben von Heinrich Conrad).

---

diese Gruppe: *Der Sokrates, der
hier redend eingeführt wird,* so bemerkt Wieland 1798, *ist freylich
von dem Sokrates, wie ihn der Verfasser sich jetzt vorstellt, wenigstens eben so verschieden, als auch
dieser es vielleicht von dem wirklichen Sokrates ist.*

Der Band enthält weiter Xenophons *Gastmahl* in Wielands Übertragung sowie, wohl irrtümlich, das nicht von Wieland stammende *Fragment aus Xenophons Haushaltungswissenschaft* (aus: *Neues Attisches Museum herausgegeben von C. M. Wieland, J. J. Hottinger und F. Jacobs.* 3. Bd., 1. Heft. Zürich 1809, S. 3–40). Alle Texte sind in Orthographie, Zeichensetzung und bisweilen in der Lautung modernisiert; Wielands Anmerkungen sind gelegentlich leicht gekürzt, seine Kapitelnumerierung im *Gastmahl* wurde nicht übernommen.

Die Erläuterung zum 3. Gespräch (oben S. 58 ff.) wurde, vom 2. Absatz an, später unter der Überschrift *Xantippe* in *Sämmtliche Werke*, hrsg. von Johann Gottfried Gruber, Bd. 49, Leipzig (Georg Joachim Göschen) 1823, und spätere Gesamtausgaben aufgenommen.

II.
ARISTIPP AN KLEONIDAS.
AUS WIELANDS ROMAN
»ARISTIPP UND EINIGE SEINER ZEITGENOSSEN«.

1. Aristipp an Kleonidas. Darin: Sokrates und Euthydem (Memorabilien IV,6,2–4)
2. Sokrates und Theodota (Memorabilien III,11,2–18)

Erstdruck:
In: *Aristipp und einige seiner Zeitgenossen*, 1. Bd., 1. Buch, 8. und 14. Brief. In: *C. M. Wielands Sämmtliche Werke.* 33. Bd., Leipzig (Georg Joachim Göschen) 1800. Von dieser »Ausgabe letzter Hand« erschienen vier in Ausstattung und Format unterschiedliche Ausgaben. Als Druckvorlage für vorliegenden Band diente die Ausgabe in Großoktav (in der Wieland-Philologie mit C³ bezeichnet), deren 33. Bd. erst 1801 erschien.

Der Roman ist auch in späteren Gesamtausgaben enthalten. Von den Einzelausgaben seien die beiden zuletzt erschienenen genannt:
Aristipp und einige seiner Zeitgenossen. Hrsg. von Klaus Manger. Frankfurt a. M. 1988 (Bibliothek deutscher Klassiker 28).
Aristipp und einige seiner Zeitgenossen. Zürich 1993 (Werke in Einzelausgaben. Hrsg. von Jan Philipp Reemtsma, Hans und Johanna Radspieler).

III.
XENOFONS GASTMAHL.

Erstdruck:

In: *Attisches Museum herausgegeben von C. M. Wieland.*
Bd. IV, 1. Heft. Leipzig, bey Peter Philipp Wolf u. Comp.
1802, S. 65–148.

Zu den Neuausgaben 1813 und 1912 siehe oben unter Text I.

IV.
VERSUCH ÜBER DAS XENO-
FONTISCHE GASTMAHL
ALS MUSTER EINER DIALOGISIRTEN
DRAMATISCHEN ERZÄHLUNG
BETRACHTET.

Erstdruck:

In: *Attisches Museum herausgegeben von C. M. Wieland.*
Bd. IV, 2. Heft. Leipzig, bey Peter Philipp Wolf u. Comp.
1802, S. 99–124.

Spätere Drucke:

*Xenophontis Convivium et Socratis Apologia a Xenophonte vulgo abiudi-
cata. Recensuit et interpretatus est M. Frid. Augustus Bornemann, illustris
scholae Afranae Professor quartus. Accesserunt Wielandi de convivio dis-
putatio et Boettigeri de cap. IXno excursus, itemque editoris vindiciae
apologiae.**) Leipzig 1824.
Der Band enthält Wielands Text auf S. IX–XXV (der ersten Paginierung)
mit unbedeutenden Änderungen und Hinzufügung einiger lateinischer
Fußnoten durch den Herausgeber.

---

*) Xenophons Gastmahl und
die ihm gewöhnlich abgesprochene
Apologie des Sokrates. Durchge-
sehen und erläutert von Magister
Friedrich August Bornemann, vier-
ter Professor an der illustren Für-
stenschule St. Afra (zu Meißen).
Beigefügt sind Wielands Abhand-
lung über das Gastmahl und (Karl
August) Böttigers Exkurs über das
IX. Kapitel (des Gastmahls), ferner
der Versuch des Herausgebers, die
Apologie (als Werk des Xenophon)
zu retten.

Xenophon. Das Gastmahl. Übersetzung, Nachwort, Anmerkungen und Bibliographie von Georg Peter Landmann. Im Anhang ein Vortrag über das griechische Symposion von Peter Von der Mühll und Christoph Martin Wielands Essay »Über das Xenophontische Gastmahl«. Hamburg 1957, S. 110–132 (Rowohlts Klassiker der Literatur und der Wissenschaft 7). Wielands Text ist in der Orthographie, der Zeichensetzung, gelegentlich auch in der Lautung modernisiert sowie durch eingefügte Überschriften untergliedert, die Anmerkungen sind weggelassen.

Zur Ausgabe 1813 siehe oben unter Text I.

Der Text vorliegender Ausgabe folgt in Rechtschreibung und Zeichensetzung den Erstdrucken (zu Text II siehe jedoch oben S. 255). Deren Eigenheiten, besonders die von Wieland für seine ab 1794 erscheinenden *Sämmtlichen Werke* eingeführte Schreibweise griechisch-lateinischer Namen und Fremdwörter (wie *Xenofon, Nazionalkarakter, Filosofie, Indukzion*) sowie die bei ihm nicht seltenen Inkonsequenzen (wie *Syrakuser/Syrakusier, Lybien/Libyer, izt/itzt, Hofnung/gehofften*) und die Mischung altertümlicher und moderner Formen in Schreibung oder Lautung *(Meynung/Meinung, erfoderte/erforderte)* mögen den heutigen Leser zunächst vielleicht befremden, können ihm aber keine ernsthaften Schwierigkeiten bereiten. Das gilt auch für die vom heutigen Gebrauch gelegentlich abweichende Grammatik.

Berichtigt sind lediglich die Irrtümer, die der Verfasser selbst in den Druckfehlerverzeichnissen korrigiert hat, sowie andere eindeutig als solche erkennbare Fehler. Ein Problem war dabei, wie stets bei Texten dieser Zeit, daß es in einigen wenigen Fällen (am auffälligsten beim Gebrauch des Dativs und Akkusativs) nicht zu klären ist, ob es sich dabei um echte Fehler des Autors, solche des Setzers oder um veraltete, auch provinzielle Formen handelt, wie sie bei Wieland zwar vor allem in seinen früheren Schriften vorkommen, jedoch auch in den Alterswerken noch vereinzelt anzutreffen sind. Die Textgestaltung orientierte sich in solchen Fällen an Wielands sonst in der Zeit um 1800 (vor allem in den *Sämmtlichen Werken*) zu beobachtendem Sprach- oder Schreibgebrauch; eine Hilfe war dazu stets der *Versuch eines vollständigen grammatisch-kritischen Wörterbuches der Hochdeutschen Mundart, mit beständiger Vergleichung der übrigen Mundarten, besonders aber der oberdeutschen* von Johann Christoph Adelung (5 Tle., Leipzig 1774–1786), das Wieland selbst besaß und das er nach eigenem Bekunden ständig zu Rate zog. Auf die wenigen zweifelhaften Fälle wird in den Anmerkungen hingewiesen, so daß sich der Leser selbst ein Urteil bilden kann.

Die typographische Gestaltung verlangte einige Änderungen: So ist die originale Fraktur durch Antiqua ersetzt, die in den Erstdrucken in Antiqua gesetzten fremdsprachigen Zitate sind in Kapitälchen wiedergegeben, ebenso Sprechernamen, soweit sie als Überschriften zu den Dialogreden stehen. Auszeichnungen, die im Original durch Sperrung erfolgten, erscheinen nun in Kursive.

Die in den Dialogen im Original zum Teil abgekürzten Sprechernamen wurden stets ausgeschrieben, die nur ab und zu, dabei völlig unregelmäßig gesetzten Anführungszeichen wurden (mit Ausnahme des schon im Original sorgfältig redigierten Textes II.2.) ganz weggelassen, da sie zur Charakterisierung der jeweiligen Sprecher nicht nötig sind. Die in den Originaldrucken immer wieder unterschiedlich gehandhabte Anordnung der Sprechernamen und der Reden bei den nicht durch erzählende Elemente unterbrochenen Dialogen folgt (ebenfalls mit Ausnahme des Textes II.2.) dem Muster des 5. bis 7. der *Sokratischen Gespräche* im *Attischen Museum*, das hier die übersichtlichste Lösung bietet.

Die heute bei griechischen Wörtern üblichen Akzente hat Wieland fast stets weggelassen; die vorliegende Ausgabe folgt diesem Gebrauch.

Bei den relativ zahlreichen fremdsprachigen, meist griechischen und lateinischen, Zitaten erschienen Übersetzungen als Hilfe für den heutigen Leser notwendig. Diese Einfügungen sind, ebenso wie gelegentliche Auflösungen der von Wieland gebrauchten Abkürzungen und andere Zusätze der Editoren, jeweils in eckige Klammern gesetzt. Die Seitenverweise innerhalb des Originals wurden selbstverständlich aktualisiert.

LITERATUR.

1. Von Wieland benützte Literatur:

Wie bei allen seinen Übersetzungen zog Wieland bei der Beschäftigung mit Xenophon verschiedene Ausgaben des Originaltextes sowie andere wissenschaftliche Literatur heran und setzte sich auch kritisch damit auseinander. Den größeren Teil der benützten Werke enthielt seine eigene Bibliothek, einiges besorgte ihm, wie wir aus dem Briefwechsel wissen, der mit ihm befreundete Weimarer Altphilologe und Gymnasialdirektor Karl August Böttiger (1760 bis 1835). Dieser beriet ihn auch bei verschiedenen Übersetzungsproblemen.*)

Im folgenden Verzeichnis sind, soweit es die Hinweise im Text ermöglichten, die Werke zusammengestellt, die Wieland für Übersetzung und Essay benützt hat. Der Zusatz »WBib« weist darauf hin, welche Ausgaben er selbst besaß.**)

---

*) Siehe dazu auch Karl August Böttiger: *Litterarische Zustände und Zeitgenossen. Begegnungen und Gespräche im klassischen Weimar.* Hrsg. von Klaus Gerlach und René Sternke. Berlin 1998.

**) Über Wielands Bibliothek informiert die auf dem Katalog der Nachlaßauktion von 1814 beruhende Zusammenstellung *Alphabetisches Verzeichnis der Wieland-Bibliothek* von Klaus-P. Bauch und Maria-B. Schröder. Hannover 1993 (Schriftenreihe des Antiquariats Klaus-P. Bauch, Bd. 1). Zu berücksichtigen ist jedoch, daß der Auktionskatalog wohl nicht die gesamte Bibliothek Wielands enthält.

Wenn sich Wieland gelegentlich auf ältere Xenophon-Editoren beruft, so muß das nicht immer bedeuten, daß er deren Originalausgaben eingesehen hat. Seine Angaben beruhen gelegentlich auf Erläuterungen der von ihm benützten späteren Ausgaben, manchmal wohl auch auf Hinweisen Böttigers.*)

Barthélemy, Jean-Jacques: *Voyage du jeune Anacharsis en Grèce dans le milieu du quatrième siècle avant l'ere vulgaire.* 3. Aufl., Tl. 1–7, Paris 1790 mit Atlas (WBib) (erstmals erschienen 1788).

Becker, Albrecht Gerhard: Siehe die Xenophon-Übersetzung 1795.

Fabricius, Johann Albert: *Bibliotheca Graeca, sive notitia scriptorum veterum Graecorum.* 2. Aufl., 14 Bde., Hamburg 1708–1728 (WBib).

Herder, Johann Gottfried: *Adrastea.* 1. Bd. (von 6), Leipzig 1801.

Homers Odüssee übersetzt von J. H. Voß. Hamburg 1781 (WBib).

Küster, Ludolf: Von ihm erschienen eine griechisch-lateinische Ausgabe der *Comoediae* des Aristophanes, Amsterdam 1710, und mehrere Ausgaben der *Nubes* zwischen 1729 und 1755; keines dieser Werke ist im Katalog von Wielands Bibliothek aufgeführt.

Leuenklau (Leunclavius), Johannes: Seine lateinische Übersetzung der *Memorabilien* wurde in zahlreiche Ausgaben des Xenophon vom 16. bis zum Ende des 18. Jahrhunderts übernommen.

Levesque, Pierre Charles: Siehe die Xenophon-Übersetzung 1782/83.

Lukian: Λουϰιανου ... ἁπαντα. *Luciani Samosatensis Opera, cum nova versione Tiber. Hemsterhusii et Jo. Matthiae Gesneri, graecis scholiis ac notis ... additis ... notasque suas adjecit Joannes Fredericus Reitzius.* 3 Bde., Amsterdam 1743 (WBib).

Markland, Jeremiah: Siehe die Anmerkung zu 216, Fußn. 42.

Mosche, Christian Julius Wilhelm: Siehe die Xenophon-Übersetzung 1799.

Pauw, Cornelius de: *Recherches philosophiques sur les Grecs.* 2 Bde., Berlin 1787/88 (später auch ins Englische und Deutsche übertragen).

Ribit (Ribittus), Johann: Siehe die Anmerkung zu 169, Fußn. 9.

Schneider, Johann Gottlob: *Kritisches griechisch-deutsches Handwörterbuch beym Lesen der griechischen profanen Scribenten zu gebrauchen.* 2 Bde. und 2 Supplemente, Züllichau und Leipzig 1797/98 (WBib). (Zu Schneider siehe auch die Xenophon-Ausgabe 1790.)

---

*) Siehe etwa die Anmerkungen zu 169, Fußn. 9 und 216, Fußn. 42.

Shaftesbury, Anthony Ashley Cooper: *Characteristicks of Men, Manners, Opinions, Times with a Collection of Letters.* 3 Bde., Basel (Tourneisen u. Legrand) 1790 (WBib).

Weiske, Benjamin: Siehe die Xenophon-Übersetzung 1794.

Zeune, Johann Carl: Siehe die Xenophon-Ausgaben 1782 und 1790.

Xenophon-Ausgaben:

Ξενοφῶντος Ἀπομνημονευματων βιβλοι Δ. *Xenophontis Memorabilium Socratis dictorum libri IV., iterum recensuit, emendavit, illustravit et indicem adiecit Jo. Aug. Ernesti.* Leipzig 1742 (WBib).

Ξενοφῶντος τινα. *Xenophontis Oeconomicus, Apologia Socratis, Symposium, Hiero, Agesilaus, cum animadversionibus J. A. Bachii.* Leipzig 1749 (WBib).

Ξενοφῶντος τα Σωζομενα. *Xenophontis Opera graece et latine ex recensione Edvardi Wells accedunt dissertationes et notae virorum doctorum cura Caroli Aug. Thieme, cum praefatione Jo. Aug. Ernesti.* 4 Bde., Leipzig 1763–65 (Bd. 4 enthält: Memorabilium Socratis libri IV und Convivium) (WBib).

Xenophontis Oeconomicus, Apologia Socratis, Symposium, Hiero, Agesilaus, epistolarum fragmenta recensuit et Bachii suisque notis explicavit Jo. Car. Zeunius. Leipzig 1782 (WBib).

Ξενοφῶντος Ἀπομνημονευματων βιβλια τεσσερα. *Xenophontis Memorabilium Socratis Dictorum Libri IV recensuit, Ernesti, Zeunii et suas annotationes adiecit Jo. Gottl. Schneider.* Leipzig 1790.

Xenophon-Übersetzungen:

Les Entretiens mémorables de Socrate, traduits du grec de Xénophon par M. [Pierre Charles] Levesque. 2 Bde., Paris 1782/83 (Collection des moralistes anciens).

Apomnemoneumata, eine Schrift Xenophons zur Ehre des Sokrates, aus dem Griechischen übersetzt, und mit ausführlichen Sacherläuterungen, auch kurzen philologisch-kritischen Bemerkungen versehen von M. Benjamin Weiske, dritten Lehrer in Schulpforte. Leipzig 1794.

Gastmahl und Öconomikus. Aus dem Griechischen übersetzt und mit erläuternden Anmerkungen begleitet, von A[lbrecht]. G[erhard]. Becker. Halle 1795.

Xenophons Oekonomikus, Apologie des Sokrates, Symposium und Hiero übersetzt von M. C[hristian]. J[ulius]. W[ilhelm]. Mosche, Prorektor am Gymnasium zu Frankfurt am Mayn. Frankfurt 1799 (Sammlung der neuesten Uebersetzungen der griechischen prosaischen Schriftsteller. 2. Tl., 3. Bd.) (WBib).

2. Neuere zweisprachige Ausgaben und Übersetzungen von Xenophons *Erinnerungen* und *Gastmahl:*

Memorabilien, Erinnerungen an Sokrates. Übertragen und erläutert von Paul M. Laskowsky. München 1960 (Wilhelm Goldmann Verlag; Goldmanns gelbe Taschenbücher, Bd. 597).

Erinnerungen an Sokrates. Griechisch–Deutsch. Hrsg. von Peter Jaerisch. 1. Aufl. München 1962 (Ernst Heimeran Verlag); 4. Aufl. München und Zürich 1987 (Artemis und Winkler Verlag; Sammlung Tusculum).

Erinnerungen an Sokrates. Übersetzung und Anmerkungen von Rudolf Preiswerk. Nachwort von Walter Burkert. Stuttgart 1992 (Philipp Reclam jun.; Universal-Bibliothek Nr. 1855).

Das Gastmahl. Hrsg. und übersetzt von Georg Peter Landmann. Hamburg 1957 (Rowohlts Klassiker 7). – Im Anhang Wielands Essay *Über das Xenofontische Gastmahl* (nähere Angaben siehe oben S. 257).

Das Gastmahl. Griechisch/Deutsch. Übersetzt und hrsg. von Ekkehard Stärk. Stuttgart 1993 (Philipp Reclam jun.; Universal-Bibliothek Nr. 2056).

3. Standardwerke mit Informationen über Xenophon und die übrigen von Wieland angeführten antiken Autoren, über Ausgaben, Übersetzungen und Literatur:

Lexikon der Alten Welt. Hrsg. von Carl Andresen u. a. Zürich und Stuttgart 1965 (Artemis Verlag).

Der Kleine Pauly. Lexikon der Antike. Hrsg. von Konrat Ziegler und Walter Sontheimer. 5 Bde., Stuttgart 1964–1975 (Alfred Druckenmüller Verlag, als Taschenbuch-Ausgabe München 1979).

Tusculum-Lexikon griechischer und lateinischer Autoren des Altertums und des Mittelalters. Hrsg. von Wolfgang Buchwald u. a. 3., neu bearbeitete und erweiterte Auflage, München und Zürich 1982 (Artemis Verlag).

Reclams Lexikon der Antike. Hrsg. von M. C. Howatson, Stuttgart 1996 (Philipp Reclam jun. Verlag).

Metzler Lexikon antiker Autoren. Hrsg. von Oliver Schütze. Stuttgart, Weimar 1997 (Verlag J. B. Metzler).

Zu Xenophon speziell sei neben den oben genannten neueren Übersetzungen und ihren Literaturangaben empfohlen der umfassende Artikel von Hans Rudolph Breitenbach in *Paulys Realencyclopädie der Classischen Altertumswissenschaft*, neue Bearbeitung begonnen von Georg Wissowa ... Hrsg. von Konrat Ziegler. 2. Reihe, 18. Halbband. Stuttgart 1967, Sp. 1569–2052.

4. Literatur zu Christoph Martin Wieland:

Das grundlegende, detailreiche Hauptwerk zu Wielands Biographie stammt von Thomas C. Starnes: *Christoph Martin Wieland. Leben und Werk. Aus zeitgenössischen Quellen chronologisch dargestellt.* 3 Bde., Sigmaringen 1987 (Jan Thorbecke Verlag).

Eine zusammenfassende, für weitere Kreise gedachte Biographie schrieb Irmela Brender: *Christoph Martin Wieland mit Selbstzeugnissen und Bilddokumenten dargestellt.* Reinbek bei Hamburg 1990 (Rowohlt Verlag; rowohlts monographien 475).

An wissenschaftlichen Einführungen in Leben, Werk und aktuelle Forschungsprobleme sind zu nennen Sven-Aage Jørgensen, Herbert Jaumann, John A. McCarthy und Horst Thomé: *Christoph Martin Wieland. Epoche – Werk – Wirkung.* München 1994 (Verlag C. H. Beck) sowie Klaus Schaefer: *Christoph Martin Wieland.* Stuttgart, Weimar 1996 (Verlag J. B. Metzler; Sammlung Metzler Bd. 295).

Bei jeder näheren Beschäftigung mit dem Dichter ist unerläßlich die umfassende *Wieland-Bibliographie* von Gottfried Günther und Heidi Zeilinger, Berlin und Weimar 1983 (Aufbau-Verlag), fortgeführt in den seit 1991 in etwa zwei- bis dreijährigem Abstand erscheinenden Sammelbänden der *Wieland-Studien* (Sigmaringen, Jan Thorbecke Verlag, zuletzt Bd. 3, 1996).

Wielands Briefe aus den Jahren seiner Xenophon-Übersetzung liegen in der seit 1963 publizierten vielbändigen Ausgabe von *Wielands Briefwechsel* (Berlin, Akademie-Verlag) leider noch nicht vor.

ANMERKUNGEN.

Zwischen Christoph Martin Wielands Beschäftigung mit Xenophon und heute liegen rund zweihundert Jahre altphilologischer Forschung. Seine Übersetzung, die zudem auf Ausgaben beruht, die heutigen textkritischen Ansprüchen nicht mehr genügen, kann also eine moderne Übertragung, sein Essay ein modernes Xenophon-Bild nicht ersetzen. Wielands Xenophon und Wielands Sokrates sind stattdessen als Zeugnisse der Antike-Rezeption durch Wieland und die Zeit der deutschen Klassik zu verstehen. Folgende Anmerkungen stellen daher nicht Erläuterungen zu Xenophon, sondern zu Wieland und zu Wielands Text dar. Wer sich mit dem antiken Autor aus heutiger Sicht beschäftigen will, sei auf die Literaturangaben oben S. 262 verwiesen.

Bei Vergleichen mit dem griechischen Originaltext wurde außer der bereits genannten Literatur noch herangezogen: *Xenophontis opera omnia. Recognovit brevique adnotatione critica instruxit E. C. Marchant.* Bd. 2, 2. Aufl., Oxford 1949.

In den folgenden Anmerkungen sind alle Zitate sowie Titelangaben in Kursive gesetzt.

I.
SOKRATISCHE GESPRÄCHE.

Seite, Zeile

14,1 f. *Lybien ... Libyer:* So auch im Original.

15,6 *ofner:* Diese Schreibweise tritt bei Wieland neben der mit Doppel-f in vielen seiner Schriften auf und ist wohl nicht als Druckfehler, sondern als altertümliche Form zu werten. Siehe z. B. auch 20,19.

15,19 f. *Sinnis* [eigentlich: Sinis] *und Skeiron und Prokrustes:* In der griechischen Sage berüchtigte, menschenschindende Straßenräuber.

18,2 f. *Hofnung ... gehofften:* Siehe die Anm. zu 15,6.

18,31 *Hesiodos: Werke und Tage,* V. 287–292.

19,13 *Epicharmos:* Fragment 287 f. (Poemata).

22,8 f. *Eudämonia:* Hier ä u ß e - r e s Glück. Zum Begriff, wie ihn die Tugend später S. 25–27 verwendet, schreibt Wieland in den Worterklärungen zum 1. Buch des

Romans *Aristipp* (1800): *E u d ä - m o n i e. Dieses Wort wird gewöhnlich für gleichbedeutend mit dem deutschen G l ü c k s e l i g k e i t genommen, bezeichnet aber eigentlich, seiner Abstammung nach, den Zustand eines Menschen, der von einem guten Genius regiert und begünstigt wird, und ist daher vorzüglich tauglich, um die aus der Herrschaft der Vernunft und des Gewissens, als des G ö t t l i c h e n (Dämonischen) im Menschen, entspringende i n n e r e Ruhe und S e l b s t z u f r i e d e n h e i t anzudeuten. (Sämmtliche Werke,* Bd. 33, siehe oben S. 255).

28,17 *Diogenes von Laerte: Leben und Meinungen berühmter Philosophen* II,65.

29,31 Weiskes Übersetzung erschien 1794 (siehe oben S. 261).

30,22 *Horen:* Nach Pythagoras ist das menschliche Leben in vier Entwicklungsstufen (Lebensalter, Horen) von je 20 Jahren eingeteilt.

31,10 *Kalonike* und *Lampito* sind sprechende Namen: »Die durch ihre Schönheit Siegende« und »Die Strahlende«.

33,10 *Diogenes:* Siehe die Anm. zu 28,17.

33,14 f. Prodikus' Erzählung von Herkules ist nur in der Fassung Xenophons in den Memorabilien (II,1,21–33) überliefert. Welche Bedeutung Wieland dem Thema zuschrieb, erweist seine eigene Dichtung *Die Wahl des Herkules. Eine dramatische Cantate, an dem hohen Geburtsfeste des Durchlauchtigsten Herzogs, Carl August, Erbprinzen zu Sachsen-Weimar und Eisenach, den 3. Sept. 1773. auf dem Schloß-Theater zu Weimar aufgeführt.* (*Teutscher Merkur*, 3. Bd., 2. St., 1773, S. 127–155). Er hielt die allegorische Fabel des Singspiels (mit der Musik von Anton Schweitzer) für geeignet, dem 16jährigen Erbprinzen, der zwei Jahre später die Regierung antreten sollte, die rechte Bahn für seinen Lebensweg zu weisen. Der Dichter bemerkt zu Prodikus' Erzählung, die er eines *der kostbarsten Ueberbleibsel der Griechischen Litteratur* nennt: *Dreymal und öfters hat es der Verfasser ... versucht, dieses Meisterstück der Sokratischen Grazien aus Xenophons Sprache, das ist, aus der Sprache der Musen, in die unsrige über zu tragen; aber Muth und Hände sanken ihm jedesmal bey den Schwierigkeiten ... Die Grazien Xenophons können empfunden und gedacht werden: aber auch übersetzt? Ich habe keine Hoffnung dazu...* (wie oben, S. 129 f.)
Auch in Wielands persönlichem Bereich hatte die Erzählung ihren Platz: Das Ölbild »Wieland im Kreis seiner Familie« von Georg Melchior Kraus, 1774/75 (heute in der Stiftung Weimarer Klassik, Goethe-Nationalmuseum Weimar) zeigt den Dichter mit Frau und fünf Kindern in seinem (wohl etwas idealisierten) Arbeitszimmer, das u. a. durch eine Sokrates-Büste und ein großes Gemälde von der Wahl des Herkules geschmückt ist. In Wielands *Unterredungen mit dem Pfarrer von *** von 1775 (*Sämmtliche Werke*, Bd. 30, Leipzig 1797), wird über diese Büste gesprochen.

33,27 In Wielands Übersetzung des Lucian von Samosata: *Sämtliche Werke.* 6 Tle., Leipzig 1788/89, unter dem Titel *Lucians Traum* (in Tl. 1).

34,26 *Filosofema:* Ein Philosophem ist ein Ergebnis philosophischer Untersuchung, eine philosophische Behauptung oder Lehre.

37,24 *da:* Druckfehler statt »daß« oder altertümliche Ausdrucksweise?

38,16 *setzen:* Druckfehler statt »sehen«?

38,21–26 *Bey einer ... zusammen zu fassen:* Der Satz ist von Wieland als Überleitung von I,6,10 zu 11 eingefügt.

42,28 In Wielands Lukian-Übersetzung (siehe die Anm. zu 33,27) *Der Cyniker* (in Tl. 3).

44,4 *zuweilen:* Diese Einschränkung nicht bei Cicero. Ähnliche Abschwächungen radikaler Urteile sind bei Wieland nicht selten.

44, Fußn., Z. 7 der re. Sp. *Sennen:* Im 18. Jahrhundert als Nebenform zu »Sehnen« üblich.

45,34 f. In Wielands Lukian-Übersetzung (siehe die Anm. zu 33,27) unter dem Titel *Schutzrede für einen im Grüßen begangenen Fehler* (in Tl.5).

47,18 *Eros Päderastes:* Gott der Knabenliebe.

50,6–8 Der zweite Satz der Vorbemerkung ist von Wieland eingefügt.

52,25 *büßen:* Hier gebraucht im Sinne von »eine Leidenschaft befriedigen«.

57,15 *Archontat:* Das Amt eines Archonten. In Athen wurden jährlich neun Archonten (wörtl.: Herrscher) als oberste Amtsträger gewählt.

58,21 ff. Wielands Erläuterung wurde mit der Überschrift *Xantippe* vom 2. Absatz an in spätere Gesamtausgaben übernommen (siehe die Literaturangaben oben S. 255). – Der Abschnitt über Xanthippe vertritt die von Wieland (übrigens auch von Lessing) gepflegte Gattung der sogenannten »Rettungen«, d. h. der Rehabilitierung von zu Unrecht übelbeleumundeten Persönlichkeiten. Verwiesen sei auf Wielands Aufsätze *Die Pythagorischen Frauen* und *Ehrenrettung ... der Aspasia, Julia und jüngern Faustina* (zuerst erschienen im *Historischen Calender für Damen* 1790 bzw. im *Teutschen Merkur* 1790, beide später in Bd. 24, 1796, der *Sämmtlichen Werke*). Wie diese bedeutet auch sein Roman *Aristipp* eine »Rettung« des Titelhelden vor gängigen Vorurteilen.

58,23 Statt *Antisthenes* haben der Originaldruck und auch spätere Gesamtausgaben irrtümlich *Aeschines.*

59,1 ff. Siehe oben S. 161.

59,9 Die Schreibung *Xantippe* war neben der historisch korrekten »Xanthippe« zu Wielands Zeit

üblich; außerdem entsprach sie seinen seit 1794 in den *Sämmtlichen Werken* angewandten Gepflogenheiten bei der Schreibung von Fremdwörtern gemäß der deutschen Lautung (z. B. Filosofie, Indukzion usw.). Vgl. auch die Anm. zu *Erechteus* 80,25 f.

62,7–9 Der zweite Satz der Einleitung ist von Wieland eingefügt.

71, Z. 4–6 der Fußn. Nach Wielands Zählung 2. Szene, V. 413–415, nach heutiger Zählung V. 320 f.

71, Z. 13 d. li. Sp. *After-Sokrates:* Das Vorwort »After-« charakterisiert ein Ding oder eine Person negativ, gemeint ist also ein Zerrbild des Sokrates.

72, Z. 3 d. re. Sp. *ihn:* Das Wort ist zu tilgen; die Konstruktion des in Z. 27 der li. Sp. beginnenden Satzes *Schwerlich würde ...,* die dem Autor oder dem Setzer durcheinandergeraten ist, wäre damit korrekt.

73,16 *auszudrucken:* Das Wort »ausdrucken« im Sinne von »durch Worte eine Vorstellung vermitteln« wurde erst im 19. Jahrhundert durch »ausdrücken« verdrängt (siehe auch 194, Fußn., 210, Fußn. und 212, Fußn.).

75,8 *Pythia:* Die Priesterin Apollos in Delphi, die die Orakelsprüche des Gottes vermittelte.

76,8 *zeither:* Als Nebenform zu »seither« damals allgemein üblich.

80,25 f. Die Schreibung *Erechteus* (so auch 220, Fußn. 48) statt der auch zu Wielands Zeit üblichen mit »th« erklärt sich aus dessen Rechtschreibgewohnheiten (vgl. die Anm. zu 59,9).

86,11 *Pankraziasten:* Die außerordentlich beliebte Sportart Pankration, nicht unähnlich dem heutigen »catch as catch can«, war eine Kombination von Ringen und Schlagen, bei der den Pankratiasten fast alle Mittel der Kraft und der List erlaubt waren.

88,16 *liegenden:* Im Original *liegende,* entweder Druckfehler oder veraltete Form.

89,26 *Schatte:* Im 18. Jahrhundert als Nebenform zu »Schatten« möglich.

90,18 *Panegyrischen Rede:* Lob- und Prunkrede vor dem ganzen versammelten Volk. Die Rede des Isokrates hatte Wieland bereits im *Attischen Museum,* Bd. 1, 1. Heft, 1796, übersetzt.

90,20 *Stomylie:* Redseligkeit, Geschwätzigkeit.

92,24 *Strategen:* Die zehn in Athen jährlich gewählten Heer- bzw. Flottenführer.

94,15 *Vetters:* In Original der Druckfehler *Vaters;* zum Verwandtschaftsverhältnis vgl. auch die Einleitung zum nächsten Gespräch und S. 149,1 f.

94,21–95,1 *Das Schwierigste ... das beste Mittel:* Von Wieland eingefügt zwischen III,6,1 und 2.

102,13 f. *in Aufnahme zu bringen: Aufnahme* ist hier in der Bedeutung »Verbesserung der Zustände« verwendet, im Gegensatz zu »Abnahme«.

106 Die Einleitung zu dem Gespräch enthält zwar Elemente von Xenophons Text, stammt aber weitgehend von Wieland.

106,5 *Periktione:* Im Original irrtümlich *Periklyone.*

106,6 Das Komma nach *Platons* wirkt heute irreführend; gemeint ist: Periktione ist die Mutter des Platon und des jüngeren Glaukon.

108,1 *selbst Ruhm:* Im Original der Druckfehler *selbst Ruhe.*

108,9 *Sokrates:* Im Original fälschlich der Sprechername *Perikles.*

109,25 *die Höken:* Ein Höke (heute Höker) ist ein Kleinhändler, besonders der Betreiber eines Marktstandes.

110,20 f. *mit denen Du den meisten Umgang hast:* Verdeutlichende Einfügung durch Wieland.

111,22 *Interlokutoren:* Hier Gesprächsteilnehmer. Wieland verwendet den Begriff im Sinne des lateinischen Sprachgebrauchs auch anderweitig.

112,15 *Concinnität:* Konzinnität (lat. concinnus = fein, kunstvoll, harmonisch zusammengefügt) bezeichnet den ebenmäßigen, gefälligen Bau von Satzgliedern sowohl grammatikalisch als auch inhaltlich.

112,30 *Varia Historia* II,1.

113,11 *Personaschen:* Das Fremdwort wurde in spöttischem oder verächtlichem Sinne gebraucht.

114,17 Anspielung Wielands auf das Ende der mit französischer Hilfe eingerichteten »Parthenopeischen Republik« 1799. Damals wurden viele angesehene Persönlichkeiten, darunter bekannte Gelehrte, hingerichtet.

II.

AUS WIELANDS ROMAN
»ARISTIPP UND EINIGE SEINER
ZEITGENOSSEN«.

129,18 *Immittelst:* Inzwischen.

III.

XENOFONS GASTMAHL.

139,12 f. Wieland bezieht sich auf die Zerstörung der Bibliotheken in Alexandria gegen Ende des 4. Jhs. n. Chr., verursacht nicht durch kriegerische Auseinandersetzungen, sondern durch Unduldsamkeit der christlichen Patriarchen unter Theodosius d. Gr.; dabei wurde ein Großteil der Überlieferung antiker Gelehrsamkeit und Literatur vernichtet.

141,17 *getreue historische Erzählung:* Siehe dazu Wielands Aufsatz unten S. 225 ff.

142, Z. 4 f. der li. Sp. *Oekonomikus:* Gespräch über die Hauswirtschaft.

142, Z. 24 der li. Sp. *Diogenes Laertius: Leben und Meinungen berühmter Philosophen* II,121 (dort hat Kriton allerdings vier Söhne).

142, Z. 20 ff. der re. Sp. Das wäre zwischen 423 und 412 v. Chr.; Becker (siehe die nächste Anm.) präzisiert (S. 23) den Zeitpunkt noch: Das Gastmahl soll in der Olympiade 89,3 oder 4, also im Jahr 422 oder 421 v. Chr. stattgefunden haben.

147,5 Gemeint sind die Übersetzungen von A. G. Becker 1795 und C. J. W. Mosche 1799 (siehe S. 261). Nach Starnes III,86 (siehe S. 263) hielt Wieland den Text von Mosche für *ungleich besser* als den von Becker; er richtete sich bei Zweifelsfragen in der Übersetzung gelegentlich auch nach ihm.

149,5 Zu Wielands Ansicht über die Teilnahme Xenophons siehe unten S. 227 ff.

151,19 *Pankration:* Siehe die Anm. zu 86,11.

151, Fußn. Die Uraufführung der *Wolken* fand 423 v. Chr. statt.

152,4 *Peiräon:* Piräus, der Hafen von Athen.

152,22 *Protagoras, Gorgias, Prodikus:* Drei führende Sophisten ihrer Zeit.

157,4 Das II. Kapitel ist im Original irrtümlich nicht numeriert und abgesetzt, sondern in der Zeile fortlaufend an das I. angefügt.

158,13 *Palästra:* Ringschule.

159,5–8 *Theognis*, V. 35 f.

161,11 *Xantippe:* Zur Schreibung siehe die Anm. zu 59,9, zur Charakteristik von Sokrates' Frau S. 58 ff.

165,9 f. *wie sie bey den Brodten tun:* Gemeint ist bei Xenophon, daß beide Körperpartien einander entsprechen wie zwei gleichschwere Brote. Der Vergleich ist ironisch zu verstehen, d. h. Charmides hat weder die Figur eines Wettläufers noch die eines Faustkämpfers, wie sie Sokrates oben 164,2–5 beschreibt.

166,10 *Mozion:* Ein von Wieland häufig verwendetes Fremdwort (von lat. motio) für Körperbewegung, hier für Bewegungsübung.

166,19 *Mandragora:* Teile der Alraunpflanze, besonders die Wurzeln, wurden als narkotisierendes Mittel angewandt.

169, Fußn. 9 Die Lesart von Johann Ribit, einem Philologen des 16. Jahrhunderts, hat Wieland der Xenophon-Ausgabe von Zeune 1782 (siehe oben S. 261) entnommen.

169, Z. 8 d. li. Sp. Die moderne Textkritik hat die Schwierigkeit dadurch behoben, daß sie statt des ersten Artikels ἡ (die) die Konjunktion εἰ (wenn) setzt.

173,21 *aufsätziger:* Im Sinne von »aufsässiger« üblich.

176, Fußn. 16 Klinias ist nach neuerer Erkenntnis wahrscheinlich nicht der Bruder, sondern der Vetter des Alcibiades (siehe Platons *Euthydemos* 275 A/B).

178,9 f. Der Satz ist von Wieland eingefügt.

181, Fußn. 19 Zu Klinias siehe die Anm. zu 176, Fußn. 16.

183, Z. 3 d. Fußn. 22 *Eupatriden:* Der Geburts- und Geldadel von Attika, wörtlich »Söhne edler Väter«. Siehe auch 220, Fußn. 47.

186, Z. 2 d. Fußn. 25 *Hn. Pr* · Herrn Professor.

194, Z. 4 d. Anm. 26 *ausdruckt:* Siehe die Anm. zu 73,16.

195,9 *Fliasier:* Aus der Stadt Phleius.

195, Fußn. 27 *Zeuxippus:* So auch bei Mosche (siehe S. 261); üblicher ist die Namensform Zeuxis.

197,21 f. *die Deinige:* Diese im 18. Jahrh. statt des Plurals »die Deinigen« ebenso mögliche Form wird von Wieland öfter verwendet.

199,9 *Ich habe nichts entgegen:* Einfügung Wielands. Der darauf folgende Satz ist sonst (z. B. auch bei Mosche) dem Kritobul zugeschrieben.

199,26 *Parthey:* Gemeint sind »Geschworene«.

200,2 Der Satz ist von Wieland eingefügt.

201,7 *achtfüßigen Jamben:* In Xenophons Text »tetrametra«; es handelt sich hier um die in der griechischen Tragödie (neben dem jambischen Trimeter) als Sprechverse üblichen trochäischen Tetrameter. Auch Mosche 1799 (siehe S. 261) überträgt »in Jamben«.

202, Anm. 33 Der von Wieland weggelassene Kalauer (nach der üblichen Zählung in VI,7) könnte etwa lauten: »Syrakuser: Nein, beim Zeus, nicht um die, sagt man, geht's dir; die Höhe sei's, mit welch unnützem Zeug du dich befaßt. – Sokrates: Also beschäftige ich mich wohl doch mit den Göttern; denn von der Höhe schicken sie uns gnädig den Regen, von der Höhe spenden sie uns das Licht. – Wenn das abgeschmackte Äußerungen sind, bist du schuld daran, da du mir so zusetzt.« – Das griechische Wortspiel besteht darin, daß von dem Wort ἀνωφελέστατα (sehr Unnützes) willkürlich ἄνω (in der Höhe) abgelöst wird.

202, Fußn. 32 Die moderne Textkritik löst das Problem u. a. mit der Lesart: »Wie viele Flohfüße du von mir entfernt bist.« – Ähnliche für Wieland aufgrund seiner Textvorlagen nicht lösbare Schwierigkeiten liegen vor z. B. in 209 f., Fußn. 37

(*Symposion* VIII,13); 210,7f. (VIII, 14) und 211,18 (VIII,17).

202, Z.3 der re. Sp. *Vorgänger:* Becker und Mosche (siehe S. 261).

202, Z.12 der re. Sp. *Die Wolken,* V.144–153.

203, Z.8 der li. Sp. Gemeint ist die Übersetzung von Mosche 1799 (siehe S. 261).

204,12 Im Original fehlt die Kapitelnumerierung.

205,8 Nach *machen würde* ist die Feststellung »Und ich weiß, daß auch du das willst« ausgelassen.

206,4 *Horen:* Göttinnen des Blühens und Gedeihens, und damit des glücklichen Vollendens.

207,24f. *das Gezier einer sich spröde stellenden Hetäre nachmachte:* Von Wieland in einer betont erotischen Weise anschaulich ausgestaltet, bei Xenophon nur »stellte sich spröde«. – Die Stelle ist ein Beispiel dafür, wie Wieland gelegentlich sexuelle Nuancen verstärkt oder erst einbringt. Andererseits pflegt er ihm zu kraß Erscheinendes abzuschwächen, in einer Anmerkung aber auf den Sinn des Originaltextes hinzuweisen. Beides ist bereits in seiner Shakespeare-Übersetzung 1762/66 zu beobachten. Vgl. neben der oben angemerkten Stelle noch Wielands Bemerkungen 213, Fußn.39, 217, Fußn.43, und unsere Anmerkung zu 224,3.

208,25f. *Urania und Pandemos:* Aphrodite Urania war die Göttin der himmlischen, Pandemos die der irdischen, wörtl. »sich überall im gemeinen Volk herumtreibenden« Liebe.

208,27 Nach *sagen* ist ein Vergleich mit den Beinamen des Zeus ausgelassen.

212, Z.2f. der Fußn. *unausgedruckt:* Siehe die Anm. zu 73, 16.

216,24 *Pausanias:* Die Behauptung stammt nicht von Pausanias, sondern von Phaidros in Platons *Symposion* (178E–179A); dieser Irrtum Xenophons wurde schon in der Antike bemängelt.

216, Fußn.42 *Markland:* Die Angabe über Jeremias Markland (1693–1776) ist der Xenophon-Ausgabe von Zeune 1782 entnommen (siehe S. 261).

216, Z.6 der re. Sp. *Ate:* Eine Tochter des Zeus, die, von ihrem Vater aus dem Olymp vertrieben, den Menschen aus Ärger darüber Unheil bringt.

217,4f. Nach *unüberwindlich seyn* fehlt der Satz »Von ihnen nämlich, sagte er, glaube er, daß sie sich am meisten scheuen, einander im Stich zu lassen«. Da erst durch ihn der nachfolgende Gedanke voll verständlich wird, handelt es sich wohl nicht um Absicht, sondern eher um einen Irrtum Wielands.

218,21f. Die *strenge Lebensordnung* ist eine Hinzufügung Wielands.

219,6 *Siegesmähler:* Wieland meint hier Siegesmale, geschmückt mit vom Feind errungenen Trophäen.

220, Z.2 d. Fußn.48 *Erechteus:* Siehe die Anm. zu 80,25f.

224,3 *geriethen sie dermaßen außer sich:* Mosche (siehe S. 261) übersetzt wörtlicher: *blickten sie alle mit schmachtendem Staunen.* Zu dieser Art der drastischen Ausgestaltung vgl. die Anm. zu 207, 24f.

IV.

VERSUCH ÜBER DAS
XENOFONTISCHE GASTMAHL.

227,8 ff. Dieser Ansicht ist auch Wielands Vorgänger Mosche (siehe oben S. 261), der, allerdings ohne Begründung, schreibt (S. XLI): *Daß Xenophon hier ein wirklich gehaltenes, und dem Wesentlichen nach s o gehaltenes, Gastmahl schildere, dürfen wir wohl nicht bezweifeln.*

227,13 *Eupatriden:* Siehe die Anm. zu 183.

228,18 f. *Sokratiskus:* Zerrbild des Sokrates.

229,3 ff. Daß Xenophons *Symposion* nach dem von Platon geschrieben wurde, ist heute nicht mehr umstritten.

232,2 *Koncinnität:* Siehe die Anm. zu 112,15.

234,15 *Museums:* Gemeint ist das *Attische Museum,* in dem Wielands Aufsatz erschienen war (siehe S. 256).

235,2 *Geschäftlosen:* Zusammengesetzte Adjektive, deren erster Bestandteil ein Substantiv bildet, werden von Wieland in seinen früheren Jahren sehr häufig, später nur noch selten großgeschrieben.

235,29 f. *autoschediastischen:* In den Worterklärungen zum 1. Buch seines Romans »Aristipp« (1800) erläutert Wieland: »*Autoschediast, einer der etwas, wozu gewöhnlich Kunst, Wissenschaft und große Übung erfordert wird, ohne Vorbereitung, aus dem Stegreif (wie wir zu sagen pflegen) oder auch ohne Unterricht, aus bloßem instinktmäßigen innern Antrieb, unternimmt.*« (*Sämmtliche Werke,* Bd. 33).

236,3 *Divinazionsgabe:* Die Gabe der Divination ist die des Ahnens, des Vorhersehens.

236,12 *Spaziergängen:* Das Wort »Spaziergang« bezeichnete zu Wielands Zeit nicht nur den Vorgang, sondern ebenso, wie hier, den Ort des Spazierengehens.

236,14 *Komus:* Gott üppiger, ausschweifender Gastereien. In der Schreibweise mischt Wieland, wie auch sonst oft, lateinische (Comus) und griechische (Komos) Elemente.

236,18 *sich ehemals:* Nach heutigem Sprachgebrauch würde man »sich wie ehemals« erwarten, die Formulierung des Originals (so auch in der Ausgabe von 1824; vgl. oben S. 256) entspricht jedoch der Zeit.

239,3 *meteorische Schwärmer:* »Meteorisch« bedeutet »in der Luft schwebend«; gemeint sind Schwärmer, deren Gedanken sich über das Irdische erheben. Wieland schreibt in den Worterklärungen zum 3. Buch seines Romans *Aristipp: Meteoroleschie, ein Aristophanisches Wort, um der Sophisten (Pseudo-Filofosen) zu spotten, welche von den D i n g e n ü b e r u n s, die man damahls M e t e o r e n hieß, mehr schwatzten als sie wußten.* (*Sämmtliche Werke,* Bd. 33).

239,20 f. *Paranomie:* Verstoß gegen Gesetz und Norm.

239,27 f. *die Pythagorische Theano zu einer Leontium zu machen:* Theano war die Gemahlin des Pythagoras und angebliche Verfasserin von Briefen über Erziehung und Sittenlehre, Leontium im Gegensatz dazu eine bekannte athenische Hetäre; sie war Schülerin des Epikur und galt als Autorin einer Schrift zur Verteidigung von dessen Lehre über den Lustgewinn.

240,18 *Urbanität:* Weltmännisch feine, taktvolle, von städtischen Umgangsformen geprägte Höflichkeit. Urbanität in diesem Sinne bedeutete für Wieland einen oft gepriesenen und angestrebten Wert, den er auch in der Literatur schätzte; seine Bewunderung für Horaz etwa beruhte u. a. darauf.

241,25 *Pankration:* Siehe die Anm. zu 86,11.

247,11 f. *After-Sokrates:* Siehe die Anm. zu 71,13.

249,23 *autoschediastische:* Siehe die Anm. zu 235,29 f.

249, Fußn. Einen Aufsatz über das mimische Schauspiel in Kap. IX veröffentlichte 1824, vielleicht auf Anregung Wielands, der mit ihm befreundete Karl August Böttiger,

siehe bei den Literaturangaben S. 256.

252,22 f. Zu den *Kaloi kai Agathoi,* den *edeln und biedern Bürgern* (so 40,5 f.) siehe oben S. 47 f.

252,29 *noch hinter ihnen zurück sind:* Wie sehr Wieland in der *attischen Urbanität* ein Wunschbild sah, von dem sich seine eigene Zeit weit entfernt hatte, zeigt etwa ein Brief an seinen Schwiegersohn Karl Leonhard Reinhold vom 5./6. April 1798. Er äußert sich hier scharf über die Greuel der Französischen Revolution und sieht den Tagen entgegen, in denen er sich Xenophon zuwenden kann, *dem liebenswürdigsten u. menschlichsten aller Weisen, aus dessen Memorabil. Socratis ich so Gott will! diesen Sommer ein Gegengift gegen die Verstand u. Herz zerrüttende Afterfilosofie, die seit etlichen Jahren die Welt verpestet, zuzubereiten gedenke. (Aus klassischer Zeit. Wieland und Reinhold.* Hrsg. von Robert Keil. Neue Ausgabe, Leipzig o. J. [1890], S. 247 f.).

Das Zustandekommen dieser Edition begleiteten mit Rat und Hilfe Frau Dipl. Bibl. Viia Ottenbacher M. A., Leiterin des Wieland-Archivs, Biberach an der Riß, und Herr Dr. Bernd Breitenbruch, Neu-Ulm. Herr Hans Ohm, Tiefenbach, hat in kritischem und anregendem Gespräch wertvolle Gesichtspunkte zum Anmerkungsteil beigetragen. Ihnen allen sei auch an dieser Stelle verbindlicher Dank gesagt.   H. R.

Xenophons *Sokratische Denkwürdigkeiten* sind im Juli 1998 als hundertdreiundsechzigster Band der Anderen Bibliothek im Eichborn Verlag, Frankfurt am Main, erschienen.

Die Übersetzung aus dem Griechischen, die Auswahl und die Bearbeitung sind das Werk von Christoph Martin Wieland; die Textredaktion lag in den Händen von Hans Radspieler.

Aus dem *Attischen Museum*, das Wieland in den Jahren 1796 bis 1803 in vier Bänden bei Geßner in Zürich und Luzern und bei Wolf in Leipzig herausgegeben hat (später folgten noch drei weitere Bände, an denen J. J. Hottinger und F. Jacobs als Herausgeber beteiligt waren), stammen die folgenden Texte:

»Sokratische Gespräche aus Xenofons denkwürdigen Nachrichten von Sokrates« mit einer Vorrede »An den Leser« und Wielands Erläuterungen; »Xenofons Gastmahl« nebst einen Vorbericht und einem Verzeichnis der Personen; und der »Versuch über das Xenofontische Gastmahl, als Muster einer dialogisirten dramatischen Erzählung betrachtet«. Die Briefe des Aristipp an Kleonidas stammen aus Wielands Roman *Aristipp und einige seiner Zeitgenossen*, und zwar aus dem ersten Buch, erschienen 1800 bei Göschen in Leipzig (Sämmtliche Werke, Band 33).

Der Essay von Jan Philipp Reemtsma wurde für die vorliegende Ausgabe geschrieben.

Dieses Buch wurde aus der Cicero, Korpus und Borgis Walbaum von Wilfried Schmidberger in Nördlingen gesetzt und bei der Fuldaer Verlagsanstalt auf holz- und säurefreies mattgeglättetes 100 g/m² Bücherpapier der Papierfabrik Schleipen gedruckt. Den Einband fertigte die Buchbinderei G. Lachenmaier in Reutlingen. Ausstattung und Typographie von Franz Greno, Mainz.

1. bis 6. Tausend, Juli 1998. Von diesem Band der ANDEREN BIBLIOTHEK gibt es eine handgebundene Lederausgabe mit den Nummern 1–999; die folgenden Exemplare der limitierten Erstausgabe werden ab 1001 numeriert. Dieses Buch trägt die Nummer:

2421